EVERYTHING
IS OBVIOUS

超越直覺

在時間與理性的拔河中，找回清晰思路

Duncan J. Watts
鄧肯・華茲——著

郭曉燕——譯

獻給傑克與莉莉

目錄

第二部：非常理／反直覺

理論上，我們無法運用常理打敗一切不確定性，甚至不可能預見黑天鵝。
在直覺式思考的框架下，未來有沒有新的可能？

7 最棒的計畫

前言
「常理」讓一切看似理所當然

一九九八年一月，我剛從研究所畢業約半年，有天室友拿給我一本《新科學人》（*New Scientist*）雜誌，裡頭有篇物理學家兼科普作家——約翰．葛瑞賓（John Gribbin）的書評。葛瑞賓評論的那本書，是芝加哥社會學家霍華德．貝克（Howard Becker）寫的《這才是做研究的王道》（*Tricks of the Trade*），內容主要是在反思讓社會科學研究成效卓越的方法。葛瑞賓顯然非常不認同這本書，他認為貝克的許多觀點都不證自明，是「真正的科學家早就知道的東西」。不僅如此，葛瑞賓還批評這本書只讓他更加確信，社會科學都是「某種矛盾修辭的手法」，並建議「任何研究預算被砍的物理學家，都該考慮轉換跑道到社會科學領域，因為他們應該可以輕鬆解決那些讓社會科學家們苦惱許久的問題」。[1]

室友會給我看這篇書評，以及那幾句話為何一直縈繞在我腦海，是有原因的。

我大學主修物理，看到葛瑞賓那篇書評時，我剛拿到工程學博士學位，論文主題是關於小世界網絡（small-world networks）的數學模型。[2]然而，儘管一直接受物理學與數學方面的訓練，我卻逐漸對社會科學產生興趣，也正展開在社會學領域的職業生涯。因此在某種意義上，我覺得自己就是在進行葛瑞賓提議的實驗的小型版。老實說，我懷疑他可能是對的。

但十二年後，我想我可以宣稱，不論是我或一大票物理學家，都無法輕鬆解決那些讓社會學家、經濟學家和其他社會科學研究者苦惱許久的問題。我會這樣說，是因為自一九九〇年代末以來，已經有數以百計，甚至數以千計的物理學家、電腦科學家、數學家等「硬」科學學者的興趣，逐漸轉移到原本屬於社會科學領域的問題，包括：社會網絡結構、團體形成動力、訊息與影響力的傳播、城市與市場的演變和發展。過去十年來，整合性領域（whole fields）興起，出現了幾個聽起來相當具有雄心抱負的新學科，像是「網路科學」和「經濟物理學」等。研究者分析了龐大的數據資料，提出無數個新理論模型，並發表上千篇研究，其中許多是刊登在《科學》（*Science*）、《自然》（*Nature*）、《物理評論通訊》（*Physical Review Letters*）這類世界頂尖的科學期刊上。為了資助這些嶄新的研究，新的補助計畫紛紛出現。主題為「電腦社會科學」之類的學術會議越來越多，讓不同領域的學者能在各種座談會中跨界交流。喔，對了，這種趨勢也增加許多新的工作機會，讓年輕的物理學家得以探索他們之前不屑一顧的領域。

這一切成果所需的努力，絕非如葛瑞賓隨意評論所暗示的那般易如反掌。那麼時至今日，讓一九九八年的社會科學家深感苦惱的問題，我們現在已經理解了多少？針對偏差行為的本質、社會風俗的起源，或轉移文化規範的力量這類貝克在書中論及、且當時還不明白的問題，我們目前實際掌握了什麼？關於真實世界的難題，像是如何讓海地、紐奧良等地的救援機構更有效處理人道危機、如何幫助執法機構阻止恐怖攻擊、如何協助金融監管機構監督華爾街並降低系統性風險，這門新興科學提供了什麼新解方？過去十年，物理學家發表的論文數以千計，但是在社會科學真正面臨的重大問題上，例如國家經濟發展、經濟全球化，以及移民、不平等與偏見之間的關係，我們距離答案還有多遠？各位只要看看新聞報導就能自行判斷，但我想，我們的進展並不多。[3]

假如我們能從中學到什麼，你或許會想：至少我們現在知道社會科學處理的問題，不但對社會學家而言相當棘手，對物理學家來說也是如此。但事實上，正好相反，大家似乎尚未吸取這個教訓。二〇〇六年，德州的共和黨參議員凱伊．哈奇森（Kay Bailey Hutchison）向國會提議砍掉國家科學基金會（National Science Foundation）中所有社會與行為科學的預算。

值得注意的是，哈奇森並不反對科學，她曾在二〇〇五年提議增加一倍醫療研究預算，但她獨獨認為「在這個時候，我們不該把（國家科學基金會）的資源用於」**社會**科學研究。雖然這項提案最終遭到否決，但不禁讓人納悶這位優秀的參議員是怎麼想的。想必她並非認為社會**問題**不重要，因為絕對沒有人敢說移民、經濟發展與不平等是不值得關注的問題。但顯然她跟葛瑞賓一樣，認為社會問題不屬於**科學**問題，亦不值得認真的科學家長期投注心力。或者就像哈奇森的同事——奧克拉荷馬州的參議員湯姆．柯本（Tom Coburn）三年後在一項類似提案上的發言：「關於政治行為的理論最好留給CNN、民調專家、權威、歷史學者、候選人、政黨，還有選民。」[4]

對社會科學有所質疑的並非只有哈奇森與柯本這兩人。打從我當社會學家以來，就經常被好奇的圈外人詢問說，對於這個聰明人無法自己搞懂的世界，社會學到底能提供什麼見解？這是一個合理的提問，但正如社會學家保羅．拉扎斯菲爾德（Paul Lazarsfeld）在六十多年前所指出：這種提問顯示了大眾普遍對社會科學有誤解。當時，拉扎斯菲爾德正在分析剛出版的《美國士兵》（*The American Soldier*），該書內容是美國陸軍部底下的研究單位在第二次世界大戰期間與結束時，針對六十萬名士兵進行的研究。他為了闡明自己的觀點，列舉出書中最具代表性的六大項研究結果。例如：第二項結果是「來自農村的士兵在軍旅中的士氣會高於來自城市的士兵」。他杜撰了假想讀者，在讀到這句話時心想：「廢話！這還用說嗎？在一九四〇年代，鄉下人比都市人更習慣艱苦的生活條件以及耗費體力的勞動，所以當然更能適應軍中生活。為什麼我們需要這麼龐大又昂貴的研究，來說明這些我自己就能想到的事？」

是啊，究竟是為什麼……但拉扎斯菲爾德隨即指出，事實上，這六大項「結果」都與實際研究結果完全相反。在軍隊中，城市士兵比農村士兵更快樂。當然，如果上述的假想讀者在第一時間就被告知正確答案，他同樣能串連這個答案跟他認為自己早就知道的其他事，接著自圓其說：「都市人更習慣在擁擠的環境以及有組織的團體中工作，也更熟悉指揮系統的運作以及服裝與社交禮儀上的嚴格標準。這不是很清楚嘛！」而這正是拉扎斯菲爾德想表達的重點，他指出，當一個答案**與其對立面**看起來都同樣理所當然時，那麼「關於這種『理所當然』的論述一定有問題」。[5]

拉扎斯菲爾德討論的是社會科學，但在本書中，我會證明其觀點同樣適用於任何涉及理解、預測、改變或回應人類行為的活動，無論是政治、商業、行銷或是慈善事業。政治人物試圖解決都市貧窮問題，都自認非常了解造成貧窮的原因。行銷人員策劃廣告宣傳活動，也自認非常清楚消費者的需求，以及如何刺激消費者的欲望。政策制定者為了降低醫療成本、提升公立學校教學品質、減少吸菸人口或推動節約能源而設計新方案，他們也都自認已經合理制定出正確的獎勵措施。在這些位置上的人通常不會期待自己總是能把每件事都做好，但他們確實認為自己正在處理的是他們「能力範圍內」的問題，畢竟「這又不像火箭科學那樣難懂」。[6]好吧，我不是火箭科學家，我很欽佩那些人能讓汽車般大的機器降落在另一個星球。但可悲的是，我們的確比較擅於規畫火箭在兩顆星球之間的飛行軌道，擅長程度更勝於管理經濟、合併兩家公司，甚或預測一本書的銷售量。與人有關的問題照理來說應該更難，那麼，為什麼我們**認為**火箭科學很難，卻**認為**與人有關的問題只要用常理就能解決？本書將告訴你，造成這種弔詭現象的主因，正是「常理」本身。

不得不說，批評「常理」是件危險的事，何況大家普遍認為它是個好東西——你可以想想上一次被告戒不要只靠常理判斷是什麼時候？嗯，不過接下來我會不斷提醒你。雖然我也會在書裡提到，常理確實非常適合幫助我們處理日常生活的複雜性，也如眾所周知那般有用。但是，如果「情況」涉及企業、文化、市場、民族國家與全球機構，複雜性就會遠遠超過日常生活。常理在上述情況就會出錯，而這些錯誤會系統性地誤導我們。然而，由於人們習慣從經驗中學習（甚至是不會重複的經驗，或時空背景完全不同的經驗），導致我們很難發現依常理推論時會有的謬誤。反之，我們只會認為是「我當時不知道」，事後卻看似理所當然。因此，常理的弔詭之處在於，儘管它能幫助我們理解世界，但它也會破壞我們理解世界的能力。如果你不太明白後面這句話的意思，沒關係，我接下來會進一步解釋，並說明常理對於政策、規畫、預測、商業策略、市場行銷與社會科學的影響。

正式進入內文之前，請容我先補充一點：我跟朋友、同事談到這本書時，發現了一個有趣現象。我用這句**摘要**告訴他們本書的觀點：我們理解這個世界的方式，實際上會阻礙我們理解這個世界。大家聽完莫不點頭如搗蒜，強烈贊同道：「沒錯，我老覺得大家都會相信各種蠢事，好讓他們感覺自己似乎懂點東西，但其實根本就不懂。」然而，我如果用同樣觀點質疑朋友、同事的某個信念時，他們總會改變剛才的論調，說「關於常理和直覺造成的錯誤，你說的可能都沒錯，但這完全不會動搖我的信念還有我對它的信心」。彷彿常理推論錯誤只會發生在別人身上，不會發生在自己身上。

其實人們一再犯這種錯誤。大約有九成的美國人覺得自己的駕駛技術比一般人好，令人訝異的是，覺得自己比一般人快樂、受歡迎，或更有可能成功的人同樣高達九成。在一項研究中，竟然有四成受訪者認為自己的領導能力高居前一％，這個數字真讓人難以置信。[7]這種「優越錯覺效應」（illusory superiority effect）非常普遍，大家也都耳熟能詳，它還有個更通俗的名字叫做沃比岡湖效應（Lake Wobegone effect），源自廣播節目《草原一家親》（*Prairie Home Companion*）主持人葛瑞森・紀樂（Garrison Keillor）所虛構的小鎮——那個小鎮裡「每個小孩的資質都在平均之上」。難怪人們寧願相信別人對世界的看法是錯的，而不願承認自己的信念有誤。然而不爭的事實是，適用於「每個人」的道理必然也適用於自己。人們每天思考與闡述觀點時存在的謬誤（之後會再詳細說明），**必然**也存在於自己根深蒂固的信念中。

我並非要讀者放棄自己的信念，重頭開始。只是我們應該把它放在聚光燈下，用懷疑的眼光加以檢視。舉例來說，我雖然知道在統計上，認為自己駕駛技術高於平均的人，有將近一半是錯的，但我**還是**會忍不住認為我的駕駛技術比一般人好。不過意識到這點之後，我至少會想一下我是不是在自欺欺人，因此會盡量去留意自己是否犯錯，就像注意到別人的錯誤一樣。儘管與人爭論時，我仍然傾向認為自己是對的，但或許我可以開始承認對方不是每次皆錯。也許就像別人應該改變一樣，我也可以從這些經驗中學習，並決定自己應該改變什麼。即使這樣做也不能保證自己的駕駛技術會高於平均，但至少我能成為一個更好的駕駛者。

同樣，當我們質疑自己對世界的假設，或更重要的，當我們意識到自己無意中做了假設，我們可能會、也可能不會改變既有觀點。但就算我們不改變原本的看法，質疑自己的假設至少會迫使我們注意到自己的固執，反過來讓我們停下腳步思考。這樣做並不容易，但這是有望形成更準確的新想法的第一步。我們相信的每件事都正確無誤——這個機率基本上是零。事實上，貝克在《這才是做研究的王道》一書中強調，要學習像個社會學家一樣思考，意思就是學著去質疑自己對事情如何運作的直覺看法，並盡可能把這種直覺完全拋諸腦後（顯然當年葛瑞賓評論此書時並沒有掌握到這個重點，而我也是）。如果你讀完這本書，卻只是更加鞏固你原先對這世界的看法，那麼我很抱歉，因為身為一個社會學家，我沒有善盡自己的職責。

第一部

常理／直覺

平時我們賴以為生的思考工具，
在處理更複雜的大問題時，往往並不可靠。
這樣說來，人、市場或社會真的理性嗎？

1

常理的迷思

在紐約，每天約有五百萬人搭乘地鐵。住在曼哈頓、布魯克林、皇后區和布朗克斯（Bronx）這些地方的居民從家中出發，湧入數以百計的地鐵站，人潮擠進成千上萬個車廂，高速穿梭在大都會運輸署（MTA）如黑暗迷宮般的隧道系統中，然後再次淹沒月台和樓梯間。這些人宛若一條蜿蜒於地下的河流，急切尋找最近的出口和外面新鮮的空氣。參與過這種例行公事的任何乘客都能告訴你，紐約地鐵系統既是奇蹟，也是惡夢。這個由機械、水泥和人組合而成的繁複裝置，雖然有過無數次故障、莫名其妙的延誤與難以理解的公告，但至少還是把每個人都送到目的地。但這也對乘客的精神造成了一定程度的損耗。尤其是交通尖峰時刻，地鐵站簡直成了紐約的搖滾區，擠滿疲憊不堪的上班族、精疲力盡的母親、喧嘩嬉鬧的青少年，大家在有限的時間、空間與氧氣中你推我擠。你不會在這裡奢求一點人情味，也不會料想到有個看起來很健康、體格健壯的年輕人向你走來，請你讓座。

這是真實事件，發生在一九七〇年代早期的某一天。一群心理系學生在社會心理學家史坦利．米爾格拉姆（Stanley Milgram）的指導下，走進紐約地鐵進行上述實驗。當時，米爾格拉姆因幾年前頗具爭議的「服從」研究而聲名遠播，該研究在耶魯大學進行，他這項研究讓大家看到，僅僅是一位穿白袍的研究者對實驗對象（一般民眾）說現在正在進行學習實驗，實驗對象便會對受試者施以可能致命的電擊（受試者實際上也是由研究者假扮，沒有真正受到電擊）。平日循規蹈矩的市井小民，在前述實驗這種相對尋常、非特例的情況下，竟然會做出這種看似難以理解的悖德舉動——這個研究發現確實讓人不安。從那時起，「服從權威」就帶有負面的意涵。[1]

然而人們不太會意識到，服從權威人士下達的指令，是維持社會正常運作不可或缺的常規。想像一下，如果學生反駁老師，員工挑戰老闆，駕駛者也無視交通警察命令他們做自己不喜歡的事，不用五分鐘，世界將陷入混亂。當然，我們在某些時候需要適時反抗權威，而大多數人也會同意，米爾格拉姆在實驗室裡創造的情境，就是需要反抗權威的時候。但這個實驗還清楚地表明，人們在日常生活中視為理所當然的社會秩序，某種程度上是由潛規則所維持，直到有人試圖打破這些潛規則，我們才會意識到它們的存在。

米爾格拉姆因為這次研究經驗，加上後來他搬到紐約，於是開始好奇人們在搭地鐵時，是否有要求讓座的類似「規則」。就像我們從來沒有明文規定大家要服從權威人士一樣，讓座也是如此。若詢問一般乘客搭乘地鐵須遵守哪些規則，他們通常也不太會提到讓座。但是米爾格拉姆的學生們進行這場小型實地實驗（field experiment）之後，很快就發現「讓座」這個規則確實存在。被詢問是否可以讓座的乘客之中，雖然超過一半都讓位給對方，但他們大多帶著怒意，或要求對方給個解釋。每個乘客的反應都很驚訝，甚至錯愕，而旁觀者經常會講些風涼話。不過，實驗者本身的反應還比乘客的反應更有趣。這群學生發現自己一開始很難開口要求別人讓座，他們其實非常抗拒，以至於為了進行實驗，必須兩人一組、互相壯膽。米爾格拉姆聽到他的學生描述這種不舒服的感受時，起初很不以為然。但當他自己嘗試做這個實驗，走到一個陌生人面前，要求對方（不論性別）讓座時，這個簡單的舉動卻同樣讓他難堪。換句話說，儘管「讓座」這個規則看似不太重要，卻跟米爾格拉姆早些年揭示的「服從權威規則」同樣不容易違反。[2]

事實證明，紐約這種大都市充斥著各種潛規則。例如，在擁擠的火車上緊挨著別人沒什麼大不了，但如果車廂很空曠，卻有人一直貼在你身旁，那就很討厭了。社會顯然存在某種規則，鼓勵我們在可用空間內盡量分散開來。雖然沒有明文規定，但違反這項規則會讓人非常不自在。同樣地，試想你正在電梯裡面，隨後進來的人面對你、而不是面對電梯門，你會有多尷尬。在地鐵這樣的密閉空間中，大家總是面對面站著，也不會有人多想什麼。同樣事情發生在電梯裡就很詭異，彷彿有人違反了某種規則——儘管此前你從未注意到這種規則的存在。我們遵循的其他規則又是如何呢？像是在人行道上與人擦肩而過、幫別人擋門、在餐廳排隊、攔計程車時禮讓他人、穿越車多的路口時用眼神示意駕駛，我們在體貼他人的同時，也堅持為自己保有一定的時間與空間。無論我們身在何處，不成文的規定隨時都主導、影響著我們的生活。事實上，這些不成文規定之多，我們甚至無法一一寫下來，但還是會期待「一般正常人」知道所有不成文規定。更複雜的是，我們還期待一般正常人知道哪一些**既有的**「明文規定」可以忽略。舉個例子，我高中畢業後就加入海軍，在澳洲國防學院（Australian Defence Force Academy）接受四年軍官訓練。那時學校的氣氛很緊繃，到處都會遇到大聲咆哮的教官，有時天還沒亮就要起床做仰臥起坐，或在傾盆大雨中拿著步槍跑步。當然，還有很多很多的規定。剛開始會覺得這種新生活很荒謬、複雜，讓人不知所措。但我們這群新生很快就明白，雖然有一些很重要、絕對不能忽略的規定。但也有許多規定是用點頭、眨眼等使用默契的方式來執行。這不表示懲罰不嚴厲，我們常常只是因為聚會遲到或床單有一點皺折等小小的違規行為，就被罰連續七天在練兵場踢正步。但你會明白（雖然你不會承認）軍校生活更像一場遊戲，而非真實生活。遊戲總是有輸有贏，輸的時候你就得去操練場報到。但不管發生什麼，都無需放在心上。果然，經過六個多月的調適，那些初來乍到時非常嚇人的情境，我們都已經習以為常，反倒是外頭的世界變得有點古怪。軍校生活也許太過極端，二十年後回想起來，這種似乎是另一個世界的生活有時還是會讓我詫異。但我們都有過類似經驗。無論是融入新學校、熟悉新工作，或生活在他鄉異國，我們都必須學會適應環境。新環境起初都很陌生、具威脅性、充滿各種難懂的規則，但假以時日，我們會漸漸熟悉它。很多時候，正式的規則（明文規定）的重要性不如非正式的規則（例如「在地鐵上讓座」這種直到被打破時才浮現的規則）。相反地，我們較少遵守那些已知的規則，或只有在某些時候才會遵守，端視我們沒察覺的其他規則而定。想想看，生活中的這些遊戲何其複雜，我們卻可以處理得很好，這實在是不可思議。然而，正如幼童在潛移默化中學會新語言，我們多少都在不知不覺中熟悉了新環境，哪怕面對的是最稀奇古怪的社會。

常理是什麼？

在人類的智慧中，能奇蹟似地幫助我們解決上述問題的部分，就是所謂的「common sense—常理」。常理是如此稀鬆平常，以至於只有在它消失時，我們才會注意到。但我們每一天生活的運作，絕對少不了常理。常理就是早上知道該穿什麼去上班，是走在路上或搭地鐵時該有的合宜言行，也是該如何跟同事或朋友維持和諧的關係。常理告訴我們何時要遵守規則，何時可以默默忽略規則，而何時又該挺身而出、挑戰規則。常理是社會智慧的本質，也深深嵌入我們的法律系統、政治哲學和專業訓練中。

奇怪的是，儘管我們經常提到常理，卻很難清楚界定它。[3]粗略來講，常理是我們每個人的一生中，在每天面對、處理日常情況，並從中學習的過程裡，日積月累的一套鬆散的事實、觀察、經驗、見解和一些普遍看法。此外，常理無法被簡單歸類。有些跟常理有關的常識相當普遍，正如美國人類學家克利福德·紀爾茲（Clifford Geertz）所說，常理是「自古流傳至今，且錯綜複雜的傳統習俗、約定俗成的信念、習以為常的判斷方式、自然流露的情感」。[4]但常理也可以指涉更專業的知識，例如醫生、律師或工程師等專業人員經過多年訓練與實務經驗，漸漸培養出的工作知識。一九四六年，美國社會學學會

（American Sociological Society）理事長卡爾・泰勒（Carl Taylor）在芝加哥的年會上，也對常理做出類似的定義：

關於常理，我指的是生活在其中的人所擁有的知識，同時也是社會學家試圖理解的社會情境與過程的一部分。常理這個詞可以用來表示民俗常識，也可以是工程師、政治家、新聞從業者，或其他必須處理、解釋和預測行為、個人與群體的人所擁有的知識。[5]

泰勒的定義突顯出常理的兩個決定性特徵，有助於區分常理和其他與人相關的知識（如科學、數學）。第一，不同於以理論為基礎的正規知識體系，常理完全是以**實用性**為主，這表示常理較著重提供解答，而不在意答案如何產生。從這種實用性的角度來看，只要知道某件事為真，或事實就是如此，這樣就夠了。人們不需要知道來龍去脈，就能從常理中獲益。而且毫無疑問，不去想事情為何如此反而比較好。換句話說，常理與理論性知識不同的地方在於，常理不會去思索這個世界上的萬事萬物，而只是試著「照世界本來的面貌」去因應世界。[6]

第二，正規知識的強大在於它能夠根據通則，有邏輯地歸類特定發現。反之，常理的效用在於它能夠隨著情境不同，彈性處理每個具體狀況。例如，我們在上司面前的穿著打扮、言行舉止，會與我們在朋友、父母、父母的朋友、或朋友的父母面前不同。這就是我們運用常理來處理的事。相較於正規知識體系會試圖從一個單一、更普遍的「通則」，推導出適合上述所有情境的適當行為，常理只是讓我們「知道」在特定情境下該做什麼比較恰當，而不探究為什麼要這樣做。[7]事實上，這正是我們很難在電腦上複製常理性知識的原因，因為相較於理論性的知識，常理需要相對大量的規則才可以處理很小的問題。如果想設計一個會搭地鐵的機器人，乍看之下好像很簡單，但你馬上就會發現，即使只是搭地鐵任務的其中一個元素，例如在地鐵讓座的「規則」，都會牽扯到其他各種乍看之下無關的複雜規則，像是關於地鐵座位的安排、在公共場合應有的禮節、在擁擠城市生活的準則，以及關於體貼、分享、公平與所有權的通用常規。任何想要將常理公式化的嘗試，都會遇到類似的複雜問題。在某種意義上，就算只是想讓機器人學會幾種人類行為，你還是必須讓它學習關於這世界的一**切**。如果沒做到這個程度，就算是最複雜先進的機器人，面對各種事物之間數不盡的細微差異，也會磕磕絆絆，無法區分哪些事情真正重要、哪些事情應該重要但實際上不重要、哪些事情的重要性又視情況而定。機器人一旦遭遇到的情形與內建程式略為不同，就會不知所措，結果表現得很突兀，把事情搞砸。[8]

缺乏常理的人有點像上述的倒霉機器人，他們似乎從不知道自己該注意什麼，也不清楚自己沒弄懂什麼。要向一個缺乏常理的人解釋他們到底做錯什麼，其實很困難，就如同很難幫機器人寫好常理程式一樣。你可以帶他們還原現場，用各種例子讓他們知道自己說錯什麼或做錯什麼，但只要情況稍有不同，他們又會退回原點。我們以前在軍校也遇過幾個這種士官生，他們在其他方面很聰明能幹，但就是搞不懂軍校的遊戲規則。大家都知道他們是這種人，也知道他們只是搞不清楚狀況。但大家很難確切知道他們到底不懂什麼，所以都愛莫能助。這些人由於太困惑，變得無所適從而不堪重負，最後大多提前離開軍校。

一點也不平常

眾所周知，常理具備一些奇異的特性。其中最引人注目的，就是它會隨著時間、文化而改變。幾年前，一群認真進取的經濟學家和人類學家，開始著手研究不同文化的人會如何進行「最後通牒賽局」（ultimatum game）。遊戲方式如下：首先任選兩個人，給其中一人一百美元。然後拿到錢的A必須把錢分給另一個人B，金額從零到一百美元都可以。B可以接受，也可以拒絕A的分配方式。如果B接受，那麼這兩個人就可以各自拿著錢開心離去。但如果B拒絕分配的提議，那麼A跟B都拿不到半毛錢。研究者在工業化社會進行了數百個同樣的實驗，他們得到的結果證實，分配錢的A大多會提議平分，而B分到的錢如果不到三十美元，通常會拒絕。經濟學家對此相當驚訝，因為這種行為違背了經濟理性的標準觀點。從嚴格理性的角度來看，哪怕只有一美元也好過什麼都沒有，所以接受者應該同意任何高於零的分配。理性的「分配者」如果明白這一點，應該盡可能讓對方拿到最少的好處，也就是一美元。當然，稍微思考一下就會發現人們為何這樣做——只因為占優勢、擁有分配權就剝削對方，這顯然不太公平。接受者如果拿不到三分之一的錢，就會覺得被占便宜，為了教訓吝嗇的分配者，他們寧願放棄一筆可觀的金錢。分配者由於事先預想到這種反應，所以傾向提出一個他們自認「接受者會覺得公平」的分配方式。如果你對這一突破性見解的反應是，經濟學家應該多出去走走、增廣見聞，那麼你並不孤單。假如這個研究中有什麼洞見屬於常理，那或許是：人們認為金錢跟公平一樣重要，有時甚至更在意公平與否。然而，當研究者在五大洲、十五個小型前工業社會重複這項實驗時，他們發現不同社會的人對於「公平」的看法相當不一樣。一個極端的例子發生在秘魯的馬奇根加（Machiguenga）部落，分配者傾向給對方總金額的四分之一，而且幾乎沒有被拒絕過。天秤的另一端則出現在巴布亞紐幾內亞的奧（Au）和格瑙（Gnau）部落，那裡的人給對方的錢通常高於一半，但意外的是，這種「過於公平」的分配方式，跟不公平的提議一樣經常會被拒絕。[9]

該如何解釋這些差異？原來，奧和格瑙部落有交換禮物的習俗，即接受別人的饋贈之後，將來就有義務回報。奧或格瑙部落沒有類似最後通牒賽局的概念，他們只是將這種陌生的互動，「對應」到他們腦中最接近的社會交換（social exchange）行為——也就是交換禮物，並據此回應。因此，西方人眼裡的意外之財，在奧或格瑙部落的人看來卻很像一種多餘的義務。相對地，在馬奇根加人的社會裡，只會期待直系親屬以忠誠相對。因此，當馬奇根加人跟一個陌生人玩最後通牒遊戲時，同樣會套用他們熟悉的模式，覺得自己沒有義務做出公平的分配，且當他們面對西方人認為明顯不公平的情況，也不會心生怨恨。對馬奇根加人來說，即使分到的錢很少，也算是賺到。一旦你了解奧、格瑙和馬奇根加文化的特點，那些原本令人費解的行為，馬上就變得完全合理，甚至會覺得這是人之常情。常理就是這樣。就像我們本能上認為公平互惠原則是這個世界的常理，大家都應該遵守，一旦無故違反，我們便應該挺身捍衛這個原則。同樣地，那十五個前工業社會的人們，對於這個世界應該如何運轉，也有他們自己一套內隱的理解模式。他們的理解模式可能與我們不同，然而一旦被接受，他們的常理邏輯就跟我們的一樣合情合理。任何一個「一般正常人」如果在那種文化中長大，都會做一樣的事。

這些研究結果表明，只有當兩個人擁有足夠相似的社會文化背景，常理才算「平常」。換句話說，常理取決於社會學家哈利．柯林斯（Harry Collins）所說的集體內隱知識（collective tacit knowledge），這表示常理內嵌於社會規範、習俗、慣例之中。[10]依據柯林斯的看法，這類知識只能透過參與社會而習得。這就是為什麼我們很難教導機器人學會常理。但這也表示，就算同為人類，一個人所認為再合理不過的事，對另一個人而言卻可能有點奇特、古怪、甚至反感。例如人類學家紀爾茲曾提到，對於雌雄同體兒童的治療，在不同時代與文化中有著極大差異。羅馬人憎恨並殺害這些兒童，希臘人選擇包容，而北美的納瓦荷族（Navajo）則對此相當尊敬。在東非的波克（Pokot）部落，這種兒童被視為「錯誤」，就像有瑕疵的罐子一樣，可能會留下來，也可能任意拋棄。[11]同理，多數現代文化中被譴責的奴役、獻祭、食人、纏足和女性割禮等習俗，在不同時間與地點下曾是（有些至今仍是）完全合法的行為。

常理內嵌於社會帶來的另一個重要後果是，跟常理有關的事情如果出現歧見，可能會出乎意料地難以解決。例如，有些人從小對紐約的印象就是犯罪的聚集地，或至少是個冷酷無情的城市，充滿著無法信任的人。有一天，這些人看到一則新聞報導，說曼哈頓有一小群居民不會鎖門。該報導指出，這座城市有多數人認為「不鎖族」都是瘋子。有個女士說：「我在一棟有警衛的大廈住了十五年，從沒聽說這棟大樓發生過竊盜案，但這絕對跟你要不要鎖門無關，（鎖上你家的門）這是常識。」然而，對那些不鎖門的人來說，唯一讓人震驚的，是竟然有人對不鎖門感到震驚。[12]

以上故事的有趣之處在於，當中人物所說的話，幾乎完全反映了紀爾茲在爪哇島進行巫術研究的經歷。他在研究中提到：「有個爪哇男孩從樹上掉下來摔斷了腿，他的家人一致認為，是男孩已故祖父的靈魂推了他一把，原因是他們不小心忽略了某些祭祖的儀式。對他們而言，這正是整件事情的始末，他們就是這樣認為，如此而已。爪哇人對這件事沒有困惑，我為此感到不解，而他們只對我的不解感到困惑。」換句話說，在跟常理有關的事情上有所分歧是很難解決的，因為雙方都不知道要基於什麼立場進行合理的爭論。無論是西方人類學家在印度前工業化部落討論巫術，還是紐約人對鎖門有不同意見，或者是美國步槍協會（NRA）反對布拉迪運動（Brady Campaign）限制美國人能購買的槍枝種類——只要人們認為某件事是常理，就會對此深信不疑。會讓我們困惑的只是別人的不認同。[13]

思考的灰色地帶

對一個人來說不言自明的事情，在另一個人看來可能蠢到不行。這一點應該會讓我們懷疑用常理來理解世界的可靠性。當別人強烈認為我們相信的事情是錯的，我們又是哪來的自信堅持自己是對的？尤其當我們說不清楚為何一開始就認為自己是正確的。當然，我們總是可以把那些自己原本相信的事情一筆勾銷，當它們是無知、瘋狂的東西，不值一提。然而，當你開始這樣做，就會越來越難解釋當初為什麼會認同自己的行為。例如，自一九九六年以來，美國人對於同性婚姻的支持率幾乎增加一倍，從二五％上升到四五％。[14]在這段時間改變想法的人，大概不認為十幾年前的自己瘋了，但顯然認為自己當年錯了。如果一些在過去理所當然的事，後來被證明是錯的，那我們現在還有什麼理所當然的認知，將來也會被認為是錯的呢？

事實上，一旦我們開始檢視自己的信念，整體就越來越模糊——我們在各個時期擁護的各種信念，是如何彼此協調、互相交融在一起？例如，多數人認為自己對政治的看法出於一個連貫的世界觀，好比「我是溫和的自由主義者」，或「我是頑固的保守主義者」。假設確實如此，那麼那些自認為是自由派的人，應該在多數事情上都會傾向支持「自由主義者」的觀點，保守派則會始終支持對立的觀點。但研究發現，無論人們認為自己是自由派或保守派，他們對任何一項議題（如墮胎）的看法，與他們對其他議題（如死刑或非法移民）的看法，之間幾乎沒有關聯。換句話說，我們以為自己的信念都來自某種更高層次的哲學觀，但實際上，我們得到這些信念的過程都相當獨立，且經常是隨意的。[15]

另一個問題是，那些單獨看來很有道理的信念，彼此之間卻很難協調一致。這點在我們用來理解世界的工具——「格言」上更為明顯。就像社會學家喜歡強調的，顯然有許多格言互相矛盾，例如：物以類聚／異性相吸；小別勝新婚／眼不見為淨；三思而後行／先下手為強。當然，這些信念不見得彼此衝突，因為我們會在不同情況下引用不同格言。但是我們從未明定哪些情況適用哪些格言、哪些情況不適用哪些格言，所以我們無法清楚描述自己到底在想什麼，或為什麼這樣想。也就是說，與其說常理是一種世界觀，倒不如說是一堆邏輯不一、經常互相矛盾的信念集合體，每一個信念在當下看起來都是對的，但不保證在其他時候也一樣正確。

習慣誤用常理

雖然常理的本質是零碎、不一致且自相矛盾，卻通常不會對日常生活造成困擾。原因在於，我們實際上把日常生活拆解成許多小問題，各自發生在不同情境，所以我們或多或少能一一解決。在這種情形下，真正的重點不在於是否能用一種有邏輯的方式貫穿我們的思考歷程。對夫妻來說，在A情境覺得「小別勝新婚」，在B情境又說「眼不見為淨」真的沒什麼大不了。不管是什麼情境，我們都知道自己想表達什麼、想支持什麼決定，然後選擇適合的常理，並將之套用於該情境。但如果必須解釋一切行為的理由、態度和常理是如何串聯，我們就會發現各種不一致和矛盾。不過，我們在一般生活經驗中很少被迫思考這個問題，所以也不用太在意其困難度。

只有當我們試圖用常理來預測或管理一大群人的行為，但這群人**並非**出現在我們當下的生活情境裡，上述的問題才會浮現。這聽起來似乎不太常發生，但實際上，我們一直都在這麼做。我們只要閱讀一篇新聞報導，試圖了解國外發生的事，像是以巴衝突、伊拉克的叛亂、阿富汗無止盡的戰爭，就會不知不覺使用常理來推斷這些事件的起因和解釋。我們只要對金融改革或醫療政策發表意見，都會在無意中使用常理來推測不同的規定與獎勵方式，將會如何影響各方行為。每當我們在政治、經濟或法律議題上高談闊論，也會不自覺地使用常理來下結論，試圖說明該政策或提案將如何影響社會大眾。

上述運用常理的情況，都不是在衡量自己在當下該做什麼，而是在只有一知半解的情況下，用常理推論別人（未來）會有什麼行為表現。我們大多知道世界很複雜，所有事物都以某種方式互相牽扯。可是當我們在報紙上讀到一些關於醫療體系改革、銀行家的獎金，或者以巴衝突的事件時，卻沒有試著去了解這些問題之間有什麼關聯。當下我們只注意到眼前巨型世界掛毯的一小角，並據此形成我們的觀點。這麼一來，就可以在早晨一邊喝著咖啡，一邊翻閱新聞報導，輕鬆針對二十個主題發表二十種不同的看法。這全都仰賴常理的功勞。

當然，一般市井小民在自己家裡，根據自己跟朋友爭論的內容或是讀到的新聞，對世界現狀發表結論，這種事情可能不重要。那麼，我們思考世界問題的方式是否符合該問題的本質，應該也不太重要。然而，會用常理去理解社會問題的，可不是只有普通市民而已。當政策制定者坐下來設計一些方案，試圖減少貧窮問題時，他們也總是照自己的常理去思考窮人貧困的原因，以及改善這些問題的最佳方法。正如所有基於常理的解釋，即使是政策制定者也可能各持己見，而他們的不同意見在邏輯上並不一致，甚至互相矛盾。有些人認為窮人缺少某些勤奮、節儉的必要價值觀，有些人認為他們在遺傳上處於劣勢，還有些人將貧窮歸於環境因素，例如缺少機會、社會支持系統不佳。不同觀點會衍生出不同的解決方案，但不是所有方案都是正確的。政策制定者被授權制定全面計畫，並將影響成千上萬個人，但他們跟看新聞報導的普通市民沒什麼兩樣，都傾向相信自己對貧困的直覺。

綜觀歷史就會發現，如果將常理應用在日常生活之外，最終都會以失敗收場。正如政治學家詹姆斯・斯科特（James Scott）在《國家的視角》（*Seeing Like a State*）一書中寫到，在十九世紀末和二十世紀初，工程師、建築師、科學家和政府官員都普遍樂觀地認為，既然科學和工程問題在啟蒙運動與工業革命期間順利解決，解決社會問題想必也可以如法炮製。根據這些「極端現代主義者」的看法，城市設計、自然資源管理，甚至整個經濟營運，都在「科學」規畫的範圍之內。建築巨擘柯比意（Le Corbusier）是一致公認的現代主義權威，他在一九二三年寫道：「計畫是一切事物的源泉。少了它，貧窮、混亂、恣意妄為就會主宰一切。」[16]

當然，極端現代主義者並不會將自己的所作所為，單純描述成只是常理的運用。他們會用科學術語包裝他們的雄心壯志。但如同斯科特指出的，這種科學光環只是海市蜃樓。

實際上，沒有一門科學學科屬於所謂的「規畫」，那只是各個規畫者的意見。這些人依照自己的直覺去推敲如何在真實世界執行他們的計畫。沒有人會懷疑柯比意不是一位卓越、有原創性的思想家，但這樣的人所做的計畫，往往會帶來災難性的後果，例如蘇聯的集體化以及柯比意對巴西利亞（Brasilia）城市規畫的影響。有些事件在今日被視為二十世紀最重大的罪惡，如納粹主義的社會工程和南非的種族隔離。此外，就算這些計畫真的成功了，也不是因為計畫本身奏效，而是普通百姓透過忽視、規避，甚至破壞計畫，想盡辦法產生一個合理的結果。[17]

回顧從前，無論是「中央計畫經濟」或是「中央設計城市」，極端現代主義的失敗似乎已成為過去，彷彿我們已擺脫那些天真、單純的科學信仰下的產物。然而政客、官僚、建築師和管理者不斷犯下同樣錯誤。經濟學家威廉·伊斯特利（William Easterly）指出，過去五十年來，海外援助事業一直被大型官僚組織壟斷，而這些大型組織又受到有權有勢者的掌控。這群人對於什麼該做、什麼不該做的想法，必然決定了資源分配的模式。伊斯特利稱這些人為「計畫者」，他們跟從前那些極端現代主義者一樣，都是充滿善意和智慧的人，熱衷於幫助發展中國家的人們。然而，儘管計畫者為了發展經濟，投入數萬億美元進行援助，卻幾乎沒有證據顯示受援助者的狀況有所改善。[18]

更尷尬的是，大約同一時期，美國的都市計畫者也一再著手「解決」都市貧窮問題，卻屢屢失敗。記者珍・雅各（Jane Jacobs）是城市積極行動者，她在五十年前曾說：「大家似乎有個迷思，奢望並認為只要花足夠的錢（通常是一千億美元），就能在十年內讓所有貧民窟消失……但看看我們用最初的幾十億打造出什麼？這些原本應該取代貧民窟的低收入住宅計畫，卻成為犯罪、破壞公物和社會絕望的根源。」[19]諷刺的是，就在雅各做出上述評論的同時，芝加哥的泰勒國宅（Robert Taylor Homes）也開始動工。不出所料，正如社會學家蘇西耶・凡卡德希（Sudhir Venkatesh）在其著作《美國國宅計畫》（*American Project*）中所描述，這個全美規模最大的公共住宅區，原先的立意良善且經過周延規劃，期望幫助市中心的貧民家庭（大多是非裔美國人）能擠身中產階級，後來卻徹底失敗，變成破敗的建築、狹小擁擠的公寓和運動場，並且導致貧窮集中化，最後淪為幫派暴力的集散地。[20]

經濟和城市發展計畫由於規模龐大且具顛覆性，原本就特別容易失敗。但是，政府關於改善公共教育、提升醫療服務、管理公共資源、設計地方法規或決定外交政策的計畫，也飽受許多類似的批評。[21]不只是政府，企業也會面臨嚴重的計畫失敗，不過規模通常不如政府那麼龐大，所以就算失敗也很少會像政府一樣受到外界檢視。不過在二〇〇八至二〇〇九年的經濟海嘯，幾乎崩潰的金融體系所帶來的風暴與責難，倒是與政府決策錯誤而造成的後果相去不遠。另外，由於企業的數量遠大於政府，因此總有辦法找到成功案例，於是讓大家一直誤以為，私營企業比政府部門更擅於制定計畫。但近年來許多管理學者紛紛提出，不論是策略投注、併購或行銷戰略，私營企業制定的計畫跟政府計畫一樣差勁，失敗的原因也差不多。[22]不論在私營企業或政府機構，都是一小群人坐在會議室裡，運用自己的常理直覺去預測、管理或操控成千上萬民眾的行為。但是這些形形色色的民眾與計畫制定者相隔遙遠，其動機和所處環境也跟計畫制定者南轅北轍。[23]

諷刺的是，當人們看到政客、計畫者等人犯下的錯誤時，竟然不是批評他們依賴常理，反而卻要求更多常理。舉例來說，二〇〇九年初，全球金融危機陷入最黑暗的低谷，一位憤怒的聽眾在達沃斯（Davos）舉行的世界經濟論壇（World Economic Forum）會議上大聲疾呼：「我們現在最需要的就是回歸常理！」當時這個吸引人的想法得到熱烈掌聲，但我不禁納悶他這句話的意思是什麼。畢竟在兩年前，二〇〇七年的達沃斯會議上，齊聚一堂的幾乎是同樣一群商界人士、政治人物和經濟學家，他們互相慶賀自己創造的驚人財富和金融界前所未有的穩定。當時是否有人懷疑過，這些人其實在某種程度上拋棄了自己的常理？如果沒有，那麼現在回歸常理又有什麼幫助？事實上，無論在高科技貿易出現之前或之後，歷史上的金融危機如果有讓我們學到任何教訓，那應該是像「在戰爭中，第一個倒下的是真理」這句話一樣。在金融狂潮時，第一個被犧牲的是常理，而非電腦模式。[24]同樣的道理也適用於政治、商業和市場行銷的失敗。壞事發生不是因為我們忘了運用常理，而是因為用常理解決日常生活問題時效率驚人，反而讓我們對它產生過高的信心，於是最後超出它所能負荷的範圍。

直覺可靠嗎？

如果運用常理來處理政治衝突、醫療經濟學或行銷策略之類的社會現象時，會有如此糟糕的結果，那我們豈不應該更容易發現常理的缺點嗎？畢竟，我們也會運用大量常理來解決日常生活中跟物理世界（現實世界）相關的問題，好比去追逐、接住一顆高飛球時，你會用到的許多直覺式物理學。但與社會世界不同的是，我們隨著時間會逐漸發現「物理常識」很容易出錯。例如，常識告訴我們在重力作用下，重物會往下墜。但是請想像一下：有個人站在非常平坦的地面上，左手拿著一顆子彈，右手拿著一支裝有同樣子彈的手槍。

他將兩手舉到同樣高的位置，然後鬆開左手的子彈，同時右手開槍。請問哪顆子彈會先碰到地面？中學程度的基礎物理就會告訴你，兩顆子彈會幾乎**同時**落地。但即便有了這個知識，多數人還是會忍不住認為從槍口射出的子彈，因為速度的關係，會在空中停留更久。

在物理世界中，類似這種違反常理推論的例子俯拾即是。為什麼沖水時馬桶裡的漩渦在南、北半球的方向是相反的？為什麼午夜之後會看見更多流星？當玻璃杯裡的冰塊融化時，水面會上升還是下降？就算懂一些問題背後的物理學原理，大家還是很容易答錯，而且這些問題跟量子力學或相對論中真正奇怪的現象相比，根本不算什麼。但是，這些讓物理系學生挫折、讓我們屢屢犯錯的物理常識，對人類文明卻有一個很大的優點，就是迫使我們進行科學研究。我們在科學中承認，如果想了解世界運轉的方式，就需要透過仔細的觀察、實驗才能驗證我們的理論，而且不論我們的直覺是什麼，都要相信從科學研究獲得的數據。科學方法雖然耗時費力，但過去幾個世紀以來，人類在認識自然世界這方面的所有進展，基本上都要歸功於科學方法。

但相較於物理世界，我們的直覺在跟人有關的世界中運作良好，因此很少讓我們覺得有必要用科學方法來研究人類。例如：為什麼大多數的社會團體的成員在種族、教育程度，甚至性別方面，都有很高的同質性？為什麼有些東西會流行起來，有些不會？媒體對社會的影響有多大？選擇變多是好是壞？稅收會刺激經濟嗎？以上這些問題都讓社會學家們想破腦袋，但許多人卻認為自己可以想出既完美又令人滿意的解釋。大多數人都有朋友、有工作，也會買東西、投票、看電視。我們一直都處在市場、政治和文化中，因此非常熟悉這些領域的運作方式——至少在我們看來是這樣。因此，不同於物理學或生理學這些領域，當問題的主題是人類或社會行為時，似乎就沒必要進行昂貴、耗時的「科學」研究，來搞懂我們深信自己早就明白的問題或現象。

誤導你的三種謬誤

毫無疑問，參與社會生活的經驗，大大提高了我們理解社會的能力。如果沒有深入理解自己的思考歷程，也沒有無數次觀察別人的言語、行為和說法（親身經歷或遠距觀察），我們不可能理解如此複雜的人類行為。我們依靠直覺、經驗和普遍看法，形成對社會的常理解釋，卻不容易發現用常理推論可能發生的某些謬誤，就像物理常識一樣，這些謬誤會系統性地普遍出現。本書第一部會深入探討常理的三大類謬誤。

第一類常理謬誤是，當我們思考人們做某件事的原因時，總是著重在獎勵、動機和信念這種可以在意識層面覺察到的因素。這聽起來很合理，但數十年來，心理學和認知科學研究顯示，這種對人類行為的觀點，只涵蓋了冰山一角。例如，我們沒想過酒坊的背景音樂會影響買酒的選擇，或一段聲明的手寫字體多少會影響到它的可信度，所以我們在預測人們的反應時，不會考慮這些細節。但這些瑣碎的枝微末節，與看似微不足道或貌似無關的其他因素一樣重要。接下來將會提到，我們不可能完全掌握跟某個既定情況相關的所有因素。所以，當我們預測別人未來在某一處的行為，無論我們多小心翼翼、設身處地，都可能犯下嚴重錯誤。

第一類常理謬誤顯示出，我們對個人行為的心智模型有系統性缺陷，而第二類常理謬誤則顯示出，我們對「集體行為」的心智模型更糟糕。無論是在社交活動、工作場所、志工組織、市場、政黨或甚至整個社會，人們只要群聚形成團體，就會彼此互動、交換訊息、講八卦、分享建議，或是相互比較、褒貶對方的行為、學習別人的經驗，而且通常會影響彼此對於好／壞、便宜／昂貴、對／錯的看法。正如社會學家長久以來的主張，這些影響會以意想不到的方式累積起來，產生一種「突然湧現」的集體行為，我們不能只從一個個組成元素去理解。但是，用常理面對如此複雜的團體，本能上又會回到個體行為的邏輯。有時候我們會援引虛構的「代表性個體」(representative agent)，如「群眾」、「市場」、「工人」或「選民」，以他們的行動代表許多人的行動與互動。有時候我們會挑出「特殊人物」，例如領導者、有遠見者、「影響者」(influencer)，以他們來代替整個團體。然而，我們用來解釋集體行為的撇步，都掩蓋了多數實際發生的事。

第三類常理謬誤是，我們總是以為能從歷史教訓學到很多東西，而這種錯誤認知又會反過來扭曲我們對未來的想法。每當發生有趣、戲劇化，或是可怕的事，例如Hush Puppies的鞋子再度流行、無名之人變成全球暢銷作家、房市泡沫崩解，或是恐怖分子開飛機撞入世貿中心，我們總是本能地尋找解釋。但是，由於這些解釋都是後見之明，因此我們會過於強調實際發生的事，而忽略本來可能發生、但後來卻沒發生的事。此外，因為我們只試圖解釋那些引人注目的現象，所以我們的解釋只能說明一小部分實際發生的事實。結果就是，我們以為自己是在解釋事件的前因後果，但其實只是在說故事、描述發生了什麼，而對於事件運作機制的了解非常有限。由於這些故事能用因果關係解釋，我們就認為它們具有預測能力。所以，即使原則上不可能成立，我們還是欺騙自己，相信自己能夠預測。

這麼看來，常理推論不只受到單一因素的限制，而是各種因素的組合。這些因素會互相強化，甚至互相掩飾。最終的結果是，常理讓這個世界顯得**合理**，卻不一定能讓我們真正了解這個世界。就像在古代，我們的祖先被從天而降的閃電與雷響嚇到，就用神話來減輕自己的恐懼。那些諸神之間過於人性的鬥爭，就是我們現在所知的自然現象。我們的祖先編造出自己能理解的故事，用以解釋那些奇怪又可怕的現象，將之合理化，並成功營造出一種錯覺，以為自己已經搞懂這個世界——這樣他們就能在早上醒來之後，順利離開床鋪、展開新的一天。這些都沒問題。但在科學理論成熟的今日，我們不會說祖先們「理解」了自然界發生的事。事實上，我們還認為這些古老神話有點好笑。

但我們沒意識到，常理的作用就像神話一樣。不管世界丟給我們什麼特殊狀況，常理都能提供現成的解釋，讓我們有把握地輕鬆度過每一天，不必擔心我們以為自己知道的事情是否真確，或只是碰巧被我們相信而已。而代價是，我們自以為很懂的事，其實只是被一個看似很有道理的故事包裝。再者，這種理解上的錯覺，又會反過來影響我們看待社會問題的方式，抽走了我們在醫學、工程學或科學領域的認真與嚴謹。實際上，這種惡性循環的後果，會讓常理阻礙我們對世界的理解。儘管這不容易解決，但在本書第二部，我將提供一些建議，以及在商業、政治和科學領域的應用實例。重點在於，就像我們為了得到「真確的」解釋必須放棄原本不容置疑的信念，不再迷信自然現象與神祇行為有關，同理，我們必須深入檢視常理何以造成誤導，使我們高估自己的理解力，如此才能建立正確看待社會世界的觀點。[25]

第1章　重點整理

在日常生活中，我們通常只要運用直覺與常理就能有效解決問題，但涉及政府計畫、政策、商業和行銷的「大問題」可就不同了。

日常問題通常是在當下立即做決定，但計畫與政策等方面的決策，則涉及一大群人經歷一段時間之後的變化。常理的設計，並不是用來解決後面這類問題，但我們通常不會發現常理的局限性。

2 我們如何思考？

世界各國的政府通常會詢問市民，是否願意在死後捐贈器官，這是很普遍的事。但在今日，器官捐贈卻可能引起許多人的強烈情緒。一方面，器官捐贈能讓一個生命的離去，轉化成另一個生命的延續。另一方面，身為當事人卻無法參與規畫、討論如何使用自己的器官，這的確讓人覺得怪怪的。所以，器官捐贈的決定通常會因人而異，而器官捐贈的比率也會隨著國家而不同。然而，一旦得知各國之間的差異有多大，恐怕會跌破大家眼鏡。幾年前，兩位心理學家艾瑞克·強森（Eric Johnson）和丹尼爾·高德斯坦（Daniel Goldstein）進行的一項研究發現，歐洲各國的公民同意器官捐贈比率，最低是四·二五%，最高達九九·九八%。更令人驚訝的是，這些比率並非隨意分散在整個連續向度上，而是集中在兩個極端，不是個位數或十幾成，就是九成以上，中間幾乎沒有其他數值。[1]

這個研究發表後不久，我詢問哥倫比亞大學一群聰明的學生，要如何解釋這種巨大差異？實際上，我去掉了真實的國名，告訴這群大學生在A國只有十二％的公民同意成為器官捐贈者，而在B國則有九九．九％的公民同意。然後請他們思考，造成這兩個國家在器官捐贈意願上差異這麼大的原因到底是什麼？這群聰明又有創意的大學生提出很多可能，有人認為一國可能有虔誠的宗教信仰，另一國則否。有人認為一國的醫療技術較先進，器官移植的成功率也較高。有人認為一國的意外死亡率高於另一國，所以有較多器官可以用。也有人認為一國的文化屬於高度社會主義，強調群體重要性，而另一國則較重視個人權利。

這些解釋都很有道理，但我那群可憐的學生們馬上就面臨了一個意想不到的難題——A國是德國，B國是奧地利。**德國和奧地利到底為什麼會有如此大的落差**？他們仍不放棄，繼續提出各種可能性：也許這兩國在法律和教育體系上有什麼我們不知道的差異。也許奧地利曾發生某個重大事件，或是他們的媒體大力鼓吹，促使民眾踴躍支持器官捐贈。也許這個差異和第二次世界大戰有關？還是說這兩國的人並不如我們想像中那麼類似？我的學生不知道真正的原因，但他們認為「必然有**某個**重大因素」，因為這種極端差異不會無故出現。嗯，事實不然，造成極端差異的，可能是你想都沒想過的東西。儘管這群學生很有想像力，但他們都沒有想到真正的原因，其實很簡單，**奧地利的預設選項是「同**

意器官捐贈」，德國的預設選項是「不同意器官捐贈」。所以差別只在於需不需要主動回覆意願。這項政策上的細微差異，就足以讓捐贈率從十二%提升至九九．九%。整個歐洲都是類似情形，在器官捐贈率高的所有國家，需要主動告知不同意捐贈，否則將被自動登記為器官捐贈者。而在器官捐贈率低的國家，你必須主動自願加入，才會成為器官捐贈者。

生活是一連串「選擇」

我們有必要理解「預設默許」設定對選擇造成的影響，因為我們對其他人的選擇以及背後原因所持的信念，幾乎會影響我們對社會、經濟和政治結果的所有解釋。只要隨便閱讀一篇新聞評論，看名嘴在電視上針砭時事，或收聽深夜廣播，都會被「為什麼是選這個，而不是那個」的各種理論給轟炸。儘管我們經常不屑這些專家的論點，但事實是，從政客、官僚，到新聞評論者，再到企業主管或平民百姓，我們每個人都有一套關於人類選擇的理論，且每個人都一樣擁護自己的理論。事實上，不論是政治、經濟政策、稅收、教育、醫療照護、自由市場、全球暖化、能源政策、外交政策、移民政策、死刑、墮胎，或是消費者需求，幾乎**每個**關於社會議題的爭論，都是直接或間接討論人們為何做出某種選擇。當然，還包括如何鼓勵、教育、立法以及強迫人們做出相反的選擇。既然世界各地的人們在生活各個面向（從日常決定到重大歷史事件）幾乎無時無刻都在做選擇，那麼，也難怪社會科學的核心理論是關於人們如何選擇與決定。經濟學家詹姆斯·杜森貝里（James Duesenberry）在評論諾貝爾經濟學獎得主蓋瑞·貝克（Gary Becker）一篇早期的論文時，曾說過一句著名的玩笑話：「經濟學探討人們如何做選擇，而社會學則探討人們為何沒得選擇。」[2]但實際上，社會學家對「人們如何做出選擇」的興趣，絲毫不亞於經濟學家，更別說政治學家、人類學家、心理學家以及法律、商業和管理界的學者了。不過杜森貝里有一點說對了。在上個世紀，不同學派的社會和行為科學研究者，傾向以截然不同的方式看待「選擇」問題。最重要的是，這些研究者在關於「人類理性」的本質跟重要性上，經常意見分歧，甚至彼此攻擊。

常理、理性行為

對許多社會學家來說，「理性選擇」這個詞會連結到一種冷酷、精於算計的形象。那樣的個體只關心自己，且毫不留情地追求個人最大經濟利益。社會學家會有這種反應，也不是完全沒道理。多年來，經濟學家們試圖理解市場行為時，引用了類似的理性概念或所謂的「經濟人」（homo economicus）假設，主要就是因為這個概念，可以適用於能輕易解決、簡單到能手寫出來的數學模型。然而，就像上一章提到「最後通牒賽局」時舉的各種案例，現實生活中的人們不僅關心自身福祉或經濟等方面的利益，也會關心他人的福祉與利益，並往往為此做出相當大的犧牲。人們也很強調維護社會規範和習俗，即使要付出代價，也不惜懲罰違反規則和習俗的人。[3]此外，人們還在意無形的好處，比如聲譽、歸屬感和「做正確的事」。這些無形之物的價值，跟財富、生活安適或其他世俗物質一樣重要，有時甚至更重要。

這些年來，針對「經濟人」假設的批評涵蓋上述所有反對意見，甚至也有其他反對聲浪。支持「理性選擇理論」的擁護者，則大幅擴展所謂理性行為的範疇，不僅包括利己的經濟行為，也包括更符合實際情形的社會與政治行為。[4]事實上，到了今日，與其說理性選擇理論是一個單一理論，倒不如說是一系列理論的結合，可以視不同情況提出相對應的假設。不過，這些理論都包含兩個基本觀點：第一，人偏好於某些結果。第二，考量到這些偏好，人會在可用的方法中，選擇最好的那個來實現自己想要的結果。舉個簡單的例子，假如我對冰淇淋的偏好超過我對口袋裡的錢，而且有一個可行的行動方案，能讓我用錢去換取冰淇淋，那我就會選擇行動。但如果天氣很冷，而且冰淇淋又太貴，那我就會先把錢省下來，等天氣暖和一點再去買冰淇淋。同樣地，如果需要繞遠路才能買到冰淇淋，那我可能會先去本來打算去的地方，等到下次再買。不管我最後選擇錢、冰淇淋，或者買完冰淇淋之後散步等其他選項，我都是根據自己在決定時的偏好，做出對我而言「最好」的選擇。

這種思考方式吸引人的地方在於，它暗示了**所有**的人類行為都可以解讀為個體試圖滿足自己的偏好。看電視是因為我很享受這個過程，所以寧願把時間花在這上面，而不是做其他事。投票是因為我關心並參與政治，而且我會投給最能為我的利益喉舌的候選人。我申請自己有把握的大學，在那些會錄取我的學校當中，我選擇一個排名、獎學金和校園生活等綜合條件最優異的學校。進入大學之後，我學習我最感興趣的東西。畢業後，我選擇我能找到最好的工作。我和我喜歡的人交朋友，並繼續和那些相處愉快的朋友保持聯絡。當穩定與安全感的好處大過約會帶來的興奮時，我就會結婚。當家庭帶來的好處（有個可以無條件去愛的孩子，以及年老時有人照顧我們的喜悅與幸福）大過增加的責任、減少的自由度以及多養一張口的額外成本時，我們就有了孩子。[5]

在《蘋果橘子經濟學》（*Freakonomics*）一書中，史帝文・李維特（Steven Levitt）與史帝芬・杜伯納（Stephen Dubner）以一系列故事闡述了理性選擇理論的解釋力。故事裡提到的行為一開始會讓人感到困惑，但進一步細察，最後會發現那些都是完全理性的行為。例如，你可能會認為房屋仲介員既然收取佣金，那他應該會盡力幫你把房子以最高價格賣出去。但事實證明，相較於客戶的房子，房仲自己的物件在市場上停留更久，且出售的價格更高。為什麼呢？因為他們賣客戶的房子只能賺取一小部分價差，但如果賣自己的房子，價差就會全部歸自己。後者賺的錢讓他們願意繼續等待，前者則否。一旦知道房仲面對的誘因，也就是他們真正的偏好，上述行為就不難理解了。

以色列有一所學校規定，如果家長太晚去接小孩就要罰錢。但家長們繳了罰款之後，遲到的次數反而增加，這實在讓人匪夷所思。然而一旦知道事實就說得通了：罰款減輕了家長因為造成學校員工不便而產生的內疚，所以基本上，家長覺得自己付費買了遲到的權利。有個觀察同樣讓人驚訝：幫派成員大多與母親同住。但如果去計算幫派成員的所得，就會發現其實沒有想像中多，所以住在家裡對他們來說挺划算的。二〇〇二年，布希政府頒布「有教無類」（No Child Left Behind）法案，有一些高中老師為了因應新的當責標準，竟暗中修改學生的測驗答案。這個行為同樣讓人憂慮。然而，儘管作弊會讓這群老師失去飯碗，但被抓到的可能性很低。所以，與其為一個表現不佳的班級煩心傷神，這些老師不如冒著作弊被懲罰的風險，因為前者的代價更高。[6]

換句話說，不論人物或背景，包括性別、政治、宗教、家庭、犯罪、欺騙、交易，甚至編輯維基百科條目等例子，李維特和杜伯納不斷強調的是，如果想要理解人們做某件事的原因，就必須知道促發這些行為的誘因或動機，以及這些人相對偏好的結果是什麼。我們如果困惑於某些人的行為，應該試著去分析他們所處的情境，並找到一個合理的動機，而不是認為他們瘋了或失去理性。其實，這正是上一章討論最後通牒賽局時提到的。一旦發現奧和格瑙部落對於交換禮物的傳統觀念，會將我們眼中的意外之財轉化成他們不想要的未來義務時，那些費解的行為就會瞬間合情合理，跟我們自己的行為一樣。我們原來只是不懂那些行為的前提而已。《蘋果橘子經濟學》的核心觀點就是，不論某個行為有多詭異或讓人驚訝，都幾乎可以運用這個原則加以理解。

李維特和杜伯納對於行為的解釋很有趣，也引起一些爭議，但其原則與絕大多數社會科學的解釋並無二致。換句話說，不管社會學家和經濟學家在多少細碎的問題上爭論不休，他們全都在成功運用動機、誘因、感知與機會來解釋一個既定行為、並**合理化**該行為之後，才覺得自己真正理解。[7]不是只有社會學家才有這種感覺。當我們試圖理解為何一個伊拉克的普通百姓，某天早上醒來之後自願成為一顆人肉炸彈，也是無形之中想要合理化他的行為。當我們試圖解釋最近金融危機的根源，其實是在尋找促使銀行家創造並推銷高風險資產的合理經濟誘因。當我們將高昂的醫療費用歸咎於醫療過失法規或手續費時，我們是本能地尋找一種理性行為模式，來解釋醫師為何這麼做。換句話說，當我們分析自己如何思考時，我們會反射性地採用一個理性行為的框架。[8]

在思考之外的事

除非有反證，否則人都是理性的——這是一個充滿希望、甚至有見識的假設，或許值得倡議。然而，當我們談的是「理解」人類行為時，合理化會讓我們忽視人類行為與電子、蛋白質或行星之間一個重要的差異。舉例來說，當物理學家試圖理解電子的行為時，他不會先設身處地想像自己是那顆電子，而是先形成直覺性的理論，再用這個理論來幫助他理解電子移動。但物理學家無論如何也不可能理解**身為**一個電子是什麼感覺，這種概念其實非常可笑。然而，我們在試圖理解人類行為時，合理化的過程正是在腦中模擬自己成為當事人。只有當我們能夠想像自己以當事人的方式回應，才會真正感覺自己已經理解對方的行為。

在觀察行為時，我們輕易就能「藉由模擬而理解」，以至於我們很少懷疑這樣做是否可靠。但正如器官捐贈的例子，我們的心智模擬會忽略特定類型的因素，而這些因素實際上卻非常重要。原因在於，我們在分析自己如何思考時，本能上會看重那些跟動機、偏好和信念相關，可意識到的成本與利益——即社會科學家在理性模型中提出的主要因素。反之，像是「預設默許」這種環境因素屬於政策制定者的操作，人們大多不會覺察到其對於行為的影響，也因此用常理來解釋人類行為時，通常不會考慮到這部分。[9] 預設默許只是眾多類似情況的冰山一角。數十年來，多數心理學家和新興的行為經濟學家在可控制的實驗情境中，不斷研究人類的決策過程。這些研究結果不僅動搖關於人類理性的基本假設，甚至迫使大家用一種截然不同的觀點來思考人類行為。[10]

例如，心理學家已經藉由無數個實驗證明，人的選擇和行為會受到特定字詞、聲音等刺激的「促發」(priming) 所影響。受試者若在實驗中念到「老」和「虛弱」等字詞，他們離開實驗室在走廊上行走的速度就會變慢。在酒坊裡，如果店家播放的背景音樂是德國音樂，消費者更有可能購買德國葡萄酒，如果是法國音樂，則會傾向購買法國葡萄酒。受訪者在填寫跟運動飲料有關的調查問卷時，如果是用綠色的筆，則更可能會選擇開特力運動飲料（Gatorade）。購物網站的背景圖案如果是蓬鬆的白雲，網路購物者更有可能選擇昂貴、舒適的沙發，如果背景圖案是錢幣，則購物者傾向買較硬、較便宜的沙發。[11]

我們的反應也可能被無關的數字給影響。有一項實驗，要求參與葡萄酒拍賣會的人在競價之前寫下自己社會保險號碼的末兩位數字。儘管數字基本上是隨機的，且絕對與買家對酒的估價無關，但研究人員發現數字越大，買家就更願意出價。心理學家稱這種現象為「錨定效應」。不論是估計非洲聯盟的會員國數量，或是我們認為合理的小費或捐款金額，都可能受到錨定效應的影響。事實上，當慈善機構的募款單上附有「建議」捐款金額，或帳單上預先寫出小費的比率，你都該懷疑這是利用錨定效應技巧，因為提出一個較高的金額，其實是在錨定你對「公平」的初步估計。就算你覺得二五％的小費似乎太高了，所以調降你的估計值，但最後給出去的小費或許還是高於沒有被暗示時的金額。[12]

改變情境呈現的方式也可能強烈影響個人偏好。比方說，在同一個賭局，如果強調輸錢的可能性，就會讓人傾向規避風險，但如果強調贏錢的可能性，則會造成相反的結果。更讓人困惑的是，加入第三種選項，竟然可以逆轉一個人對先前兩種選項的偏好。舉例來說，A是一款品質好、價錢昂貴的相機，B是品質較差，但較便宜的相機。光這樣看可能很難比較與選擇。但假設如下圖所示，加入第三個選項C1，雖然品質差不多，但顯然比A貴。這時要選擇A或是C1就變得很明確了。三者中選擇A的占大多數，這似乎非常合理。但假設加入的第三個選項是價錢跟B差不多，但品質較差的C2，那大家又會如何選擇？這種情況當然會選擇B。換句話說，即使選項A和B都沒有改變，只要加入一個不同的選項，就能夠有效逆轉對A和B的偏好。更奇怪的是，決策者永遠都不會選擇引起偏好逆轉的第三個選項。[13]

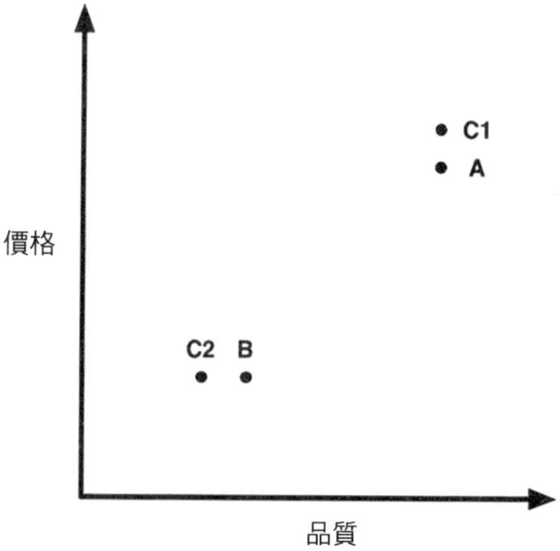

圖1：偏好逆轉示意圖

心理學家藉由研究這一系列非理性的行為發現，提取或回憶不同類型訊息時，其難易度通常會影響人類的決策與判斷。以搭飛機為例，與其他**任何**致命因素相比，人們通常會高估死於恐怖攻擊的可能性。因為人們對恐怖攻擊的印象非常鮮明，即便它發生的機率明顯低於任何其他事故。還有一個矛盾的情況，當人們被要求回憶自己果斷行動的經驗時，通常會認為自己沒那麼果斷。並不是因為這個問題和他們對自己的看法有衝突，而是因為回想的時候很費力。相較於真實情形，人們也傾向於認為自己現在的行為、信念都跟過去差不多。此外，在閱讀一份手寫聲明稿時，如果字體容易閱讀，或者之前曾經看過，那這份聲明就會更容易被取信。就算人們上次看這份聲明時，已經明確知道那是假的，結果依然如此。[14]

最後，人們消化新訊息的方式，往往會增強他們既有的想法。某種程度上，這是因為我們偏愛注意「更能證實自己既有信念」的訊息，並忽略不符合自己信念的訊息。另一方面，我們對於那些不符合自己信念的訊息，也傾向加以質疑或嚴格檢查。這兩種密切相關的傾向，分別稱作「確認偏誤」（confirmation bias）和「動機性推論」（motivated reasoning），會嚴重阻礙我們解決爭端的能力。從家事上的小分歧，到北愛爾蘭或以巴衝突都深受其害。在這些爭端當中，各持己見的雙方看待的明明是同一套「事實」，但對實情的印象卻完全不同。即便是在科學領域，確認偏誤與動機性推論也時常扮演有害的角色。基本上，科學家應該遵循基於證據的真相，即使該證據與自己既有的信念或理論相抵觸，但是更多時候，科學家反而質疑證據。結果正如量子力學創始者馬克斯・普朗克（Max Planck）的至理名言：「一個新的科學真理之所以能勝出，不是因為它說服了反對者，讓那些人接受——而是因為反對者死光了。」[15]

影響行為的因素

綜合而言，心理學實驗的證據清楚表明，人類行為確確實實受到許多潛在相關因素影響，但這些因素絕大部分不在我們的意識覺察之內。不幸的是，雖然心理學家已經找到潛在相關因素造成的諸多現象，如促發效應、框架效應、錨定效應、可得性效應、動機性推論、損失規避等，但仍然無法看出這些因素是如何相關、牽連在一起。透過設計研究，我們可以在實驗室中一次強調一個潛在相關因素，以獨立出該因素的影響。然而在現實生活中，這些潛在相關因素多少會同時並存於任何特定情況下。因此，了解潛在相關因素彼此之間如何作用就格外重要。換句話說，也許拿著一隻綠筆會讓人更容易聯想到開特力，也許聽到德國音樂會讓人偏好德國葡萄酒，也許想到社會保險號碼會影響對某樣東西的出價，但是，當你同時受到許多可能相互衝突的潛在影響時，你會買什麼？又會付出多少錢？

答案顯然是不一定。問題不是我們潛意識中的許多心理偏誤。回到之前舉過的冰淇淋例子，雖然基本上我真的喜歡冰淇淋，但我在不同時間點對冰淇淋的喜愛程度不同，取決於一天當中的什麼時段、當時的天氣狀況、飢餓程度，以及冰淇淋的美味程度。此外，我的決定不僅取決於我對冰淇淋的喜愛程度，以及我對它的喜愛程度與它的價格之間的關係，還取決於我是否知道最近的冰淇淋店在哪，我之前有沒有去過，當下忙不忙，身邊還有誰（加上他們的想法），我是否需要去銀行領錢，最近的銀行在哪裡，我是不是看見別人在吃冰淇淋，或只是聽到一首歌，勾起我從前吃冰淇淋的美好回憶，諸如此類。即使在最簡單的情況，相關因素的列表很快就會變成長長一大串。由於需要考慮的因素這麼多，就算情況非常類似，也可能會有極細微的差異，而且最終全都會變成重要的因素。那麼，當我們試著理解、甚至預測一個人的決定時，我們該如何知道在這些眾多因素當中，有哪些需要注意、哪些則可以安全地忽略？

當然，我已經在第1章討論過，常理知識的特性是讓我們知道哪些因素與哪些特定情境相關。在真實生活中的許多情境，我們常常可以輕鬆、隨意地做出決定，所以很少會注意到任何形式的複雜性。哲學家丹尼爾・丹奈特（Daniel Dennett）曾說，如果他半夜起床做宵夜給自己吃，他只需要知道冰箱裡有麵包、火腿、沙拉醬和啤酒，其餘的事差不多就自動完成了。當然，他還知道「沙拉醬不會溶解刀子、麵包比聖母峰還要小、打開冰箱不會在廚房引發核爆……」等數萬億個無關緊要的事實與邏輯關係。但不知怎地，他能忽略所有無關緊要的小事，甚至不知道自己忽略了什麼，而只專注在少數重要的事情上。[16]

但正如丹奈特所指出，知道哪些東西相關，跟解釋為何知道這些東西相關，完全是兩碼子事。首先很明顯地，跟某個情境有關的因素，就是該情境和其他類似情境共同的特徵。例如，我們知道一樣物品的價錢跟消費時的決定有關，因為價錢通常是消費時會考慮的重要因素。但我們如何知道當下所處的情境會與哪些情境類似呢？這一點似乎顯而易見，類似的情境就是具有相同特徵的情境。這麼說來，所有的「消費」決定都是類似的，因為全都涉及到那位決策者在價錢、品質、可得性等眾多選項中的思考。不過我們現在的問題在於，要確定哪些特徵和某個情境相關，必須先連結到一組類似的情境。而要確定哪些情境是類似的，又取決於哪些相關特徵是已知的。

這種固有的循環論述，正是數十年來讓哲學家、認知科學家絞盡腦汁的框架問題（frame problem）。框架問題最初是在ＡＩ（人工智慧）領域被發現。當時，研究人員開始幫電腦和機器人設計程式，試著讓它們解決較簡單的日常任務，像是打掃凌亂的房間。他們一開始認為，寫下與該情境相關的一切沒有**那麼**難，畢竟，我們每天連想都不用想，就可以整理自己的房間，教一個機器人打掃又能有多難？結果證明，不是普通的難。我在第1章提過，就算是「搭地鐵」這種很簡單的活動，也需要驚人的大量知識——不只要知道地鐵裡門和月台的位置，還要知道如何保持人際距離、避免眼神接觸，以及要讓路給匆忙的紐約客……諸如此類。ＡＩ的研究人員很快就意識到，幾乎**每一件**日常任務都很困難，原因也差不多——潛在的相關資訊與規則多到超乎我們想像。在大多數情況下，這一長串列表中的大部分內容都可以安全地忽略，但知道這件事也無濟於事，因為我們通常無法事先得知哪些東西可以忽略、哪些不行。研究人員因而發現，在實際狀況中，就算要讓機器人完成最簡單的任務，也得瘋狂地反覆編寫大量程式。[17]

最一開始，研究人員期待能在某種程度上，將人類智慧如我們親身體驗那般，全都複製到機器人身上，不過難解的框架問題讓這個願景陷入膠著。這個失敗的局面仍有一線希望。由於ＡＩ的研究人員必須從零開始，將**每一個**事實、規則和學習過程都編寫進機器人的程式中，而他們的發明顯然不如預期，甚至會帶來災難（例如把車開下懸崖，或試著穿過一堵牆）——這都表示框架問題不容忽視。然而，研究人員並沒有試圖解決框架問題，而採用了一個完全不同的取向，現在稱為「機器學習」（machine learning）。這種新取向強調數據的統計模型，而不是思考歷程。這不像最初的認知取向那麼仰賴直覺，但已經證明更為有效，而且帶來令人印象深刻的各種突破，包括不可思議的搜尋引擎，能在你輸入關鍵字的瞬間就完成查詢，或製造出自動駕駛汽車，甚至是可以參加電視益智節目《危險邊緣》（*Jeopardy*）的電腦！[18]

「思考」跟你想得不一樣

然而，框架問題不只發生在AI，在人類身上也有同樣問題。心理學家丹尼爾・吉伯特（Daniel Gilbert）在《快樂為什麼不幸福》（*Stumbling on Happiness*）一書中提到，當我們想像自己或別人面對某個特定情境時，我們的大腦不是對所有可能相關細節提出一長串問題，而是像一個認真的助理，利用手邊已有的影像素材來讓無聊的投影片增色。我們對事件或人的「心智模擬」，只是在我們廣泛的記憶、影像、經驗、文化常規，與預期後果的資料庫中進行探索，再適當填補必要的細節，以形成一幅完整的畫面。例如，找一個剛走出餐廳的客人，請他回憶剛才的男服務生穿什麼，就算餐廳裡的服務人員全是女性，他還是可以豪不猶豫地描述出來。請學生回憶教室裡的黑板是什麼顏色，雖然實際上是藍色，但大家會回答（常見的）綠色。還有，人們通常會系統性地放大「預期損失」所帶來的痛苦，以及「預期收穫」得到的快樂。此外，當人們在進行網路交友配對時，如果對方提供的訊息越**少**，就會產生更多好感。面對上述情況，謹慎的人應該會說「因為訊息太少，所以我沒有把握知道答案」。但由於我們可以在瞬間輕鬆完成「腦補」，所以通常不會察覺這個歷程，也沒意識到自己遺漏了什麼。[19]

框架問題理應提醒我們，我們只要自動腦補就一定會犯錯。我們確實向來如此。不過「人類」這個對象不同於ＡＩ研究人員開發的機器人或電腦，並不會讓我們訝異到必須被迫改寫思考時的整個心智模式。相反地，一旦我們知道答案，就似乎總能找出先前被忽略、**後來**明顯相關的面向，就像拉扎斯菲爾德假想的《美國士兵》讀者——他們在事後發現，每一個對立的結果都同樣理所當然。也許我們原本預期自己中了樂透之後會超級開心，結果中獎之後，卻發現自己很鬱悶，這個預測顯然很糟糕。但當我們意識到自己預測錯誤時，同時也獲得新的資訊，例如那些突然出現要借錢的親戚。於是我們會心想，如果早點知道**這些**資訊，就可以正確預測未來的幸福狀態，也許就不會去買樂透彩了。因此，我們沒有質疑自己預測未來幸福程度的能力，反而只是認為我們漏掉了一些重要的東西，並且確保自己不再犯相同錯誤。然而我們卻一錯再錯。事實上，無論對於他人行為的預測失準了多少次，我們總是可以用當時未知的事情做為辯解。透過這種方式，我們掩蓋了框架問題，一再說服自己下次會做好，卻永遠都不明白我們真正錯在哪裡。

這種行為模式在動機與金錢報酬的關係中最為明顯，也最難消除。例如，實施金錢獎勵制度顯然能提升員工表現，而且數十年來，職場上大幅出現以績效為基礎的薪資制度，最具代表性的就是高階主管薪酬與股價掛鉤。[20]當然，員工在意的顯然不只薪水，還有內在的愉悅感、認同感，以及在個人職涯上的成長與晉升等因素，這些都會影響工作表現。在其他條件都相同的情況下，適當的金錢獎勵可以提升個人表現——這似乎理所當然。然而，多年來有多項研究顯示，薪酬與工作表現之間的關係，實際上的複雜程度讓人難以想像。

舉個例子，最近我跟雅虎（Yahoo!）的同事梅森（Winter Mason）進行了一系列網路實驗。我們給予受試者不同的薪資，並要求他們執行各種簡單的重複性工作，例如：按照正確的時間順序排列一組車流照片，或是在矩形網格上，找出隱藏在一堆英文字母中的英文單字。所有受試者都是在亞馬遜土耳其機器人（Amazon's Mechanical Turk）這個外包網站上招募而來，這個網站是亞馬遜公司於二〇〇五年推出，原先是用來找出重複的庫存商品。現在有數百家企業使用土耳其機器人進行「群眾外包」（crowd-source），處理五花八門的各種任務，像是標示圖片中的物品、描述新聞報導的觀點，或是判斷兩種說法中哪一個比較清楚。這個網站也是招募心理學實驗受試者的一個有效方法，就像心理學家多年來在大學校園裡張貼廣告那樣，不過土耳其機器人網站的「託客」（turkers）完成一件任務的報酬通常只需要幾美分，只占了研究經費的一小部分。[21]

我們的實驗總共納入數百位受試者，完成了數萬件任務。有些受試者完成一件任務只能得到一美分的酬勞，例如整理一組圖片、找出一個單字。但是，有些受試者完成相同任務卻會得到五美分或十美分。這在工資上是相當大的差異，要知道，美國電腦工程師的平均時薪只有聯邦最低工資的六倍，所以你可以預期這個工資差異會對受試者的行為產生強烈影響。結果確實如此。我們付的錢越多，受試者離開實驗之前完成的任務就越多。我們還發現，不管工資多少，分配到「簡單」任務（每一組有兩張圖片需要歸類）的人，比分配到中等或困難任務（每一組有三至四張）的人完成更多任務。換句話說，這些都符合常理。但接下來的問題是：雖然存在上述差異，我們發現這群受試者的工作**品質**，也就是歸類圖片的準確度，並不會因為工資不同而下降，即使只有正確完成才能拿到酬勞。[22]

該如何解釋這個結果？我們並不十分確定。在受試者完成任務之後，我們問了一些問題，包括他們認為自己的工作該得到多少報酬。有趣的是，他們的回答與工作難度無關，而是取決於獲得的工資。平均而言，每件任務得到一美分的受試者，認為自己該得到五美分。得到五美分的認為自己該得到八美分，而得到十美分的則認為自己該得到十三美分。換句話說，不論他們實際上得到多少（還記得有些受試者的工資是別人的十倍嗎），每個人都覺得工資過低。大家在直覺上會認為，給予金錢獎勵就能夠提升員工的動機，但這個實驗告訴我們，即使是非常簡單的工作，工作動機也會因爲員工的權利意識提升而大幅減弱。

我們很難在實驗室之外測試這種效應，因為在大多數的真實環境中，幾乎無法操控員工對自己應該獲得多少酬勞的期待。且舉例來說，同樣一份工作，美國女性的平均薪資只有男性的九〇%，又或者，歐洲高階主管的薪資遠低於美國的同行。[23]在這兩種情況，你真的覺得薪資較低的群體工作時較不認真，或者表現不如薪資較高者嗎？再想像一下，假設明年你的老闆突然將你的年薪增加一倍，你會比以前努力多少？或想像在某個平行世界裡，銀行家的薪水只有我們這個世界的一半，那會如何？毫無疑問，有些從業人員可能會選擇其他職業，但對那些繼續留在銀行界的人來說，難道真的會比較不努力或做得更差嗎？我們的實驗結果表明了，他們不會。這樣的話你就得思考，雇主光是改變金錢獎勵制度，對員工的工作表現能有多少影響。

事實上，已經有許多研究發現，金錢獎勵會降低工作表現。舉例來說，當一項工作的面向很多，或者難以衡量時，員工往往只會關注可以具體衡量的部分，忽略其他重要部分。例如，老師們往往太過強調標準化測驗的內容，而犧牲掉整體的學習。金錢獎勵也會造成「窒噎效果」（choking effect），當報酬帶來心理壓力時，提高的表現動機會被抵銷。最後，在難以區分個人或團隊貢獻的工作環境中，調薪反而會鼓勵員工依靠他人的努力或跑去沾光，或者讓員工不願冒險，阻礙創新的想法出現。這些結果相互矛盾又令人困惑，帶給我們一個結論：儘管幾乎所有人都同意「工作者會以某種方式回應金錢獎勵」，但在實際生活中，我們仍不清楚該如何運用金錢獎勵來達到目標。甚至有些管理學者研究了十幾年之後，得到的結論是：金錢獎勵幾乎與工作表現無關。[24]

然而，無論提出這個教訓多少次，還是有很多經理、經濟學家和政治家們認為，自己能透過這種獎勵制度來管理他人行為。就像李維特和杜伯納在書中的描述：「典型的經濟學家認為，如果用自己設計的適當獎勵制度，就能解決世界上的所有問題……獎勵就像一顆子彈、一根槓桿、一把鑰匙，雖然很小，卻具有改變環境的驚人力量。」[25]嗯，或許如此，但這不表示我們提供的獎勵會帶來我們想要的改變。事實上，李維特和杜伯納在書中提到的一個小插曲——高中老師在學生的考試上作弊，就是政策制定者試圖用具體的績效獎勵，改善教學品質的一個實例。結果卻適得其反，老師直接作弊或是用各種投機方法，例如採用以應付考試為目標的教學法，或是只關心成績在及格邊緣的學生，因為這些學生只要稍有進步，全班就會多一個及格人數。我們實在應該停下來好好思考，設計獎勵制度來誘發別人做出我們期望的行為，這真的可行嗎？[26]

但常理不會讓我們停下。相反地，我們如果發現一個獎勵制度沒有作用，通常只會認為是制度有問題。換句話說，決策者就算知道了答案或結果，還是可以說服自己，目前需要做的就是設計出**正確**的獎勵制度——當然，他們忘了這正是之前他們覺得自己在做的事。疏忽這點的並非只有決策者，我們每個人都會。例如，最近有一位新聞評論家，說政治人物長久以來都沒有認真看待自己該承擔的財政責任。他輕率地下了結論：「政治家就像銀行家，也需要誘因才會有動作。」至於解決方式？「國家利益必須與國家領導者的利益一致。」這聽起來很簡單，但他在評論中承認，在歷史中試圖「整頓」政治的做法，結果通常令人失望。[27]

換句話說，就像理性選擇理論一樣，常理讓我們堅持相信人們的行為都是有原因的——這可能正確。但我們不一定可以事先預測人們的行為，或他們這麼做的原因。[28]當然，只要人們實際做出行為之後，原因就變得顯而易見，然後我們就會下結論：如果早知道哪些因素重要，我們也料想得到這個結果。從事後來看，我們常常認為正確的獎勵制度，可以帶來期望的改變。這種後見之明的假象會深深誤導我們，原因有二。第一，框架問題告訴我們，永遠不可能知道特定情境的所有相關因素。第二，大量心理學文獻告訴我們，很多相關因素在人的意識範圍之外。這並不是說，人類的行為完全無法預測。（我將在第8章討論到，人類行為其實呈現出各種可預測的規律性，而且通常能讓我們做出有用的結論。）這也不是說，我們不該嘗試找出人們在決策與判斷時，促使他們做出反應的動機。撇開別的不談，這種合理化別人行為的傾向，至少有可能讓我們相處得更好——這個目標就有其價值。再說，這種傾向也能幫助我們從錯誤中學習。這一切確實表明，我們在觀察別人的行為時，即使具備了優秀的解讀能力，也不代表預測能力也一樣優秀。或是說，我們就算是預測準確，最多也只是憑直覺、經驗所能達到的程度而已。正是這種解讀、預測上的差異，讓我們用常理推論時犯了許多錯誤。此外，如果這種差異讓我們無法處理好個人行為，那麼當我們面對群體行為時，問題只會更多。

第2章　重點整理

本章說明用常理、直覺思考帶來的第一個問題。當我們試圖解釋或預測一個人的行為時，通常只會留意最明顯的外在動機或誘因，反而習慣忽略許多其他可能的因素（大多在我們的意識之外）。例如，「人們確實會以某種方式回應金錢獎勵」的解釋充其量只告訴我們：人做什麼都是有原因的。這句話既沒有說明「未來會怎麼做」，也沒解釋「為何要這樣做」。但只要看見別人的行為，我們仍通常會覺得顯而易見——這種後見之明會深深誤導思考。

3 群眾的智慧（與瘋狂）

一五一九年，集藝術家、科學家和發明家於一身的達文西在過世前不久，完成了一幅年輕女士的肖像畫。畫中人物是住在義大利佛羅倫斯的麗莎·格拉迪尼·德爾·吉奧康多（Lisa Gherardini del Giocondo），她的丈夫是個富有的絲綢商人，十六年前為了慶祝兒子誕生，委託達文西繪製這幅畫。達文西完成這幅畫作時，已經應法國國王弗朗索瓦一世（King François I）之邀搬去法國，弗朗索瓦一世最後也買下了這幅畫。所以，吉奧康多女士與她的丈夫顯然都無緣欣賞到這幅傑作。這實在非常遺憾，因為五百年後，這幅畫讓這位女士的面容成為歷史上最著名的一張臉孔。

沒錯，這幅畫就是《蒙娜麗莎的微笑》。在此，我要先向從沒聽過這名號的讀者解釋一下，它目前獨自供奉在巴黎羅浮宮牆上一個恆溫的防彈玻璃罩中。據官方估計，每年參觀羅浮宮的六百萬名遊客之中，約有八成是想一睹這幅畫的風采。這幅畫目前的保險價值估計近七億美元，遠遠超過任何一幅畫的售價，但目前仍不清楚市價會是多少。說《蒙娜麗莎的微笑》不僅是一幅畫，還是西方文化的試金石，似乎一點也不為過。它被複製、惡搞、讚頌、嘲弄、借鑑、分析和臆測的次數，遠高於其他藝術作品。幾世紀以來，這幅畫的起源一直籠罩在迷霧之中，諸多學者都為之著迷。歌劇、電影、歌曲、人物、船隻，甚至金星上的一個隕石坑，都以「蒙娜麗莎」來命名。[1]

知道這一切而初次造訪羅浮宮的遊客，第一眼看到這幅**世界最著名的畫作**時不免非常失望。首先，這幅畫的尺寸很小，而且還被放在防彈玻璃罩內，無時無刻都被拼命拍照的遊客給包圍，這實在很掃興，你根本很難看清楚。所以當你好不容易靠近它的時候，真的會很期待看到特別的東西——是藝術評論家肯尼斯．克拉克（Kenneth Clark）稱之為「完美的最高典範」，讓觀賞者「沉浸在對完美、精湛技藝的讚嘆聲中，忘卻所有紛擾」。[2] 好吧，我果然不是藝術評論家。但幾年前我第一次去羅浮宮的時候，終於有機會沐浴在完美、精湛技藝的光輝之中，我卻不禁想起剛才經過的展覽廳裡另外三幅達文西的畫作，我對那三幅畫作感到好奇，但似乎沒有人注意到它們。在我看來，《蒙娜麗莎的微笑》的確是藝術上的驚人成就，但另外三幅畫也毫不遜色。事實上，假如在完全不知情的狀況下，我懷疑自己是否能在一堆畫作中，猜對哪一幅畫最出名。而且，如果把《蒙娜麗莎的微笑》和其他羅浮宮的偉大藝術作品擺在一起，我敢說在我眼裡，它還不夠資格角逐「最著名畫作獎」。

克拉克可能會回應說，這就是為什麼他是藝術評論家，而我不是——只有訓練有素的雙眼才看得出那些精湛的特質，所以像我這樣的門外漢，只要接受別人告訴我的事情就好了。嗯，有道理。但若是如此，那麼克拉克覺得無庸置疑的完美作品，歷史上其他藝術專家應該也會給予同樣的高評價。然而，歷史學家唐納德・沙蓀（Donald Sassoon）在《蒙娜麗莎的秘密》（*Mona Lisa: the history of the world's most famous painting*）這本饒富啟發性的傳記中指出，這整件事實在是錯得理譜。[3]有好幾個世紀，《蒙娜麗莎的微笑》一直是默默無名的畫作，在國王的私人住宅中沉寂多時。當然，它的確是一幅傑作，只不過是眾多傑作之一。當這幅畫被移送到羅浮宮時，也不如其他藝術家的作品那樣引人注目。其他藝術家如埃斯特班・穆里羅（Esteban Murillo）、安東尼奧・達・柯雷吉歐（Antonio da Correggio）、保羅・委羅內塞（Paolo Veronese）、讓—巴蒂斯特・格勒茲（Jean-Baptiste Greuze）、皮埃爾・保羅・普魯東（Pierre Paul Prud'hon），如今大概只有在藝術史的課堂上才會聽到這些人的名字。雖然達文西在今日備受推崇，但在一八五〇年代之前，大家普遍認為他無法跟提香（Titian）或拉斐爾（Rafael）之類的偉大畫家相提並論，當時這幾位畫家的某些作品，價格甚至是《蒙娜麗莎的微笑》

的十倍。事實上，這幅畫到二十世紀才迅速崛起、享譽全球。造成這個現象的原因，並不是藝術評論家突然懂得欣賞這位默默耕耘的天才，也不是因為博物館館長、達官顯貴、有錢的贊助人或國王辛勤奔走。事實上，這一切都源自一樁竊盜案。

一九一一年八月二十一日，一名憤恨不平的羅浮宮員工——文森佐・佩魯吉亞（Vincenzo Peruggia）躲在雜物間，直到閉館才把《蒙娜麗莎的微笑》藏在大衣裡，然後走出博物館。佩魯吉亞以身為義大利人為榮，也難怪他覺得這幅畫應該在義大利展示，而不是法國。他決定親自將這幅遺失已久的珍寶送回義大利。但就像許多雅賊，佩魯吉亞也發現，偷走一件聞名的藝術品並不難，難的是處理，於是他只好把這幅畫先藏在自己的公寓。兩年後，佩魯吉亞試圖把畫賣給佛羅倫斯的烏菲茲美術館（Uffizi Gallery），卻不幸被捕。儘管沒有達成原先的任務，佩魯吉亞卻成功讓這幅畫一舉成名。這樁大膽的竊盜案轟動了整個法國，失而復得也讓法國人雀躍不已。同樣，在義大利，佩魯吉亞的愛國情操深深感動了他的同胞們，義大利人視他為英雄，而不是罪犯。《蒙娜麗莎的微笑》歸還給法國之前，還在義大利各地展出。

從那時起，《蒙娜麗莎的微笑》就聲名大噪，成為家喻戶曉的一幅畫。它後來又成為兩次犯罪活動的目標，先是有個暴民向它潑硫酸，過了數個月，又有一個玻利維亞年輕人維勒根斯（Ugo Ungaza Villegas）朝它扔石頭。但這幅畫仍然成為了其他藝術家爭相競逐、模仿的對象。最有名的大概是一九九一年時，達達主義藝術家杜象（Marcel Duchamp）在《蒙娜麗莎的微笑》的商業複製品上加了兩撇鬍子、一小撮山羊鬍，並寫上隱晦的不雅字眼來惡搞這幅畫，也順便嘲諷一下達文西。達利和安迪．沃荷等人後來也紛紛仿效。總之，這幅畫被複製了數百次，並且被用於成千上萬個廣告。但正如沙蓀所言，竊賊、破壞公物者、藝術家、廣告商，當然還有音樂家、電影製作人、甚至美國太空總署（提醒：金星上的隕石坑），身分不同的這些人都是利用《蒙娜麗莎的微笑》來達成自己的目標：表達觀點、炒作名聲，或單純只是使用一個標籤，自認為可以向他人傳達某些意義。每當有人利用這幅畫的時候，無形之中，它也反過來利用這些人，讓它跟西方文化以及數十億人的意識深深交織在一起。現在我們已經無法想像少了《蒙娜麗莎的微笑》的西洋藝術史了，從這層意義來看，它確實是最偉大的畫作，但我們不能把這幅畫的獨特地位全歸功於它本身。

最後一點就是問題所在。當人們試圖解釋《蒙娜麗莎的微笑》為何享譽國際時，通常只會注意到這幅畫的特性。如果你是克拉克，那根本不需要知道這幅畫成名的原因，你需要了解的一切，只是眼前這幅畫而已。說白了，正因為《蒙娜麗莎的微笑》是**最好的**畫作，所以它在世界上最有名，只不過我們需要花點時間才能看出箇中奧妙，這是無可避免的。

所以很多人第一眼看到《蒙娜麗莎的微笑》時會困惑，他們期待看到與地位相匹配的畫作特質，但他們卻沒看到。當然，多數人面對這種認知衝突時，頂多聳聳肩，接著心想：應該是別人比較聰明，才看得出自己沒發現的厲害之處吧。不過沙蓀巧妙而無情地指出，不管專家列舉了哪些特色（例如：柔和輪廓的嶄新繪畫技巧、神秘的繪畫主題、謎樣的微笑，甚至達文西本人的名聲）來證明這幅畫的卓越，人們卻總是能找到其他看起來同樣出色、甚至更好的藝術作品。

當然也可以繞開這個問題，你可以說，讓它如此特別的不是任何一個特質，而是它的**所有**特質，像是人物的笑容，**以及**光線的運用，**還有**奇幻的背景……等等組合在一起，才造就它的地位。這個論點實在讓人無法反駁，因為《蒙娜麗莎的微笑》絕對是獨一無二的。無論這些懷疑論者多麼討人厭，從歷史的垃圾桶中挖出多少類似肖像或畫作，人們還是可以找出**些許**差異，證明它們跟那幅實至名歸的傑作不同。然而糟糕的是，這一論點的勝出，完全是靠空洞無實的論述。表面上似乎是根據一件藝術品的特徵來衡量品質，但其實正好相反，我們是先決定哪一幅畫最好，然後再從它的特徵，推導出衡量品質的標準。接下來，就可以帶著一種看似理性客觀的態度，用這些衡量標準來證明已知的結果。這其實是一種循環論證。我們主張它之所以是世界上最著名的畫作，是因為它有X、Y

和Z三種特徵。但我們真正表達的其實是，《蒙娜麗莎的微笑》之所以舉世聞名，是因為沒有其他畫作比它更像《蒙娜麗莎的微笑》。

循環論證：藏在題目裡的答案

不是所有人都贊同上述結論。有一次在某個聚會上，我向一位英國文學教授解釋我的觀點，她大聲吼道：「你是在說莎士比亞的成就可能只是歪打正著嗎？」嗯，是的，這正是我想說的。但請別誤會我的意思，我跟許多人一樣喜歡莎士比亞，但我知道我對他的欣賞並非憑空而來。我跟西方國家每一個人都一樣，在高中時花了幾年研究莎士比亞的戲劇和十四行詩。或許我一開始也跟很多人一樣，搞不懂他的作品為何受到如此吹捧。請暫時忘掉《仲夏夜之夢》是一部天才的巨作，然後試著讀讀內容。在妖精之后泰坦妮亞對一個長著驢頭的男人示愛時，你或許會納悶莎士比亞到底在想什麼。離題了。但重點是，學生時期的我，不論心中對讀到的東西做何感想，都決定要欣賞老師們推薦的那些天才。沒這麼做的話，那就是我的錯，不是莎士比亞的錯，因為他跟達文西一樣都**定義**了天才。這個結論就像是舉世聞名的《蒙娜麗莎的微笑》，可以完美地推演證明。而重點也是一樣——將莎士比亞的偉大才華歸因於其作品的某些特性，必然也讓我們陷入循環論證的困境中：莎士比亞是個天才，因為沒有人比他更莎士比亞。

雖然很少有人會直接說「X的成功是因為X具有X的特質」，但這種論調經常出現在為何某些事物成功、某些事物失敗的常理性解釋中。例如，有一篇探討《哈利波特》成功原因的文章是這樣解釋的：「將灰姑娘的故事情節設定在一所新奇的寄宿學校，裡頭充滿了快樂的學生——這就已經有許多優勢。再加入一些典型的反派人物來增加緊張氣氛，刻畫了卑鄙、貪婪、嫉妒或黑心腸的壞蛋。最後宣揚勇氣、友誼、愛的力量等價值，並以無懈可擊的道德陳述收尾。這具備了必勝公式所需的一些重要元素。」換句話說，《哈利波特》之所以成功，是因為它完全具備了《哈利波特》的特徵，而非其他原因。

無獨有偶，臉書一開始紅起來的時候，大家普遍認為它之所以成功，是因為它只對大學生開放。臉書對所有人開放了好一陣子之後，尼爾森市場調查公司在二〇〇九年有一份報告，將臉書的竄紅歸功於它能吸引廣泛大眾，以及「設計簡單」和「強調社交連結」。換句話說，臉書之所以盛行，是因為它正好具備臉書的特點，即使這些特點已經徹底改變了。另外，再看看二〇〇九年一篇新聞，內容分析了《醉後大丈夫》（*The Hangover*）這部電影的成功因素：「讓人產生共鳴、不需動腦的喜劇……是對抗經濟衰退的絕佳慰藉。」

這實際上暗示了，《醉後大丈夫》之所以如此賣座，是因為觀眾就是想看《醉後大丈夫》這種電影，而不是別的電影。在上述所有情況中，我們都希望相信X的成功是因為它有成功的正確特性，但是我們僅知的所有特性都是X本身具備的特性，因此我們推論，一定就是這些特性造就了X的成功。[4]

就算主題不是某些事物為何成功，我們也會用循環論證來解釋某些事物為何發生。例如有一則新聞，報導了關於經濟衰退之後，消費行為明顯下降的現象。一位專家以相當具有啟發性的觀察來解釋這種變化：「開著悍馬停在紅綠燈前已經不像以前那樣拉風了，這是一種流行趨勢的改變。」換句話說，人們做X，是因為X是常規，而遵守常規是正常的。好，非常好。但我們怎麼知道哪件事屬於常規呢？答案是，人們遵守的事情就是常規。這並非唯一案例。一旦你開始注意到這種現象，你就會發現我們在解釋事物時，經常會用到這種循環論證。無論是女性獲得投票權、同性伴侶可以結婚，還是黑人當選總統，我們習慣用社會「準備好了」來解釋社會趨勢。但我們之所以知道社會準備好接受某件事，唯一的可能就是那件事已經發生了。因此，我們真正表達的意思其實是，「會發生X是因為這就是人們想要的。而我們知道X就是人們想要的，是因為X已經發生了」。[5]

微觀—宏觀問題

明顯存在於常理性解釋中的循環論證，是不可忽視的重要問題。循環論證可說是社會學在智識問題上的核心，社會學家稱之為「微觀—宏觀問題」。簡單來說，社會學家試圖解釋的現象或結果，其本質是宏觀的，代表通常涉及的人非常多。只有在很多人關心繪畫、書籍、名人的情況下，前述人、事、物才有所謂的「受歡迎」或「不受歡迎」。一切計畫真正實現的前提，就是必須有很多人遵守企業、市場、政府等各種形式的政治或經濟組織的規則。只有當眾人認同婚姻、社會規範甚至法律規定等，這些文化風俗才有實質意義。與此同時，這些結果在某種程度上都受到「微觀」的個體行為影響。我們在第2章已經討論過個體在做選擇、決定時的特性。那麼，我們要如何從微觀的個體行為，推論到宏觀的社會現象？換句話說，家庭、企業、市場、文化和社會是怎麼形成的？它們又為何會呈現出目前的樣貌？這實際上是微觀—宏觀的問題。

事實上，所有科學領域都有類似的微觀—宏觀問題，且通常置於「突現」[1]這個概念底下。例如，一堆原子是如何結合在一起，然後構成一個分子？一堆分子是如何結合在一起，然後形成胺基酸？一堆胺基酸是如何跟其他化學物質結合在一起，然後以某種方式形成一個活細胞？一堆活細胞是如何結合在一起，然後以某種方式形成像大腦這種複雜的器官？一堆器官是如何結合在一起，然後以某種方式形成一個有意識的存在，且這個存在會懷疑其永恆的自我？從這個角度來看，社會學正好處於一個複雜金字塔的頂端，最底層是次原子粒子，最高層是整個社會。金字塔的每一層都會有相同問題：如何由真實世界的某個「階層」進展到下一個「階層」？

長久以來，科學界一直盡力迴避這個問題，採行了不同階層的勞務分工。因此，物理學是一門獨立的學科，有自己的一套事實、法則和定律。化學則是一門不同的學科，有一套完全不同的事實、法則和定律。而生物學又是另一門全然不同的學科。適用於不同階層的定律必然要有某種程度的一致性，畢竟不可能存在違反物理定律的化學作用。但一般來說，我們通常無法從掌管較低階層的法則中，推導出適用於較高階層的法則。譬如，了解單一神經元的行為，幾乎無助於理解人類的心理，就像具備粒子物理學的完整知識，也幾乎無法解釋在突觸發生的化學作用。[6]

然而有趣的是，科學家們最感興趣的問題（從基因科技革新，到保育生態系統，再到

1 譯注：突現（emergence）是整體大於部分的總和，指現象的不可化約性。

輸電網路的連鎖故障），正迫使他們進行跨階層的思考，進而直接面對「突現」這個問題。單一基因受到一連串複雜的活化與抑制，與其他基因產生了交互作用，然後形成了「無法還原為特定單一基因特性」的表現型特徵。所有植物與動物的個體，以複雜的方式產生交互作用，透過捕食者與獵物的關係，以及個體之間的共生、競爭與合作，進而構成了無法以單一物種來加以理解的生態屬性。發電機與變電所各自透過高壓傳輸電纜產生交互作用，最後形成不能以任何組成元素來加以理解的系統動力。

社會系統中也充滿了各種交互作用，發生在個人之間、個人與企業之間、企業與其他企業之間，以及個人、企業與市場之間，還有個人與政府之間。每個人都受到其他人的言行舉止、穿著打扮影響。企業受到的影響來自消費者的需求、競爭對手的產品，或股東的要求。市場受到的影響包括政府的監管、企業的行為，有時甚至也受到個人行為的影響，例如股神巴菲特或前聯準會主席柏南奇（Ben Bernanke）。政府也受到來自四面八方的影響，包括企業遊說、民調，還有股市指數。事實上，社會學家研究的各種系統中，交互作用以多種形式出現，產生無數種結果，導致社會學領域的「突現」情形（即微觀—宏觀問題），可說是比其他任何學科都更加複雜而且棘手。

然而，常理具有高超的技巧，能夠掩飾這種複雜性。但記住，突現之所以是個難題，正是因為整體行為不能輕易用組成部分來解釋，我們在自然科學中默認這種困難。例如，我們不會把個體的基因組（所有遺傳物質之總和）類比為單一基因，也不會把大腦說得像是一個個神經元，更不會把生態系統視為各自獨立的生物，這樣做太可笑了。但如果涉及了社會現象，我們**確實**會用「社會行動者」來指稱家庭、企業、市場、政治、人口統計變項，以及民族、國家，彷彿這些群體的行為或多或少與組成它們的個體雷同。換句話說，是家庭「決定」度假地點、公司「選擇」商業策略、政黨「推行」立法議程。同樣，廣告商提出吸引「目標族群」的辦法，華爾街商人剖析「市場」情緒，政治家們談論「人民的意願」，歷史學家將革命描述為一個「狂熱的社會」。

當然每個人都知道，公司、企業、政黨甚至是家庭，並不像個人那樣擁有情感，不會建立信念或想像未來，也不會受到心理特性與偏誤（第2章提及）的影響。我們在某種程度上，知道所謂社會行動者的「行為」，其實是一種方便的簡寫，用來形容多數人的集體行為。但是，我們自然而然就會使用這種描述方式，這種簡寫因此成為了我們在解釋事物時的必備技能。試著說明第二次世界大戰的歷史，但不要提到盟軍或納粹的行動。試著去理解網際網路，但不要提到微軟、雅虎和Google等大型網路公司的行為。或試著去分析關於美國醫療改革的爭論，但不要討論到共和黨或民主黨的利益，或任何「特殊利益」。柴契爾夫人有句名言：「沒有社會這種東西，只有男人、女人和家庭。」[7]但如果我們真的用柴契爾夫人的原則來解釋這個世界，我們甚至不知道該從何談起。

在社會科學裡，柴契爾夫人的哲學立場稱為個人主義方法論。該理論主張，除非能成功使用個人的思考、行為和意圖來解釋某個社會現象，如《蒙娜麗莎的微笑》的盛名，或經濟成長與利率的關係，否則根本不算成功解釋。用個人的心理動機來解釋企業、市場和政府這些實體的行為可能比較方便，但正如哲學家約翰．沃特金斯（John Watkins）所言，這種解釋並非一切事物的「基石」。[8]

不幸的是，個人主義方法論者企圖建構出最基礎的解釋，卻直接面臨了微觀—宏觀問題。社會科學家於是借用了「代表性個體」這一概念。所謂代表性個體，指的是一個虛構個體，其決定代表了集體的行為。舉個重要的例子，經濟是由成千上萬的公司和數百萬的個人所組成，這些公司與個人都會決定自己的買賣與投資。所有活動最後的結果，就是經濟學家所說的商業周期（或經濟周期）。嚴格來說，商業周期是整體經濟活動的時間序列，只是表面上呈現周期性起伏。總體（宏觀）經濟學的核心關注重點，就是了解商業周期的動態，主要是因為商業周期會影響決策者處理經濟衰退等事件。然而經濟學家採用的數學模型，根本沒有設法呈現出經濟本身的巨大複雜性。反之，經濟學家會選定一個「具代表性的公司」，然後請該公司考量經濟體系中其他組織的狀況，並思考合理分配資源的方法。簡單來說，該公司的反應被解讀成整個經濟體系的反應。[9]

由於忽略成千上萬個公司和數百萬人之間的交互作用，這種採用代表性個體的做法，大大簡化了對商業周期的分析。這種方法事實上是一種假設——如果經濟學家對個體行為有一個良好的預測模型，那他們也能建立整體經濟行為的良好模型。然而，排除整體經濟的複雜性，實際上等於忽略了微觀－宏觀問題的關鍵，也就是總體經濟現象之所以「宏觀」的最核心因素。事實上，正是因為這個原因，公認為個人主義方法論之父的經濟學家約瑟夫．熊彼得（Joseph Schumpeter）才會批評代表性個體，認為這個方法有缺陷，且會造成誤導。[10]

然而實際上，個人主義方法論在這場戰鬥中輸了，而且不只是在經濟學領域，任何歷史、社會學或政治學著作，只要主題涉及「宏觀」現象，例如階級、種族、商業、戰爭、財富、創新、政治、法律或政府，無不使用代表性個體的概念。事實上，社會科學領域使用代表性個體的情形是如此普遍，以至於通常不需要獲得許可，就能用一個虛構的個體代替現實的群體。就好像魔術師趁著觀眾不注意時，偷偷把兔子放進帽子裡。但無論如何，代表性個體永遠都只是一種簡便的虛構角色，不管用什麼華麗的詞藻或數學模型加以修飾，結果都是如此。使用代表性個體來解釋企業、市場和社會時會犯的謬誤，跟使用常理來解釋個體行為時的本質是一樣的。[11]

為什麼有暴動？

社會學家馬克．格蘭諾維特（Mark Granovetter）用一個非常簡單的數學模型突顯出這個問題。該模型有一群處於暴動邊緣的群眾。假設有一百名學生聚集在鎮上的廣場，抗議政府將調漲學費。學生們對於新政策憤怒不已，也很失望自己無法參與這個政策的決議過程。場面可能會失控，但他們身為受過教育的文明人，也深知理性對話更勝於暴力抗爭。簡單地說，群眾中的每一個人都有兩種內在渴望在拉扯，一是瘋狂砸爛東西，二是冷靜、和平抗議。不管有沒有意識到，每一個人都必須在這兩種行為之間選擇。但這些人並非獨立於他人，並非自行決定要選擇暴力或和平抗議，事實上，每個人的行為多少都會受到別人行為的影響。參與暴動的人越多，他們的努力就更可能迫使政治人物關注，而且每一個參與者被逮捕、受懲罰的機率也會變小。此外，暴動本身具有一種原始的能量，能推翻社會上禁止實質破壞的強力規範，甚至扭曲人民對風險的評估。在暴動中，理智的人也會變得瘋狂。基於這些原因，決定要保持冷靜或行使暴力，取決於一個普遍的原則：暴動的人越多，任何一個人參與其中的機率就越高。

任何地方都是一樣，群眾裡的每一個人都有不同的暴力傾向。也許有些人經濟上較寬裕或者較不受新政策影響，不太想冒著坐牢的風險來表達自己的觀點。也許另一些人雖然感到遺憾，卻也相信暴力是一種有效的政治手段。有些人可能本來就對警察、政客或社會不滿，而這些不滿與調漲學費無關，只是在這次事件上借題發揮。也許有些人就是比別人瘋狂。你能想像的原因有多少，事情就有多複雜。但不管原因是什麼，我們可以想成群眾裡的每一個人都有「臨界點」，如果暴亂的參與者夠多，人們就會跟著加入，但參與者如果低於某個門檻，人們則會自制。有些人屬於臨界點較低的「煽動者」，另一些人的臨界點較高，例如學生社團的社長。總而言之，每個人都有一個關於社會影響力的臨界點，只要超過這個臨界點，就會由平靜「轉變」成暴力。人群中所有臨界點的分布，從門檻最低的瘋子（「就算沒有人做，我也要引發暴動」）到門檻最高的甘地（「就算大家都這樣做，我也不會鬧事」）。用臨界點來描述群體中的個人行為似乎有些奇怪，但這樣做的好處在於，我們能捕捉到群眾行為中一些有趣而驚人的現象。[12]

為了說明可能會發生的情形，格蘭諾維特用了一個很簡單的分布，即這一百名學生當中，每個人都有一個專屬的臨界點。更具體來說，只有一個人的臨界點是零、另一個人臨界點是一、另一個人臨界點是二……以此類推，而最保守的那個人，只有在其他九十九人都參與暴動之後才會加入。那麼，到底會發生什麼事呢？首先，瘋子先生（臨界點為零的傢伙）開始沒來由地亂扔東西，然後他那位臨界點是一的夥伴（只要有一個人暴動，就會跟著暴動）也加入行列。這兩名滋事分子促使臨界點為二的第三個人加入，於是，這又足以讓臨界點為三的人加入，接著……好吧，你應該懂了。基於這個特殊的臨界點分布，這些人一個接著一個，最後整群人都會加入暴動，場面一片混亂。

但請再想像一下，另一個城鎮裡也有一群人數相同的學生，由於相同原因聚集在一起。雖然不太可能，但還是請想像一下，這群人的臨界點分布與第一群人幾乎完全相同。現在我們有了兩個非常相似的群體，事實上，這兩群人只有一個差異：第一群人中，每個人都有一個專屬的臨界點，而在第二群人中，沒有人的臨界點是三，但有兩個人的臨界點是四。這種差異對外人而言，根本小到無法察覺。我們會知道這兩群人不同，是因為我們現在扮演了上帝的角色，但實際上並沒有心理測驗或統計工具能區分這兩個群體。那麼，第二群人會出現什麼行為呢？首先和第一群人一樣，瘋子先生開始胡鬧，臨界點為一跟二的傢伙毫無意外地加入了滋事行列。但接著遇到阻礙，因為沒有人的臨界點是三。接下來最容易被影響的，是那兩個臨界點為四的人，但目前只有三個暴徒。於是，一場潛在的騷亂在還沒開始之前就停止了。

最後再想像一下，這兩個城鎮之外的人會觀察到什麼？在A鎮，他們目睹了一場全面的暴動，商店櫥窗被砸碎，車子被掀翻。在B鎮，他們會看到幾個暴徒在一群守法的民眾間橫衝直撞。如果觀察者彼此交換意見，他們會想要知道A鎮與B鎮的**人**或他們的所處**環境**到底有何不同。也許A鎮的學生比B鎮的學生更加憤怒或絕望。也許A鎮商店的保全系統比較差，或者警察更凶，又或者A鎮有一個特別會煽動情緒的演說者。這些都是常理可能會給出的解釋。這兩個城鎮一定有什麼不同，否則該怎麼解釋天差地遠的結果呢？但事實上，我們知道，除了其中一個人的臨界點之外，這兩群人以及他們的所處環境並**無**任何不同——這一點非常重要，因為只有當兩群人的普遍特徵有著重大差異時，代表性個體模型才能夠解釋A鎮和B鎮不同的觀察結果。然而不管從哪個方面來看，A、B鎮這兩群人的普遍特徵幾乎完全一樣。

這個問題聽起來，似乎類似於我的學生碰到的問題（解釋奧地利與德國的器官捐贈率差異），但其實完全不同。記不記得，在器官捐贈的例子中，我的學生試圖從理性動機的角度來理解其中的差異，但實際上，是因為「預設默許」的機制才導致器官捐贈率有差異。

換句話說，他們採用的個體行為模型是錯的。但至少在這個例子中，你只要知道默許偏誤有多重要，就會知道捐贈者的比率為何會相差甚遠。相較之下，在格蘭諾維特的暴動模型中，不論你使用**何種**個體行為模型都不重要，因為無法在合理的意義上區分這兩個群體。因此，要了解這兩個群體為什麼會有不同的結果，必須考慮到個體**之間**的交互作用。而這又表示你必須思考完整的個體決策序列——這些決策層層遞進，每一個都會相互影響。這就是微觀－宏觀問題充分發揮威力的後果。你如果省略了這些步驟，比如用一個代表性個體去代替集體行為，那無論你對這個代表性個體做出哪種假設，都無法確切掌握事件的所有本質。

累積優勢：成功只會更成功

格蘭諾維特的暴動模型讓我們深刻了解到，如果要理解集體行為卻只思考個體行為會帶來的局限性。換句話說，這個模型極其簡單（甚至有點幽默），而且可能在各方面都是錯的。例如，我們在真實世界中，大多有許多潛在選項可選擇，而不是像格蘭諾維特模型中只有兩個選項——暴動，或不暴動。我們相互影響的方式，也不像他提出的「臨界點原則」那樣單純。在許多日常情況下，我們要選擇聽哪一首新歌、讀哪一本新書、去哪一間新餐廳吃飯，通常會詢問別人的意見，或只是留意別人的選擇，這很合理，因為你也可能喜歡他們選擇的東西。另外，你的朋友也可能影響你聽的音樂、讀的書，不但是因為你認為他們已經幫你過濾掉其他選項，也因為你喜歡跟朋友有共同話題、共同的文化背景。[13]

這種普遍的社會影響無所不在，卻不像格蘭諾維特在其思考實驗中提出的臨界點概念那樣簡單。在社會影響下產生的決策原則，既非二元，也不具有必然性。事實上，假如人們傾向喜歡別人喜歡的東西，那麼不同事物的流行程度差異，就取決於所謂的累積優勢。也就是說，如果某首歌／某本書，比別首歌／別本書更受歡迎，那它只會越來越受歡迎。多年來，研究者已經探討了不同種類的累積優勢模型，他們不約而同地指出，即使是隨機的小波動，也會隨著時間而逐漸增大，長久下來將形成潛在的巨大差異。這個現象與混沌理論中著名的「蝴蝶效應」類似。混沌理論認為，一隻蝴蝶在中國拍動翅膀，可能會引發數個月後在海洋另一端的一場颶風。[14]

如同格蘭諾維特的模型，累積優勢模型顛覆了我們對於文化市場中各項產品成敗的解釋。還記得嗎，常理性解釋關注的是事物本身，如歌曲、書籍或公司，並且只從這些事物原本的特性來解釋其成功。因此，假如我們想像歷史多次「重演」，那麼這一種認為「特性是唯一重點」的解釋方式，就會預測每一次歷史重演都會得到相同結果。相對地，累積優勢模型則會預測：即便在完全相同的世界，有同樣的一群人、事物和品味，仍然不會產生相同的文化或市場贏家。《蒙娜麗莎的微笑》在這個世界大受歡迎，但在其他世界的歷史中，可能只是眾多傑作之一。取代它地位的，也許是我們多數人連聽都沒聽過的另一幅畫。同理，《哈利波特》、臉書、《醉後大丈夫》受歡迎的程度，不僅由其特性決定，也會受到運氣與時機的影響。

然而，我們的現實生活只有一個世界，不太可能像理論或模型假設那樣，進行「世界之間」的比較。因此，如果有人用模擬模型的結果，證明《哈利波特》或許不像大家認為的那麼特別，那哈利波特迷通常不會接受。但這完全不讓人驚訝。常理告訴我們，《哈利波特》一定很特別，因為有三億五千萬人買了這套書——就算有六、七家童書出版社看過原稿，卻看不出它的獨特性。而由於任何模型都必須做出各種簡化的假設，因此我們在猶豫該質疑常理或模型時，傾向選擇後者。

基於這個原因，幾年前，我跟研究夥伴馬修・賽格尼克（Matthew Salganik）以及彼得・道茲（Peter Dodds）決定嘗試一種不同的方式。我們不再使用電腦模型，而是在一個可控制的實驗室中模擬一般的真實生活場景，讓受試者在幾首歌曲之中進行選擇。每一名受試者會隨機分派到不同的實驗情境，如此便有效創造出電腦模型中的「多世界」場景。所有受試者都會得到一組同樣的選項。在某些實驗情境下，受試者還會知道其他人的選擇，但他們可以自己決定是否受這些訊息影響，以及如何被影響。而受試者在另一些實驗情境中不會知道其他人的選擇，也就是說，他們必須自己決定。接著，我們比較「社會影響」組和「獨自決定」組的結果，並從中直接觀察到社會影響對集體行為的作用。尤其是因為創造了數個並行的世界，我們可以衡量一首歌的成功，有多大程度取決於它固有的特性，又有多少是累積優勢使然。

不過，這種實驗說起來容易，做起來很難。我在第2章提過的心理學實驗，每「場」實驗最多只會有幾名受試者，而完成整個實驗大概需要幾百名受試者，這些人通常是參與實驗賺錢、拿學分的大學生。不過，這次我跟研究夥伴們想做的實驗，需要觀察個人層面的所有「推力」是如何累加，進而造成群體的差異。實際上，我們是想要在實驗室裡研究微觀—宏觀問題，而要觀察這種現象，每一場實驗需要招募幾百人，而且必須進行多場獨立的實驗。因此，光是一系列實驗就需要數千人。如果我們想要在不同情境下同時進行多場實驗，就需要上萬人。

社會學家莫里斯・澤爾迪奇（Morris Zelditch）一九六九年發表了一篇論文，探討的就是這個問題。他的標題有一點挑釁意味：你真的能在實驗室裡研究軍隊嗎？澤爾迪奇當時的結論是「不可能」（至少不是「絕對不行」）。他因此主張社會學家應該轉而研究小群體的運作，再藉由理論將結果推廣到大群體。換句話說，宏觀社會學就像總體經濟學一樣，只因為無法進行相關的實驗，便永遠不可能是一門實驗科學。不過很巧的是，一九六九年也標誌了網際網路的誕生。從那時起，世界改變的方式讓澤爾迪奇難以想像。隨著上億人的社會與經濟活動轉移到網路上，我們認為或許可以重新檢視澤爾迪奇的問題了，也許我們**可以**在實驗室裡研究軍隊——就在一個虛擬的實驗室。[15]

實驗社會學

這就是我們做的實驗。在匈牙利籍的年輕常駐電腦工程師——彼得・豪塞爾（Peter Hausel），以及早期的青少年社群網站「爆頭媒體」（Bolt media）幾位朋友的協助下，我們設計出一個網路實驗，並架設了一個虛擬的音樂「市場」，叫做「音樂研究室」。爆頭媒體在他們的網站上幫實驗打廣告，幾週之內，有一萬四千多名會員點了橫幅廣告，同意參加我們的實驗。他們只要進入實驗網站，就會被要求聽歌和評分，而如果他們願意，還可以選擇下載比較沒有名氣的樂團作品。有些受試者只會看到歌名，有些則會看到這首歌的下載次數。後者這些屬於「社會影響」組的受試者，又會進一步分派到八個並行的「世界」，所以他們都只能看到自己世界裡的人先前的下載內容。因此，假如一個新受試者被隨機分派到一號世界，她可能會看到排名第一的是帕克理論樂團（Parker Theory）的〈她說〉（*She Said*）。但如果她被分往四號世界，帕克理論這首歌可能會是第十名，而排名第一的則是五二號地鐵（52 Metro）的〈封城〉（*Lockdown*）。[16]

我們沒有操控排名，每個不同的世界一開始的歌曲下載數量都是零，而且彼此在實驗控制下小心地被區隔，之後會再各自演變發展。這種設定讓我們能夠直接評估社會影響的效果。如果人們知道自己喜歡什麼且不管別人的想法，那麼社會影響組和獨自決定組的結果就應該完全相同。這樣一來，同一首歌在所有不同實驗情境的排名應該大致相同。但假如人們的決定會受到他人影響，且「累積優勢」的假設確實成立，那麼社會影響組應該會跟獨自決定組非常不同，而社會影響組底下的每一個世界，應該也會有很大的差異。

我們發現，當受試者知道別人下載了什麼，確實像累積優勢理論所預測的，會受到那些訊息影響。也就是說，相較於獨自決定組，在「社會影響組」的所有世界裡，受歡迎的歌曲一定會更受歡迎，反之亦然。不過，至於哪首歌才是最受歡迎的「熱門」歌曲，則取決於不同的世界。換句話說，把社會影響的因素加進人們的決策行為，不但會造成結果上的差距，也增加了結果的不可預測性——接收更多歌曲的訊息無法抵銷不可預測性，就像研究骰子的外型也無法幫助你預測擲出的結果。其實，這種不可預測性才是市場動力本身**固有**的本質。

值得注意的是，社會影響並沒有完全抹滅事物的品質。我們用每首歌在獨自決定組受歡迎的程度，作為品質好壞的判斷標準。平均而言，「好」歌曲在排名上的表現，依舊比「壞」歌曲還要好。此外，最好的歌曲永遠都不會被埋沒，而最糟糕的歌曲從來也沒有真正贏過。這個意思是，就算是最優秀的歌曲，偶爾也會名落孫山，而最爛的歌曲有時也可能異軍突起。至於不是最好、也非最壞的中間歌曲，可能會出現任何結果。舉例來說，五二號地鐵的〈封城〉其品質在四十八首歌曲中位居第六，但它在某個社會影響組的世界裡是第一名，在另一個世界卻是第四十名。換句話說，只有當一首歌在不同世界的評價差異不大的情況下，它的「平均」表現才有意義。但結果證明，這種隨機的差異通常會很巨大。例如，只要將網站排列歌曲的方式從「隨機」改成「按照名次」，就可以有效加強社會訊息，進而同時放大了差異性和不可預測性。在這種「強烈社會影響」的實驗情境下，一首歌的隨機差異甚至比品質更能決定排名。整體來說，品質前五名的歌曲，只有一半的機率能進入排行榜的前五名。

對於上述研究發現，許多觀察家將其解讀成：我們是在評論青少年音樂品味的任意性或當代流行音樂的空洞性。原則上，這個實驗可以套用於社會情境中的任何選擇，像是選舉時要投給誰、對同性婚姻的觀點、要買哪隻手機、加入哪個社群網路、穿什麼衣服上班，或者如何處理卡債。但如果要把上述情境設計成實驗，在實際執行上可能會有困難，所以我們選擇的研究主題是音樂。大家都喜歡音樂，也喜歡從網路下載音樂。我們架設了一個類似下載音樂的網站，這樣進行實驗的成本不但很低（不需付費給受試者），也相當接近「自然」場景。但真正重要的是，我們的受試者要能在一堆相互競爭的選項中選擇，而且他們的選擇，會受到他們「所認為別人的選擇」影響。我們也刻意挑選青少年當成受試族群，因為在二〇〇四年，大多數的青少年習慣在社群網站上閒逛。但我要再次聲明，這個研究結果並不限於解釋青少年的行為。我們在後續的實驗中，也招募了許多成年專業人士，如同你所預料的，這個族群的品味與偏好跟青少年不同，所以歌曲的平均排名略有變化。但儘管如此，成年專業人士跟青少年一樣會受到他人行為的影響，結果也出現了同樣的隨機差異與不可預測性。[17]

因此，「音樂研究室」這個實驗真正揭示的結果，很類似格蘭諾維特在暴動模型中的基本觀點——也就是當個體受到他人行為的影響時，原本相似的兩個群體，最終會做出非常不同的行為。這聽起來沒什麼大不了，但這個發現，動搖了常理解釋的可信基礎。我們正是用這些常理，來解釋為何有些事物成功、有些事物失敗，以及為何社會規範要求我們做這些事、不做其他事，甚至用來解釋為何我們如此堅持己見。常理性解釋用一個具代表性的個體來代替群體，便輕易避開了「個人選擇如何聚合成集體行為」的問題。再加上，我們覺得自己知道別人的行為動機，所以一旦我們知道發生了什麼事，總是可以說，那就是「人們」或「市場」之類的虛構個體真正想要的。

透過拆解微觀—宏觀問題，音樂研究室這類實驗揭開了循環論證所產生的謬誤。這就好比，你就算知道單一神經元的所有行為，卻還是會搞不懂大腦如何形成意識。同樣地，你或許了解某個群體中的每個人，例如他們的好惡、經歷、態度、信念、期待與夢想，卻還是無法準確預測這群人的集體行為。假設一個虛構的代表性個體，並用它的偏好來解釋某些社會過程的結果，這是嚴重高估了我們對於因果關係的判斷力。舉個例子，假如你在二〇〇四年詢問現在臉書的五億使用者，願不願意在網路上貼出自己的個人簡介，以及跟數百個朋友或泛泛之交分享自己每天的生活近況，很多人可能會拒絕，而且是認真的。換句話說，這個世界並不是坐等有人發明臉書，好讓我們都能加入。相反地，起初是少數幾個人因為某些原因，加入臉書，並開始玩臉書。接著，由於他們使用當時臉書各種功能、服務的體驗，以及過程中為彼此創造的經驗，讓其他人也跟著加入，接著又帶動越來越多人加入，最後造就了今日的局面。不過現在臉書如此盛行，想必它就是人們想要的東西——否則為什麼要用臉書呢？

這並不是反諷臉書在過去幾年沒有做對事情，或說它紅得沒道理。問題在於，我們對臉書之所以成功的解釋，跟實際原因不太相關。就像《哈利波特》和《蒙娜麗莎的微笑》，臉書也有自己的一組特徵，都各自經歷了獨特的過程，最後才到達今天的高度。而這不表示，這些特徵以任何有意義的方式，導致了目前的結果。事實上，我們或許根本無法解釋**為什麼**《蒙娜麗莎的微笑》是世界上最著名的畫作，**為什麼**《哈利波特》系列在十年內銷售量超過三億五千萬本，又**為什麼**臉書吸引了五億以上用戶。琳恩·特魯斯（Lynne Truss）的出版商被問到《教唆熊貓開槍的「，」》（*Eats, Shoots and Leaves*）這本書為何意外走紅，出版商回答：「這本書賣得好是因為很多人買它。」說到底，我想這是唯一最中肯的解釋。

許多人不太喜歡這個結論，你可能不會太意外。多數人都能夠承認，自己的決定會受到他人想法的影響——反正有時候會這樣。不過，承認自己的行為偶爾會受到他人想法、行為的影響是一回事，但承認自己無法解釋許多事情完全是另一回事。包括解釋某個作家或公司為何成功、社會規範為何意外轉變、看似穩固的政權為何一夕之間崩潰。因此，當某些我們關注的結果無法用其本身的特性或特殊條件解釋時，最常見的權宜之計，就是假設它是由少數重要或有影響力的人所決定。我們下一章要討論的就是這個主題。

第3章　重點整理

本章說明用常理、直覺思考帶來的第二個問題。當我們在解釋群眾、公司、政黨、市場等「集體行為」時，直覺上會套用自己對「個人行為」的判斷邏輯，卻忽略了一個關鍵：集體行為是由個體本身的特性，加上個體之間的互動網絡共同驅動。上一章提到，我們看見某個人的行為時，總是會自動連結到自己對人類行為既有的看法，認為一切都理所當然。也因此，我們對社會群體行為的解釋根本就不是解釋，而只是在描述發生的事情。

例如，在解釋為何《蒙娜麗莎的微笑》、臉書、《哈利波特》會成功時，我們通常會落入循環論證：X之所以會成功，是因為沒有其他東西比它更像X——這可能沒錯，但無法預測未來。所以，雖然我們自認知道過去某些產品、公司或策略的成敗原因，卻無法算準誰會成功，連經驗豐富的專家也往往會押錯寶。

4 特殊人物

「社群網路」在這個時代已經是很普遍的概念，從劇情片到啤酒廣告，都可見其蹤影。但難以置信的是，就在不久之前——一九九〇年代中旬，社群網路的相關研究非常小眾，只有幾位社會學家，有著數學的專業背景，也對個體間的社交互動感興趣，才會進行這類研究。[1]近年來，該領域的研究蓬勃發展，很大一部分是因為更快速的電腦系統，再加上電子郵件、手機、臉書之類的社群網站等通訊技術，可以精準記錄、分析多達數億人的社交互動。如今，成千上萬的電腦科學家、物理學家、數學家，甚至生物學家都自稱為「網路科學家」。關於網路系統的結構與動態，更是每天推陳出新。[2]

六度分隔理論：小世界之謎

回到一九九五年，我當時在康乃爾大學研究蟋蟀同步鳴叫現象，上述一切都還沒發生。事實上，大家那時候普遍都不熟悉這種概念：世界上的每一個人都可以透過一個巨大的社群網絡連結，彼此傳遞訊息、想法，並相互影響。我有一次例行性地打電話問候父親，在電話中，他問我有沒有聽過「世界上任何一個人，跟美國總統之間的距離都只有六個人」的說法。我當時以為聽見了都市傳說。在某種意義上，確實如此。將近一世紀前，匈牙利詩人弗里吉斯・卡林西（Frigyes Karinthy）發表了一篇短篇小說〈鏈〉（*Chains*），文中的主角誇口說，他最多只需透過五個人，就能聯繫世界上任何一個人——不論是諾貝爾獎得主，還是福特汽車工廠的員工，都不成問題。自此，人們便著迷於社會學家所謂的「小世界」（small-world）現象。

四十年後，記者雅各在其評判都市規畫的著作《偉大城市的誕生與衰亡》（*The Death and Life of Great American Cities*）中，也提到類似小世界現象的概念，就是她跟姊姊剛搬到紐約時常玩的「傳話」遊戲：

遊戲規則是先任意挑選兩個互不相識的角色，例如索羅門群島的獵頭族人和伊利諾州岩島市（Rock Island）的鞋匠，其中一個角色必須請人傳話，想辦法把消息傳遞給另一個角色。然後我跟姊姊就會各自列出一串可行、或至少可能的人鏈，透過這些人確實傳遞消息。誰需要動用的人最少，誰就贏了。

這條人鏈到底會有多長？回答這個問題的一種方式，就是繪製出全世界所有社會網絡中的連結，然後用「窮舉法」一一算出你在「一度分隔」時能接觸到多少人、「二度分隔」時是多少人……以此類推，直到你接觸所有人為止。在雅各的時代，這是不可能的事。但在二〇〇八年，微軟研究院（Microsoft Research）有兩位電腦科學家幾乎成功了，他們研究微軟即時通訊網路的二億四千萬名用戶，計算出連結兩個人的路徑長度。在微軟的即時通訊網路中，成為「朋友」，意味著彼此都在對方的好友名單上。[3]他們發現，兩個陌生人平均約隔著七個人，很接近我父親說的六個人。但這不是雅各的答案。她們在遊戲中虛構的人物無法接觸即時通訊網路，所以就算她們有能力計算，也無法像微軟研究人員一樣算出路徑長度。想必她們一定是用其他方式傳送訊息。事實上，根據雅各的說法，她們辦到了：

獵頭族人告訴村落裡的酋長，酋長又告訴來買椰乾的商人，商人告訴路過的澳洲巡警，巡警又告訴將要去墨爾本度假的人……等等。在另一邊，鞋匠從他的牧師那裡聽到訊息，牧師是從市長那裡聽到的，市長是從參議員那裡聽到，參議員是從州長那裡聽到……等等。我們很快就想完日常生活中能幫忙傳話的人，但我們卡在這一長串人鏈上很久，直到我們想到羅斯福夫人——她認識一般人最不可能認識的人，所以一下就可以跳過整個中間的連結。這世界也突然變小許多。[4]

換句話說，雅各的解法假定：社會網絡是一種階層組織，訊息會從外圍的最底層逐漸往上傳遞，然後又向下流動。而羅斯福夫人這種地位顯赫的人物，就位居重要核心。無論是在官方組織的內部、整個經濟體系當中，或者在社會的各個層面，我們都如此習慣層級分明的世界，因此，便理所當然認為社會網絡也是這樣。卡林西的招術其實跟雅各一樣，只不過他動用的不是羅斯福夫人，而是亨利．福特先生，他寫道：「要找到我跟福特汽車工廠某一名鉚釘工之間的連結鏈……首先，那名鉚釘工認識他的工頭，工頭認識福特先生，福特先生又跟赫斯特出版集團的總裁關係良好。假如我有需要，只需要我朋友發個電報給赫斯特總裁，請他聯繫福特先生，福特先生就會去找工頭，工頭又會去找鉚釘工，接著他就會幫我組裝一台新車。」

這個方法聽起來似乎蠻可行的。雅各那本書出版後不久，興起了一股「小世界實驗」風氣。我們看見這些實驗的結果才得知，在社會網絡中，訊息可不是按照階層來傳遞。率先執行實驗的不是別人，正是社會心理學家米爾格拉姆（我在第1章討論過他的地鐵實驗）。米爾格拉姆招募了三百人，其中兩百人來自美國內布拉斯加州的奧馬哈市（Omaha），另外一百人來自波士頓的鄰近區域，這些人要跟米爾格拉姆的朋友一起玩「傳話」遊戲。米爾格拉姆的朋友在波士頓當證券經紀人，他自願當這個遊戲的「目標」。跟雅各的遊戲一樣，參與實驗的三百人都知道自己要聯繫的「目標」是誰，但只能傳訊息給自己認識的一個朋友，然後這個朋友繼續傳給下一個人，以此類推，直到有人拒絕，或是訊息已經成功送達目標。幸運的是，有六十四條訊息鏈順利傳達日標，這幾條訊息鏈的平均人數確實約為六個人，由此產生著名的「六度分隔」一說。[5]

雖然米爾格拉姆的受試者找到的傳遞路徑，跟雅各和卡林西假設的一樣短，但他們沒有用到羅斯福夫人這種大人物。反之，一般人會把訊息傳給一般人，然後在同一個階層內傳遞，並非如雅各和卡林西所想像的，訊息會在不同階層間上下流動。訊息在傳遞時，實際上也不像雅各擔心的那樣，會卡在中間很久，反而是在快接近目標的時候，才會碰到最大困難。所以，其實社會網絡看起來不太像金字塔，比較像是一場高爾夫球賽——有句俗諺說：「開球是做秀，推桿則是要賺錢。」也就是說，當你離目標人物很遠的時候，只要把訊息傳給正確國家的人，再傳給正確城市的人，再傳給正確職業的人，就能輕鬆跨越很遠的距離。然而，只要接近目標，大的跨越就不再管用，訊息會在原地打轉，直到找到認識目標的人為止。

不過，米爾格拉姆仍然發現到，每個人傳遞訊息的效率不一樣。在成功傳送的六十四條訊息鏈之中，將近一半是透過三個人就順利傳達，其中又有一半（十六條訊息鏈）是由一位服飾商人「雅各布斯先生」傳給目標對象。原來他們倆是鄰居。這種訊息集中在少數人手中的現象，讓米爾格拉姆相當驚訝，於是他推論「社交明星」（sociometric stars）可能是理解小世界現象的重點。[6]然而，米爾格拉姆的結論最後只停留在這裡。三十年後，《紐約客》（*New Yorker*）雜誌作家麥爾坎・葛拉威爾（Malcolm Gladwell）寫了一篇文章，標題為〈洛伊絲・魏絲伯格的六度分隔〉（Six Degrees of Lois Weisberg），引用了米爾格拉姆在雅各布斯先生身上發現的現象，並提出一個觀點：極少數像雅各布斯先生這樣的人士，可以與他人形成連結，我們其餘的人，則透過這幾位少數人士，跟世界形成連結。[7]換句話說，雖然雅各布斯先生和魏絲伯格小姐不像羅斯福夫人或福特先生那麼「重要」，但在社會網絡的觀點，他們也發揮了像航空網絡樞紐的作用，讓我們可以從世界的某個地方，到達另一個地方。

「航空網絡」的比喻，跟雅各的社會階層說一樣迷人，但它要表達的其實不是世界實際建構的方式，而是我們想要如何組織世界。仔細想想，這個比喻其實不太合理。有些人顯然朋友比別人多，但機場跟人不同，如果想處理更多流量，不是增加飛機就可以。所以人們在朋友上的數量差異，不像機場運輸量的差異那麼大。舉例來說，一般人大約有幾百個朋友，而最喜歡社交的人最多有幾千個朋友，大約是一般人的十倍。這個差異不算小，但跟奧黑爾（O'Hare）機場這種真正的航空樞紐相比，就差得遠了。奧黑爾機場的載客量是一個小機場的數千倍。那為什麼社會網絡的連結者，可以發揮像航空網絡樞紐的功能？[8]

幾年前我們發現事實並非如此。我跟研究夥伴羅比．穆罕默德（Roby Muhamad）以及道茲複製了米爾格拉姆的實驗，只不過我們用電子郵件取代實體信件——這擴大了我們的實驗範圍。米爾格拉姆從兩座城市找來三百人，把訊息傳給波士頓的一個目標對象。我們則有兩萬多條訊息鏈，要尋找十三個不同國家裡的十八個目標。當實驗結束時，我們的訊息鏈已經跨越了一百六十六個國家，經手者共有六萬多人。我們透過更先進的統計方式，不僅能計算每條成功的訊息鏈共經過多少人才抵達目標，還能估計失敗的訊息鏈如果繼續傳遞，大約還需要多少人。我們的主要發現跟米爾格拉姆的實驗結果差不多，約有一半的訊息鏈只需七個人以下就能抵達目標。這兩個實驗不論在規模、訊息傳遞方式上都不同，而且相隔約四十年之久，得到的結果竟如此接近，實在讓人驚訝。也為「許多人（當然不是每個人）可以透過少數幾個人彼此連結」的說法提供強力證據。[9]

然而，不同於米爾格拉姆的發現，我們沒有在訊息傳遞過程中發現「樞紐」。反之，訊息抵達目標所經過的人數幾乎等於鏈結的數目。我們也詢問受試者如何決定要把訊息傳給誰，卻沒有發現樞紐、社交明星存在的證據。原來，小世界實驗的受試者，通常不會把訊息傳給社會地位最高或人脈最廣的朋友，而是傳給跟目標有共同點的人，例如：地理位置接近、職業類似。或者，只是單純傳給有可能繼續幫忙傳遞的人。換句話說，一般人跟關鍵人物一樣，可以跨越社交圈、職業圈的藩籬，跨越國家、居住地的差距。例如，當你想發個訊息給俄羅斯新西伯利亞的研究生，你不會去思考誰朋友最多、參加最多聚會，或誰跟白宮有關係。如果你不認識半個俄羅斯人，那或許你認識的人可能有誰來自東歐、去過東歐旅行、學過俄語，或住在你所在城市裡以東歐移民著稱的地區。

而且，羅斯福夫人或魏絲伯格小姐或許認識很多人沒錯，但還有很多能跟這些人形成連結的方式。而一般人用的，通常就是這些較不起眼的「其他方式」，因為這些方式的數量實際上更多。

這些研究結果顯示出，真實社會網絡的連結方式，比雅各或甚至米爾格拉姆所想像的還要更複雜、更平等。目前這個結論已經得到許多實驗、實徵研究（empirical studies）和理論模型證實。[10]不過，就算有這些證據，我們在思考社會網絡是如何運作時，還是會忍不住這樣想：不管是知名的總統夫人，還是喜愛交際的當地商人，總是會有一些「特殊人物」強烈影響我們這些人的社交連結。事實上，這種想法似乎與證據無關。畢竟，雅各那本書出版之後，米爾格拉姆才做了相關的實驗，也因此在更久之後出現了一些數據，可能支持她對羅斯福夫人的一番假設。所以無論雅各的靈感是從哪裡來，都沒有任何實質的證據。更確切地說，她之所以相信少數特殊人物能連結所有人，似乎只是為了透過這些人做出一個合理解釋。結果就是，這種假設不管被證據排除過多少次，我們仍舊一再安插另一個特殊人物。如果不是羅斯福夫人，一定是魏絲伯格小姐，如果不是，那一定是服飾商雅各布斯先生，如果又不是，那一定是那個跟我們大家都很熟的艾德。我們不得不下這種結論：「一定有某一個特別的人，否則社會網絡要如何運作？」

我們不是只有在社會網絡這個問題上，才會直覺性地訴諸特殊人物的解釋。例如歷史學觀點中的「偉人理論」，便是以少數關鍵領導者的行動，來解釋重大歷史事件。陰謀論者四處鼓吹有政府間諜、秘密幫派存在，宣稱這些人握有無限干預社會的權力。媒體分析家將時尚潮流、熱銷商品的出現，歸功於名人或網紅。公司董事會支付高昂的薪酬給總經理與執行長，因為他們決定了整間公司命運。流行病學家擔心少數幾名「超級傳播者」會引發傳染病大流行。行銷人員則吹捧「影響者」的影響力，相信這些人就足以成就或摧毀一個品牌，可以打破社會常規、扭轉公眾輿論。[11]又好比葛拉威爾在《引爆趨勢》（*The Tipping Point*）一書中解釋了「社會流行潮」（social epidemics）的起源：從潮流與時尚，到文化常規的轉移，再到犯罪率突然下降，任何事物都受到「少數人法則」的影響。就像超級傳播者引發了流行病，偉人推動了歷史的巨輪一樣，少數人法則也宣稱，社會流行潮是由「少數重要人物的努力所致」。例如，葛拉威爾提到一九九〇年代中期，美國老牌Hush Puppies那股神秘的席捲潮流時，他這樣解釋：

> 最大的謎團在於，這些鞋子是如何從曼哈頓鬧區那些時尚潮人腳上的穿搭，演變成在全美各大賣場銷售的品牌。紐約東村（East Village）與美國中部之間會有什麼關聯？

少數人法則認為，有一個不凡人物發現了這個趨勢，並透過其人脈、活力、熱忱與個人形象，將Hush Puppies這個牌子傳播到各地。就像基恩．杜加斯（Gaëtan Dugas）和努尚恩．威廉斯（Nushawn Williams）這類人物能夠傳播愛滋病一樣。[12]

葛拉威爾的少數人法則對於商人、行銷人員、社群組織者，以及所有形塑、操弄他人行為者來說，就像貓薄荷之於貓咪，讓他們著迷不已。原因很簡單。只要你能找到這些特殊人物並影響**他們**，他們就會帶著自己的人脈、活力、熱忱與個人形象為你賣命。這聽起來很有道理，然而，就像許多關於人類行為的迷人想法一樣，與其說少數人法則是事實，倒不如說是一種直覺。

所謂的「影響者」

罪魁禍首還是常理。正如行銷顧問艾德．凱勒（Ed Keller）和喬恩．貝瑞（Jon Berry）所言：「有些人的社會關係較緊密，見識更廣，消息也更靈通。你或許能從個人經驗中得知。當你決定想住的社區、為退休規畫投資，或挑選車子或電腦時，你不會隨便尋求意見。」[13]

這段文字如果是用來描述我們的感覺，那或許說得沒錯。當我們回想自己如何尋找資訊、門路或建議時，確實會關注某一些人，而不是另一些人。但正如我先前提過的，我們對自己行為的感知，無法完全反映真實情形。例如，大量研究顯示，社會影響主要是一種潛移默化的過程，源自朋友或鄰居在無形中的細微暗示，不完全是「主動尋求」意見才被影響。[14]我們也不會察覺到自己在無意間受了影響。舉個例子，員工跟老闆對彼此的影響程度可能差不多，但他們不可能互相把對方當成影響來源，原因很簡單，因為普遍認為老闆才有影響力，而員工沒有。換句話說，我們覺得誰會影響自己，這種思考跟社會與階層關係比較相關，而不是真正的影響來源。

事實上，關於影響者的爭論中，最令人困惑的，就是人們一開始對影響者的定義並沒有真正達成一致。「影響者」的名號，起初指的是那些碰巧對朋友、鄰居有極大影響的「一般人」。但實際上，各種類型的人都會被叫做影響者，例如：媒體名人如歐普拉，以及《時尚》（*Vogue*）雜誌總編輯溫圖（Anna Wintour）這類把關者，還有知名演員、社會名流、受歡迎的部落客……。這些人不見得會用個人的方式造成影響，但他們發揮影響力的方式卻有很大的差異。比如，歐普拉如果推薦某一本書，會大大提升這本書進入暢銷榜的機率，不過，這主要是因為歐普拉經營的媒體帝國極度擴大了她的個人影響力。同樣，服裝設計師最好讓知名女演員穿著他設計的服裝出席奧斯卡頒獎典禮，同理，這也是因為大眾媒體會採訪、報導和評論女演員在頒獎典禮上的表現。一個受歡迎的部落客發表了他對某一個商品的熱愛，可能會有數千個粉絲讀到他的文章——但這個部落客的影響力，是否類似於歐普拉的背書、朋友的推薦或者其他影響力呢？

即使不考慮媒體、名人或部落客，把問題縮限在直接影響或人際間的影響，還是很難像測量訊息鏈一樣評估影響力。以安娜和比爾這一對朋友為例，為了說明他們在一件事情上對彼此的影響，你必須說明安娜每一次採納某個想法或產品時，比爾會更可能採納同樣的想法或產品。[15]但光要記錄這種關聯性就不容易。因此，研究人員找了一些影響力的指標來取代直接觀察，例如，朋友數量、在某個主題上的專業性或熱忱程度、在某些人格測驗上的得分，這些全都比影響力本身更容易測量。上述指標雖然都可以合理替代影響力，卻還是從人們如何受到影響的假設中衍生而來，沒有人檢驗過這些假設是否正確。所以實際上，沒有人真正知道誰有影響力，而誰沒有。[16]

這種本質上的模糊實在讓人困惑，但這還不是問題的根源。如果我們能夠發明一種測量影響力的完美工具，應該就會發現有些人確實比別人更有影響力。然而，有些人也確實長得比別人高，行銷人員卻不會關心這個。那麼，人們為何會對有影響力的人如此情有獨鍾？譬如，很多研究認為，如果有三個人都表示自己會向A尋求建議，那A就是影響者。如果在這個世界，一個普通人只能影響一個人，那影響三個人的影響力就是普通人的三〇〇％，差距相當大。但這也無助於解決行銷人員關心的問題，像是做出暢銷商品、促進大眾健康意識，或影響候選人的得票率，因為這些問題都必須影響數百萬人。所以，即使每個影響者都可以影響三個人，你還是得找到他們，然後影響這一百萬位影響者。這種情形跟少數人法則宣稱的完全不同。不過，這個問題也有解決辦法，只是需要結合另一個與社會網絡理論相關、卻相差甚遠的「社會感染理論」（social contagion）。

意外走紅的影響者

社會感染是網路科學最有趣的概念之一，說明訊息與潛在影響力會像傳染病一樣，沿著網路連結而擴散開。正如我們在第3章看到的，當每一個人都被他人的行為影響時，就會產生令人驚訝的結果。而社會感染對影響者來說也有重要意義。如果考慮到社會感染，一位影響者最終的重要性，就不只是包括他直接影響的人，還包括那些被間接影響的人，例如，他可能透過鄰居、鄰居的鄰居……而對別人產生影響。事實上，少數人法則正是透過社會感染才真正有力量。如果有合適的影響者能引發社會流行潮，那麼實際上，只要幾位影響者就能影響四百萬人。這不只是一個好交易，而是**非常棒**的交易。不過，找到並影響少數幾位影響者，跟找到並影響一百萬位影響者，完全是兩碼子事，所以社會感染徹底改變了影響力的本質。[17]

這段的意思是，少數人法則並不只有一個假設，而是融合了兩個假設。第一：有些人比其他人更具影響力。第二：這些人的影響力會被某一種傳染過程放大到極致，繼而引爆社會流行潮。[18]基於上述，道茲跟我在幾年前進行了一系列電腦模擬，檢驗這兩個融合的假設。要進行這樣的電腦模擬，就必須明確寫下影響力如何擴散的數學模型，因此我們必須具體說明所有影響力的相關假設——這在一般網紅、意見領袖的軼事傳聞中都不會提到。例如：「影響者」的定義是什麼？誰影響誰？個體如何選擇？這些選擇如何受到其他人影響？正如先前提過的，沒有人真正知道答案。因此，就像建立模型的任何方法一樣，我們必須先建立一些假設。這些假設自然可能出錯。不過為了盡量面面俱到，我們考量了兩種完全不同的模型，兩者都在社會科學、行銷市場領域被研究了數十年。[19]

第一種，是第3章「格蘭諾維特暴動模型」的變化版。不同的是，在格蘭諾維特的暴動模型中，群眾裡的任何人都能觀察每一個人。而在這個版本中，個體間的互動是由一個社會網絡決定，在該社會網絡中，每個人都只能觀察到較小的朋友圈或認識的人。第二種，是「巴斯模型」的某個版本。行銷科學專家法蘭克・巴斯（Frank Bass）首先提出這種新產品的採用模型，相當接近一種更古老的模型，即數學流行病學家用來研究生理疾病擴散的模型。也就是說，格蘭諾維特的模型假設：當周遭有一定比例的人採取某個行動，個體就會跟進。巴斯模型則假設：「採取行動」的過程類似感染，「易受影響」和「已被感染」的人透過社會網絡連結而相互作用。[20]很重要的是，這兩個模型聽起來很類似，但實際上完全不同。因為我們不希望自己對影響力的結論，過分依賴任一模型的假設。

我們發現在多數情況下，較具影響力的人確實比一般人更能引發社會潮流。但相對而言，這些影響者並不像少數人法則所宣稱的那麼重要。用一個例子來說明，假設有一個「影響者」，他可以直接影響的人數是一般人的三倍。如果其他條件相同，人們會直覺認為，他可以間接影響的人數也是三倍。換句話說，他應該會表現出三的「倍數效應」。但值得注意的是，少數人法則卻認為這種間接影響的效果應該會更大，會不成比例地「極度」增長。但我們的發現卻恰好相反。[21]我們的結果顯示，這類影響者的倍數效應通常會小於三，且在很多情況下，他們根本沒有發揮任何影響效果。換句話說，影響者可能存在，但並不是像少數人法則形容的那樣。

原因很簡單，當影響力透過某一種感染過程傳播時，結果會傾向取決於社會網絡的整體結構，而不是引爆趨勢者的個人特質。就好像在風勢、氣溫、低溼度和可燃物的共同作用下，森林大火才會發生，讓一大片土地被吞噬。同樣，社會潮流的興起也需要被影響的社會網絡符合某一些條件。我們的結果顯示，關鍵條件與少數的影響者無關，而是取決於大量**易受影響**的人，後者會再去影響其他易受影響的人。當受影響的人到達「關鍵多數」時，即使是普通人，也可以引爆一場大規模連鎖反應，就像在條件成熟時，星星之火便足以造成森林大火。反之，當「關鍵多數」不存在時，即使是最具影響力的人，也只能激起小小漣漪。結果就是，必須知道某個人在整個社會網絡中的位置，否則沒辦法說他們有多大的影響力，不管用什麼方式測量都一樣。

當我們聽到森林大火時，沒有人會認為引發大火的火花有什麼特殊之處，因為這種想法未免太可笑。不過，當我們看到社會開始流行一股特殊的風氣，就會立刻心想：不管是誰發起的，一定是個特殊人物。當然，在我們的電腦模擬中，一個大規模的連鎖反應發生時必然是由某一個人率先啟動。這些人不管先前看起來多麼普通平凡，但事後回想，他們似乎都符合少數人法則的描述——完成大部分工作的極少數人。我們的模擬顯示出，這些人**原本**真的沒有什麼特別之處，這就是我們的原始設定。完成大部分工作的，並不是一小部分擔任「觸發者」的人，而是多數易受影響的人。因此我們做出結論：你以為有影響力的那些人，可以憑藉他們的能耐與人脈，把你的書變成暢銷書，讓你的產品大受歡迎，但實際上，這一切很有可能只是因緣際會下的巧合。那些人，充其量只是「意外走紅的意見領袖」。[22]

推特上的網紅：行銷策略思考

許多人會馬上指出，這不過是基於電腦模擬得出的結論。而正如我先前提過的，這些模擬高度簡化了真實情況，並做了大量假設，其中任何一個假設都有可能是錯的。電腦模擬有助於產生更深入的見解，但終究傾向於思維實驗，而非真實實驗。因此，電腦模擬更適合用在發現新問題，而不是回答真實生活的問題。假如我們真的想知道某些人是否有能力推動想法、資訊或影響力的傳播，且如果他們這種影響者確實存在，又須具備哪些不同於一般人的特質，那麼我們就必須在真實世界裡進行實驗。不過老問題又出現了。研究真實世界中個人影響與大規模影響之間的關係，總是說的比做的簡單。

主要原因在於，這種實驗需要非常龐大的數據，而其中大多數資料都很難取得。光是要證明一個人影響另一個人已經非常困難，如果還想探討這些人如何影響更大的群體，或者影響一人和影響多人之間的關聯，就必須在整個影響鏈中收集全部類似訊息——包括一個人如何影響另一個人，然後那個人如何影響另一個人……以此類推。很快地，你就會看到成千上萬、甚至上百萬個關聯，而這只是為了追蹤一條訊息的傳播方式。理想狀況中，你會想研究很多這種案例。這麼一來，為了檢驗「有些人比其他人更有影響力」這個相對直觀的說法，你就會淹沒在海量的數據中，無可避免。這也解釋了為什麼眾所皆知，傳播研究這個領域向來充滿了神話：當無法證明任何事時，每個人都可以自由提出自己喜歡且看似合理的任何故事，因為沒有辦法證明誰才是對的。

然而，就像音樂研究室的實驗，網際網路也開始在重要的面向上改變局面。最近有一些研究已經著手探討社群網路中的擴散現象，其規模之大，在十年前根本無法想像。網誌在部落客之間輾轉流傳，粉絲專頁在臉書的好友群之間不斷分享，高階語音服務在即時通訊的好友群中擴散，而在線上遊戲「第二人生」（Second Life）中，玩家們也互相傳遞一種稱為「手勢」的特殊能力。[23]受到這些研究的啟發，我跟雅虎的同事霍夫曼（Jake Hofman）和梅森（Winter Mason），以及密西根大學一個才華洋溢的研究生巴克許（Eytan Bakshy），決定在我們能接觸到的最大交流網站「推特」中，研究資訊擴散的途徑。我們會在過程中找出那些所謂的影響者。[24]

推特在很多面向上，都非常適合我們的研究目的。首先，臉書用戶互相聯繫的原因有很多。而推特不同，使用者完全是向其他人——也就是「追隨者」發送推文，這些追隨者已明確表示要從你那裡獲得資訊。推特的核心宗旨，就是讓人們關注你（即受影響）。其次，推特非常多樣化。雖然許多用戶是一般人，他們的追隨者多半是關心自己近況的朋友。不過，粉絲最多的用戶有許多是公眾人物，包括部落客、記者、名人（艾希頓．庫奇、俠客歐尼爾、歐普拉）、CNN等媒體，甚至還有政府機構與非營利組織（歐巴馬政府、唐寧街十號[1]、世界經濟論壇）。這種多樣化的好處，是讓我們能夠以一致的方式比較各種潛在影響者的影響（從一般人到歐普拉與艾希頓．庫奇）。最後，雖然有很多推文都是日常狀態更新（「我在百老匯的星巴克喝咖啡！」「美好的一天！」），但仍有許多用戶會在推文中提到網路上的其他內容（突發新聞、有趣的影片），或是其他事物（書籍、電影），藉以表達自己的看法。此外，推特要求推文的格式，每則訊息必須控制在一百四十個字以內，所以用戶經常使用 bit.ly 這種「短網址產生器」，以縮短原本又長又亂的網址。短網

1 譯注：英國首相官邸。

址的好處，在於能給推特上的每一則內容分配獨一無二的編碼。因此，當用戶「轉發」推文時，還是可以看到原始出處，進而在轉發者之間追蹤訊息的擴散鏈。

二〇〇九年底，我們兩個月內追蹤了一百六十萬個用戶發起的七千四百萬條擴散鏈。對於每一個訊息，我們都計算網址被轉發了幾次——首先轉發的是種子用戶（發出原始貼文者）的追隨者，然後是追隨者的追隨者……以此類推，我們便能

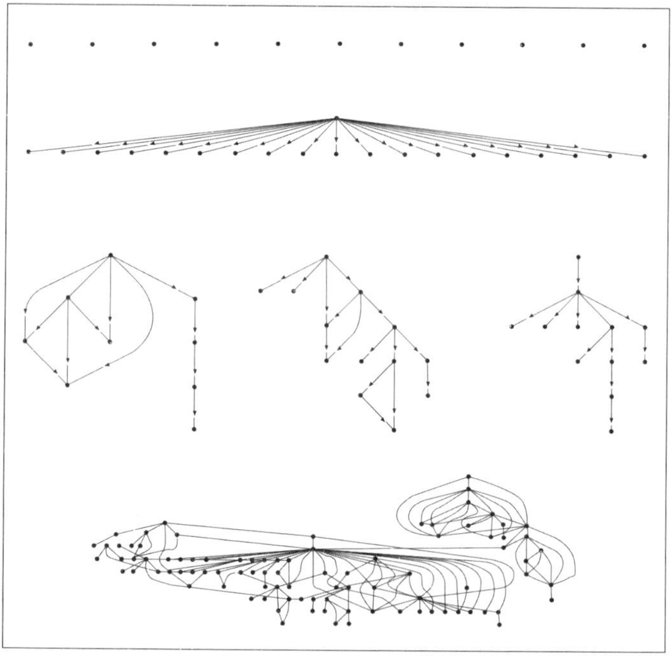

圖2：推特上的連鎖反應

描繪出每一條原始推文完整的轉發連鎖反應。如圖2所示，有的連鎖反應又寬又淺，有的又窄又深。也有些連鎖反應很大，結構複雜，一開始雖然不大，但獲得動力之前，在網路上的某個地方慢慢發展。最重要的是，我們發現絕大多數（大約占總數的九八％）企圖引發連鎖反應的事件，實際上根本沒有擴散出去。

這個結果很重要（我會在下一章深入討論），如果你想知道有些東西為什麼「突然爆紅」，例如吸引數百萬下載次數的YouTube影片，或電子郵件、臉書上瘋傳的搞笑訊息，那就不該只關心極少數人的成功。不幸的是，在多數情況下，人們研究「成功」只有一個簡單原因，那就是不會有人把所有失敗記錄下來，於是失敗往往被掩蓋。不過在推特上，我們能追蹤每一個單一事件（無論有多不起眼），進而得知誰有影響力、其影響力又比一般人大多少，以及是否有一種可行的方式能夠區分個體的差異。

我們的實驗方式，是假想一個行銷人員，並模擬他可能會做的事。也就是說，我們會利用約一百萬人的所有已知訊息，包含其特質和過去行為，來預測每一個人在未來的影響力。行銷人員會根據這些預測進行贊助，讓某些人在推特上發布廣告商想要傳播的訊息，繼而產生一系列連鎖反應。行銷人員如果可以預測特定對象能引發多大的連鎖反應，就能有效分配贊助推文的預算。在現實生活中進行這種實驗的難度還是很高，所以我們用已收集到的數據，盡量去模擬真實情況。具體而言，我們將數據分成兩部分，第一個月的數據歸類為「過去」，第二個月屬於「未來」。然後我們將所有「過去」的資料輸入統計模型中，包括每個用戶的追隨者數量、關注的帳號數量、發推文的頻率、已註冊時間，以及這段時間引發連鎖反應的成功率。最後，我們用這個模型來「預測」用戶在「未來」的影響力，再用實際情形去檢驗模型的表現。

簡而言之，我們發現個人層面的預測完全沒有規律可言。即使平均來說，有眾多粉絲、且曾經成功引發連鎖反應的人，未來成功的機率會更高，但實際上每一個人卻都呈現大幅隨機波動。就像《蒙娜麗莎的微笑》，在表現出成功影響者特質的每一個人背後，還有更多特質相同，卻有沒成功的人。這種預測上的不確定性，並不是因為我們無法或沒有準確測量到正確特質，事實上，我們擁有的資料比一般行銷人員還多。問題在於，如同上述模擬所演示的，成功推動擴散的動力，絕大程度取決於單一種子用戶無法控制的因素。換句話說，這項實驗結果表明，行銷策略如果只押寶在少數「特殊人物」上，不見得一定會成功。因此，就像負責任的資金管理人一樣，行銷人員應該採取「投資組合」方案，把目標放在大量潛在影響者，並利用他們的平均影響效果，有效降低個人層面的隨機波動。

雖然理論上可行，但投資組合的方法也衍生出成本效益的問題。為了說明，讓我們看看《紐約時報》的一篇報導。該報導指出，電視真人實境秀名人金．卡戴珊（Kim Kardashian）每發一條推文宣傳贊助商的產品，就能獲得一萬美元酬勞。卡戴珊當時在推特上有一百多萬粉絲，所以相較於付錢給一個只有幾百粉絲的普通人，付錢給像她這種網紅似乎合情合理。但一萬美元是怎麼算出來的？一般人可能願意用遠低於一萬美元的價格，在推特上幫忙宣傳產品。如果知名度高的人比知名度低的人「貴」上許多，那麼行銷人員應該把目標放在哪一個？是影響力大、但價碼高的少數人，還是影響力沒那麼大、但價碼低的多數人？更進一步問，行銷人員該如何達到最佳平衡？[25]

這個問題的答案，最後還是要依據不同的推特用戶對廣告商開出的條件是什麼，只要雙方達成共識就可以了。然而，我們進行了一種推測性的實驗，檢驗一系列看似合理的假說，其中的每一個假說都對應到不同的「影響力」模擬行銷策略。我們還使用跟之前一樣的統計模型，來計算行銷活動的投資報酬率。實驗結果讓我們非常驚訝。這世界上像是金．卡戴珊的名人，雖然確實比一般人更有影響力，但他們的收費太貴了，花這個錢很不值得。反而是我們所謂的「素人影響者」（影響力一般或甚至低於平均），才是最符合成本效益的商品宣傳途徑。

又一次循環論證

別急著拋棄金．卡戴珊。我要先強調一點，我們並沒有實際進行這個假想的實驗。儘管我們的研究數據來自真實世界，而不是電腦模擬出來的，但我們的統計模型仍然做了許多假設。例如，我們假設的行銷人員，可以說服幾千名素人影響者在推特上宣傳商品。但實際上，這些人的追隨者不見得會跟平常一樣捧場。如果有朋友向你推銷過安麗的產品，你一定會知道在私人互動中參雜著銷售行為，會令人有點反感。然而金．卡戴珊的粉絲們，可能就沒有這層顧慮，因此，她在現實生活中的推銷效果，或許會比我們的研究結果好得多。另外，或許不應該用推文的轉發次數做為影響力的衡量標準。我們計算轉發次數，是因為我們可以客觀測量這個指標，好過什麼都沒有。但大家真正關心的，或許是點擊某個頁面、捐錢給某個慈善團體的人數，或是有多少人買了你的產品。金．卡戴珊的粉絲或許沒有轉發訊息給他們的推友，卻採取了某些行動。如果是這樣的話，我們可能再次低估她的影響力。

但也可能沒有低估。到頭來，我們根本不知道誰有影響力。無論怎麼定義「影響者」，我們也根本不知道他們能發揮何種效用。除非我們測量的影響力能確切反映出大眾真正關心的結果，除非有人在真實世界中進行實驗來評估不同個體的影響力——否則我們應該對每一個結果（包含我們自己的實驗）都持保留態度。不過，我已經討論過小世界實驗、影響力在社會網絡中擴散的模擬研究，還有推特研究，這些研究的發現都讓人大大質疑少數人法則（極少數特殊人物帶動社會潮流）這類觀點。

事實上，我們甚至在開始時也沒把握，用社會潮流來思考社會變革是否恰當。儘管我們在推特上的研究發現，確實有類似社會潮流的現象，但我們也注意到這種現象極為罕見。我們的資料中有七千四百萬個事件，只有幾十個事件被轉發了一千次，只有一到兩個被轉發一萬次。在一個擁有數千萬用戶的社群網站上，轉發一萬次聽起來不怎麼樣，但我們的數據顯示，即使是一萬次也難如登天。因此，出於實際考量，我們最好把大連鎖反應這種事全都拋在腦後，想辦法做出多個小連鎖反應才對。在這個目標上，素人影響者或許可以達到不錯的效果，所以你可能需要借助很多這種人，積少成多，同時也平衡掉隨機波動，整體來看才會產生正面效應。

最後，除了具體的研究發現之外，我們還可以從中看到用常理思考的一個主要壞處。少數人法則被認為是一種反直覺的想法，這好像有點諷刺，因為實際上，大家已經習慣用特殊人物去解釋某些現象，所以會理所當然地認為「極少數特殊人物完成了大部分工作」。許多人以為，承認了人際影響和社會網絡的重要性，某種程度上就是超越了這種循環論證：X會發生是因為X就是大家想要的。但是，當你試圖想像一個數百萬人的複雜網絡是如何產生連結，或想像影響力是如何在這個複雜網絡中擴散，直覺便不堪一擊。少數人法則這一類論述，成功將**所有**推力集中在少數「特殊人物」手上，所以我們在試著理解社會網路結構如何影響結果時，只會簡單思考是什麼激勵了那些特殊人物。這種解釋和所有常理性解釋一樣，聽起來很合理，而且可能是對的。但是在聲稱「X會發生，是因為幾個特殊人物讓它發生」時，我們只不過是用一個循環論證取代了另一個循環論證。

第4章　重點整理

另一個關於常理的問題是，當我們試圖理解社會網絡時，會直覺地認為社會網絡、乃至於社會趨勢，是由某些具影響力的特殊人物所主導。但事實證明，這些「影響者」也是循環論證的產物。引用「影響者」來解釋，實際上只是在說：「X的發生是因為影響者造成的，而我們知道這些人是影響者，是因為他們造成了X的發生。」

這可能是正確的，但依舊沒提供什麼有意義的內容，也沒什麼預測價值。因此，雖然事後行銷人員或商業評論家會提出各種明智的見解，但他們無法在事前就準確預測誰是影響者。

5 從「過往經驗」中學習？

前三章提醒了我們，用常理解釋事情經常會陷入循環論證的迴圈。老師在學生的測驗分數上動手腳，是因為受到誘因的驅使。《蒙娜麗莎的微笑》是世界上最著名的畫作，是因為具備了所有這幅畫的特質。大家現在不買耗油量高的運動休旅車，是因為今日社會常規對人們的要求。幾個特殊人物讓Hush Puppies死灰復燃、變成潮牌，是因為少數人早就開始穿Hush Puppies。這些說法可能都正確，但其實只有告訴我們已經發生的事，其他什麼都沒說。因為我們只有在知道結果之後才會設法理解成因，所以永遠無法確定這種說法真的是在解釋，或只是單純在描述事實而已。

然而奇妙的是，人們就算已經看到常理性解釋固有的循環特性，卻還是不明白問題出在哪。就算在科學領域中，我們也不見得能確切掌握事情的來龍去脈，不過，我們通常能在實驗室裡做實驗，或在真實生活中觀察系統性的規律，好把某個現象搞清楚。但為何我們不能用同樣方式從歷史中學習呢？換句話說，我們可以把歷史當成有著「因果規律」的一系列實驗，這種因果規律決定了我們會觀察到的結果。如果系統化地統整我們觀察到的規律性，不就像在科學研究中推導因果規律一樣嗎？例如，我們可以想像成，偉大藝術品之間的注意力競爭，是一種旨在找出偉大藝術品特徵的實驗。在二十世紀之前，雖然大家還不知道《蒙娜麗莎的微笑》將成為世界上最著名的畫作，但現在我們已經做完了這個實驗，而且也得到答案。我們或許還無法說出這幅畫的獨特之處是什麼，但至少我們有了一些資料。就算我們的常理性解釋傾向把事情的前因後果混為一談，但我們難道沒有盡力當一個優秀的實驗主義者嗎？[1]

從某種意義上來說，我們的確沒有。我們或許盡力了，在某些情況下，透過觀察、經驗來學習非常有效。但問題是，為了推論「A造成B」，我們必須進行很多次實驗。舉例而言，假設A是一種降低「壞」膽固醇的新藥，B是病人在未來十年罹患心臟病的機率。如果藥廠能夠證明，服用A的病人得心臟病的機率明顯低於未服用A的病人，他們就可以宣稱A這種新藥有助於預防心臟病，反之則不行。受試者要不是有服藥，就是沒服藥。為了證明藥效，唯一的方法就是進行多次「實驗」，每一名受試者都算一次實驗。所以藥物試驗需要很多受試者，隨機分派到「藥物治療組」和未接受藥物治療的「對照組」。接著就能比較兩組在結果上的差異，進而衡量療效。如果藥物的效果不明顯，試驗的規模就要更大，才能排除隨機因素，以避免研究人員的解釋受到隨機因素干擾。

在解決日常問題的過程中，我們會不斷遇到一些類似狀況，其實很接近藥物試驗。例如每天開車回家，你可能會嘗試不同的路線，或不同的出發時間。假設每天的交通狀況都差不多，藉由多次重複不同的嘗試，我們只要透過觀察就能知道哪一條路線的平均耗時最短，而不需要探討複雜的因果關係。同樣地，在著重實務經驗的專業領域，例如醫學、工程學或軍事，其培訓方式也是讓受訓者反覆模擬未來實際工作時可能會面臨的類似狀況。[2]

歷史不會重演

由於這種「準實驗取向」[1]的學習方式在日常生活、專業訓練上的效果很好，難怪自然而然，常理性解釋也會用同樣的推理方式來解釋政治、經濟和文化事件。不過看到這裡，你可能已經開始懷疑常理的正確性。政治、經濟和文化等現象，涉及了許多人隨著時間推移而相互影響，在這些事件上，框架問題與微觀－宏觀問題的結合，意味著**每一**

個事件在某些重要層面上，都不同於我們之前觀察到的情況。也就是說，我們從來沒有真正重複進行這類實驗，一次都沒有。不過對於這個問題，我們還是有一定程度的理解。沒有人真的以為伊拉克戰爭可以直接跟越戰、甚至阿富汗戰爭相提並論，所以當我們想從經驗中吸取教訓，並應用到類似的情況時，就必須非常小心。同樣，也沒有人會認為研究《蒙娜麗莎的微笑》的成功，就能合理期待自己會更加理解當代藝術家的成敗。話雖如此，我們依然希望從歷史中獲得一些教訓，而且我們很會催眠自己學了很多，實際上卻並非如此。

舉例來說，美國在二〇〇七年秋季對伊拉克增兵，這是否減少了伊拉克在二〇〇八年夏季的暴力事件？直覺上，答案似乎是肯定的，因為增兵計畫實施後不久，暴力事件就變少了，而且原本增兵的目的就是為了減少暴力事件。原先的意圖加上發生的時間點，強烈暗示了因果關係，正如美國政府宣稱這是他們的功勞一樣。但在二〇〇七年秋季到二〇〇八年夏季之間，還發生了許多事情。遜尼派反抗軍眼看像「蓋達」這種核心恐怖組

1　譯注：準實驗取向（quasi-experimental approach）是一種基於現實考量，無法控制實驗變項並隨機分派受試者的研究方式。

織比美軍更具威脅性，於是轉而與昔日的占領者——美國合作。什葉派的民兵領袖薩德（Moktada Sadr）率領的馬赫迪軍（Mahdi Army）也開始受到民眾的強烈反對，這可能讓他們的激進行為有所收斂。伊拉克軍隊和警方終於展現出對付民兵的能力，政府也開始有所作為。上述任何一個因素，都可能跟美國增兵伊拉克一樣，導致暴力衝突下降。又或許原因是某些因素的組合，甚至是完全不同的原因。我們如何才能知道真相呢？

一個辦法是多次「重演」歷史，就像我們在音樂研究室實驗中做的那樣，看看在增兵或沒增兵的情況，分別會發生什麼事。如果我們橫跨了不同版本的歷史，結果發現只要有增兵，暴力事件就會減少，沒增兵就不會減少，那我們就能確定「增兵導致暴力衝突下降」。反之，如果我們發現在增兵的情況下，暴力事件的頻率沒有什麼改變，或者不管有沒有增兵，暴力事件都減少了，那麼無論原因是什麼，顯然都不是增兵導致暴力衝突下降。當然在現實生活中，這個實驗只進行了一次，所以我們沒有機會看到其他版本的結果，也不知道結果是否不同。因此，我們無法確定暴力衝突下降的真正原因。這一種缺乏「反事實」（counterfactual）版本的歷史，不會讓我們質疑事情為何如此發展，反而更讓我們覺得那些結果本來就必然發生。

心理學家稱這種傾向為「潛在認定」（creeping determinism），有點類似大家更熟悉的「後見之明」，即事後認為自己「早就知道」。心理學家在各種實驗情境中，要求受試者預測未來的某個事件，然後在該事件發生之後，再次訪問這些受試者。當他們回想自己先前的預測時，相較於之前的回答，他們一致表示對自己說中的預測更有把握，對失準的預測較沒信心。不過，潛在認定還是跟後見之明有一點不同，而且更不容易察覺。事實證明，只要在人們知道答案前，先提醒他們之前自己說過的話，或強迫他們寫下自己的預測，就能減少後見之明的偏誤。不過，就算我們完完全全回想起自己當初對於事件的走向有多茫然，甚至承認自己也很驚訝於結果，我們還是會認定已成為事實的「結果」是無可避免的。例如，也許在事前你認為增兵無法成功減少暴力事件，但只要知道暴力事件確實減少了，你是否早就知道結果（後見之明偏誤）便無關緊要。你依然相信它本來就會發生，因為它確實發生了。[3]

抽樣偏誤

「潛在認定」意味著我們很少關注沒發生的那些事。但我們其實也很少關注大多數已經發生的事。我們會注意到自己錯過某班火車，但不會發現很多時候我們剛好在火車來之前趕上。我們會特別留意到自己在機場巧遇熟人，但其實更多時候是沒有相遇的。我們會注意到某一位共同基金經理人的績效連續十年勝過標普五百指數、某個連續得分的籃球員「手感很好」，或某個棒球選手連續擊出安打，卻不會注意到表現不特別突出的經理人或運動員。我們會注意到一個新趨勢，或一家突然爆紅的小公司，但不會注意到潛在的其他趨勢，也不會注意到有些新公司還來不及被大家認識，就已經消失在市場上。

我們傾向重視已經發生的事，勝過於沒有發生的事。所以不難理解，我們也會偏好「有趣」的事。幹嘛對不有趣的東西感興趣？不過，如此一來更加重了我們只解釋部分數據的傾向。比如說，我們想知道為什麼有些人很有錢，或是為什麼有些公司成功，於是就去找出有錢人或成功公司的共同點——這聽起來似乎很合理。但如果我們反其道而行，觀察那些窮人或失敗的公司，可能會發現他們有許多特徵也相同。這是前一種作法不會發現的。唯有同時考量成功與失敗這兩種狀態，並找出系統性的差異，我們才能知道成敗是取決於什麼特徵。可是我們只想要成功，所以認為關心失敗案例似乎沒有意義，或者也根本不有趣。結果，我們推論出某些特質跟成功有關，而實際上，這些特質可能也同樣跟失敗有關。

當吸引我們眼球的有趣事物很罕見時，「抽樣偏誤」（sampling bias）的問題就越嚴重。例如，一九七九年十月三十一日，西方航空二六〇五號班機在墨西哥城一條封閉的跑道上降落，並撞擊停在跑道上的一台貨車。調查人員很快就找到造成事故的五項因素。首先，飛行員和領航員都很疲勞，在二十四小時內只睡了幾小時。第二，機組人員和飛航管制員之間溝通不良，飛航管制員一度指揮飛機按照雷達訊號駛入封閉的跑道，隨後才改成正確跑道。第三，無線電故障導致更改跑道的關鍵指令沒有發送出去，原本可以修正的錯誤，最後卻讓場面更加混亂。第四，機場籠罩在濃霧之中，飛行員因此看不清楚地面上的貨車與跑道。第五，地面管制員在飛機最後進場時可能壓力過大，因而搞不清楚狀況，誤以為亮燈的是封閉的跑道。

心理學家羅賓．道斯（Robyn Dawes）分析這起事故時表示，調查結論指出，疲勞、溝通不良、無線電故障、氣候和壓力都不會單獨造成事故，但這五項因素結合在一起卻會造成致命後果。這個結論乍聽之下非常合理，也符合我們對飛機失事的一般認知。但道斯也指出，這五種情況其實一直都存在，而且也有非常、非常多飛機安全降落的案例。所以，如果我們不是在事件發生之後才回過頭找原因，而是從現在開始觀察並記錄疲勞、溝通不良、無線電故障、氣候和壓力的各種組合，那我們可能會發現，這些組合在大多數情況下都不會造成意外事故。[4]

圖3、圖4呈現出這兩種看待世界的方式。圖3是調查二六〇五號班機失事後確認的五項風險因素，以及其相對應的結果。其中一個結果是飛機失事，但還有很多結果是屬於無失事。換句話說，這五項因素屬於「必要但非充分」條件。也就是說，少了這些因素，飛機失事的可能性會低很多，但它們的存在不代表必然會失事，也不代表「很有可能」失事。但只要一看到事故發生，我們對世界的看法就會轉向圖4。因為我們這時只想解釋失事原因，不再試圖解釋非失事的情況，所以「無失事」的結果全都消失了，所有從風險因素指向無失事結

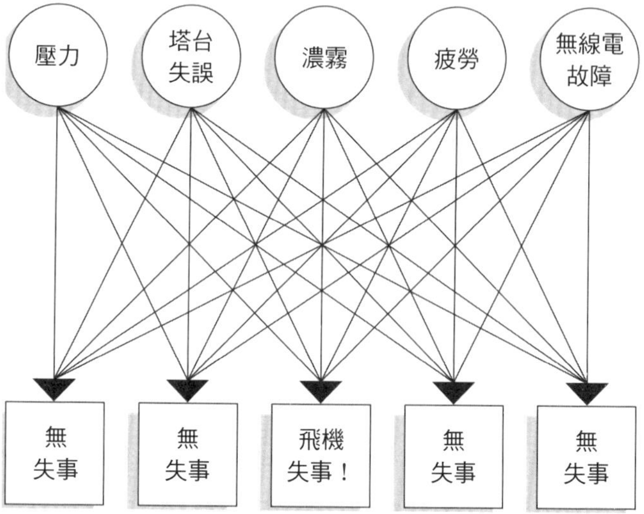

圖3

果的箭頭也都消失了。在圖3的觀點下，這一組因素似乎無法有效預測飛機失事。但在圖4，同樣一組因素看起來卻有很好的預測力。

在飛機失事之後，藉由調查來找出可能的必要因素，將有助於減少未來發生事故的機率，這顯然是好事。但我們忍不住會把這些必要因素當成充分條件，因而受到這些因素干擾，結果無法找出真正失事的原因。其他罕見的事件，例如校園槍擊案、恐怖攻擊、股市崩盤……也是如此。舉例來說，許多校園槍擊案的兇手都是十幾歲的男孩，他們跟父母的關係疏離、緊張，頻繁接觸暴力影片或電玩，

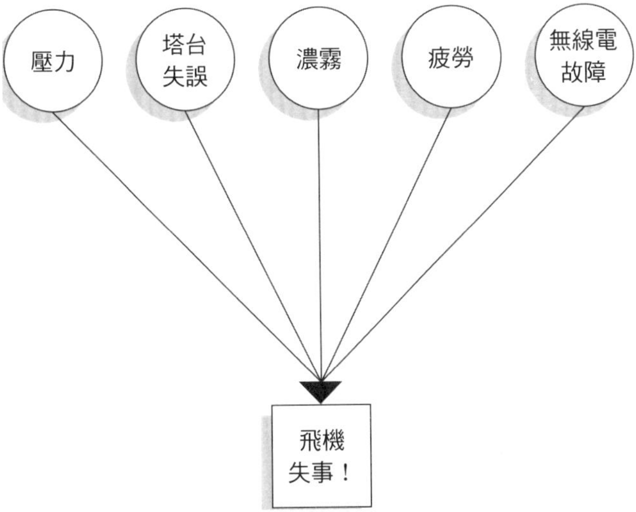

圖4

也跟同儕較為疏遠，並幻想著報復這個世界。然而，符合這種描述的十幾歲男孩還有成千上萬個，但他們從來沒有傷害過任何人。[5]還有，在二〇〇九年聖誕節那天，二十三歲的奈及利亞男子阿布杜穆塔拉布（Umar Farouk Abdulmutallab）利用所謂的系統性錯誤，差點炸毀一架飛往底特律的西北航空飛機。然而，情報機構和國家安全機構每年發生數千次各式各樣的錯誤和疏失，卻幾乎沒有造成任何不良後果。此外，股市在崩盤前後的情況，也在其他成千上萬個日子裡反覆上演，卻沒有對股市造成同樣的影響。

事後諸葛：想像出的因果關係

由於「潛在認定」與「抽樣偏誤」的共同作用，使得常理性解釋經常陷入「事後歸因謬誤」（post-hoc fallacy）。這個謬誤與因果關係的基本條件有關：為了能說A導致B，A必須發生在B之前。如果一顆撞球在被另一顆撞擊之前就開始移動，那讓它移動的一定是其他東西。相反地，如果我們感覺到微風吹撫，接著看見附近一棵樹的枝葉開始擺動，那麼我們就會斷定是風吹動了枝葉。到目前為止都沒問題。但反過來，如果B發生在A之後，則不一定就是A**造成**B。如果你聽到一隻鳥在鳴叫，或看到一隻貓咪沿著牆邊散步，接著再看到枝葉開始擺動，你大概不會覺得是鳥或貓造成的。這一點顯而易見。在物理世界中，我們有足夠的理論來解釋事物如何運作，所以通常能區分什麼合理、什麼不合理。不過，如果談到社會現象，常理卻總是讓各種可能的原因看似非常合理。結果讓只是目睹一連串事件的我們，忍不住要推論其中的因果關係。這就是事後歸因謬誤。

我們在第4章討論了葛拉威爾的少數人法則，這就是事後歸因謬誤的典型代表。不論是意外暢銷的書籍、異軍突起的藝術家，或是突然爆紅的商品，只要任何有趣的事物發生，必然會有一個人在其他人之前買了那個產品或做了那件事，而且這個人看似很有影響力。事實上，《引爆趨勢》這本書充滿了有趣人物的故事，他們似乎在幾個重大事件中扮演關鍵角色，例如保羅．里維爾與其著名的夜奔（midnight ride）——他沿著波士頓一路趕往列克星敦（Lexington）通報英軍計畫派兵的消息，並推動當地民兵，這股力量引發了美國獨立革命。性飢渴的加拿大空服員杜加斯，成為家喻戶曉的美國愛滋病「零號患者」。更早之前，葛拉威爾一篇刊登在《紐約客》的文章，其標題人物魏絲伯格似乎認識所有人，而且具有連結人們的天賦。還有紐約東村的一群雅痞，他們出人意料地熱愛Hush Puppies的鞋子，預示了該品牌戲劇化的復甦。

這些故事很棒，在閱讀時很難不認同葛拉威爾的看法——當一件令人驚訝的事件戲劇般發生時，必然是特殊人物在推波助瀾。譬如，一七七五年四月十七日，美國義勇兵（Minutemen）在列克星敦襲擊英軍，並爆發激烈戰鬥，一定是受到里維爾的協助。葛拉威爾的解釋格外令人信服，因為書中還提到威廉．道斯（William Dawes）這位騎士，他在那天晚上跟里維爾一樣試圖向當地民眾通風報信，只不過他走的是另一條路線。隔天，里維爾那條路線的居民立刻武裝動員，但道斯那條路線經過的城鎮，如麻州的沃爾瑟姆（Waltham），那裡的人發現英軍的行動時，已經太遲了。同樣都是沿路向各地通風報信，最後結果卻天差地遠，想必原因出在這兩人的性格差異：里維爾是善於與人建立關係的連結者，而道斯不是。[6]

不過，葛拉威爾沒有考慮到，這兩人的夜奔行動還有許多不同：他們走不同路線、經過不同城鎮，而且不同的人聽到消息之後，選擇提醒的人也不同。里維爾或許真的像葛拉威爾形容的了不起又有魅力，而道斯不是。但實際上，那天晚上還發生了許多事，不能因此把隔天的結果全都解釋成兩者的性格差異。就像不能說《蒙娜麗莎的微笑》之所以成功，都是因為它獨特的特徵，或者說二〇〇八年伊拉克什葉派三角區暴力事件之所以減少，都是美國增兵的功勞。雖然事後看來，里維爾這種人物似乎對於某一些戲劇化的結果，有著舉足輕重的地位，但他們可能更接近我和道茲進行電腦模擬所發現的「意外走紅的影響者」——他們外顯的影響力其實取決於其他因素的共同作用。

事後歸因謬誤特別容易塑造出意外走紅的影響者，我用一個真實的流行病學案例來說明。香港在二〇〇三年初爆發SARS（嚴重急性呼吸道症候群）。調查結果出爐後，大家注意到有一個年輕的男性病患，曾經從中國坐火車到香港，隨後住進威爾斯親王醫院，在那裡直接感染了五十個人，最後導致醫院內共有一百五十六人染病。這間醫院內的群聚感染，隨後又導致香港爆發第二次疫情，並蔓延到加拿大等國家。有鑒於驚人的大規模疫情，越來越多流行病學家相信，最終傳染病的嚴重性，極大部分取決於超級傳播者的行動，就像杜加斯跟威爾斯親王醫院的年輕病患一樣，他們一個人就可以感染非常多人。[7]

但這些人到底哪裡獨特？仔細研究一下上述的SARS案例，不難發現真正的問題出在該病人入院檢查時，被誤診為肺炎。按照標準程序，病患如果感染不明呼吸道病毒，應該要被隔離。但那間醫院不但沒這樣做，還安排這名SARS患者住進通風不佳的一般病房。更糟糕的是，由於被誤診為肺炎，醫生在他氣管內插入一根導管，再接上呼吸器，使得病毒微粒大量噴散到周圍的空氣中，擁擠的病房又導致許多醫護人員和其他病人感染。這起事件對於疾病的傳播確實有重大影響（至少對醫院而言），但關鍵在於病人受治療的具體細節，而不是病人本身。在疫情爆發之前，這個病人的所有特徵都不會讓人懷疑他有什麼特殊之處，因為他**本來**就沒有什麼特別的地方。

在威爾斯親王醫院爆發疫情之後，我們也應該去了解造成病毒擴散的環境跟條件，而不是過度關注超級傳播者。例如，醫院爆發感染之後不久，香港淘大花園大廈也爆發了大規模的群聚感染。這一次的代罪羔羊是在醫院治療腎衰竭時被感染的病人，他同時還有嚴重的腹瀉。不幸的是，這棟大廈的管路年久失修，病毒便沿著一個漏水的排水管四處傳播，感染同棟大廈的三百餘人。被感染的住戶根本就沒有住在一起。因此，再怎麼研究威爾斯親王醫院那個病人的特徵，推論出關於超級傳播者的教訓，都無助於避免淘大花園大廈的感染。這兩種情況下，所謂的超級傳播者，不過是其他更複雜情況的意外副產品。

我們永遠無法得知，如果在一七七五年四月十七號那天晚上，里維爾和道斯交換了通風報信的路線，那麼列克星敦會發生什麼事。也許結局完全相同，只是留名青史的變成威廉．道斯，而不是保羅．里維爾。正如在一系列複雜因素共同作用下，才導致威爾斯親王醫院和淘大花園大廈的疫情。列克星敦戰役的勝利，同樣得歸功於數千人的決心與共同努力，更別說其他命運的巧合。換句話說，我們雖然很容易將結果歸因於某個特殊人物，但應該謹記：這種傾向是因為我們**希望**世界能用這種方式運轉，但不代表這就是世界實際運作的樣子。上述例子跟許多情況一樣，顯示在沒有因果關係的狀態下，常理和歷史共謀，營造出因果關係的錯覺。一方面，常理善於提供各種合理的解釋，比如特殊人物、獨一無二的特徵或特別情境。而另一方面，歷史也樂於抹除大部分的事實和證據，只留下幾條線索來解釋事件。因此，常理似乎說明了**為什麼**某件事會發生，但實際上，它們只有描述發生了**什麼**事而已。

我們無法描述正在發生的歷史

對於想要從過去吸取教訓的任何人來說，無法區分「發生了什麼」與「為什麼會發生」是個嚴重的問題。但就算我們不能確定事情的起因，至少要確定自己知道發生的事情。其中可能屬於常理的，莫過於「歷史是對過去事件的如實描述」這種說法。正如哲學家以撒・柏林（Isaiah Berlin）認為，歷史學家描述的歷史事件，對那些真正置身其中的人而言，其實不大合理。柏林引用了托爾斯泰《戰爭與和平》中的一個場景，以說明這個問題：「皮埃爾・畢佐霍夫（Pierre Bezukhov）四處遊蕩。他『迷失』在波羅第諾（Borodino）的戰場上，尋找他想像中某種有跡可循的東西，某一種畫家或歷史學家筆下描繪的戰爭。但他唯一發現的只有困惑，當人們偶然關注如此、這般期待時，都會這樣……大致來說，就是一連串無法追溯起因，也無法預測結果的『意外』，只是鬆散串起的事件形成千變萬化的樣貌，沒有什麼明顯規律可言。」[8]

面對上述異議，歷史學家可能會回應說，畢佐霍夫只是缺乏觀察戰場各個部分的能力，或無法即時在他腦海中整合所有片段。換句話說，或許歷史學家跟畢佐霍夫唯一不同的地方，是前者看這一場戰爭時，有足夠時間、餘裕去收集並整合許多參與者的訊息，而任何一個參與者所處的位置，都無法目睹完整的局面。從這個角度來看，想在當下理解正在發生的事，確實相當困難，甚至是不可能。但這個困難僅僅來自一個現實的問題，即一個人實際上收集事實的速度。這樣的假設如果成立，那麼歷史學家的回應就表示，像畢佐霍夫這樣的人，原則上應該可以知道波羅第諾戰役發生了什麼事，雖然他們實際上並不知道。[9]

不過，讓我們暫且假設這個實際層面的問題可以解決——我們召喚了一個能夠看到全部真相的人，他有辦法觀察到托爾斯泰筆下的戰役或其他任何事件中的每一個人、物體、行動、想法和意圖。事實上，哲學家亞瑟・丹托（Arthur Danto）就曾經提出這種假想人物，稱之為「理想記錄者」(Ideal Chronicler)。如果用丹托描述的這號人物來替代畢佐霍夫，大家不禁問道：理想記錄者可以觀察到什麼？首先，理想記錄者比可憐的畢佐霍夫有著更多優勢，不僅可以觀察波羅第諾戰場上每個鬥士的一舉一動，還能觀察世界上發生的任何事。此外，理想記錄者持續存在，知道任何時間點發生的任何事，並且能整合所有訊息，甚至可以推論事情發展的趨勢。換句話說，相較於任何平凡的歷史學家，理想記錄者能掌握更多訊息，並擁有無限大的訊息處理能力。

讓人驚訝的是，儘管擁有這些優異的能力，理想記錄者仍然面臨跟畢佐霍夫一樣的問題：無法像歷史學家一樣描述**當時發生的事**。原因在於，歷史學家在描述過去事件時，總是會使用丹托所說的「敘事句」——旨在描述特定時間點發生的事，卻涉及未來的語句。讓我們以下面幾個句子為例：「大約一年前的某個下午，鮑伯在他的花園裡種植玫瑰。」這是丹托所謂的「正常語句」，它只描述了當時發生的事。稍微修改這一句話：「大約一年前的某個下午，鮑伯在他的花園裡種植他的得獎玫瑰。」這就是一個敘事句，因為這暗示了一件種玫瑰時還沒發生的事——鮑伯的玫瑰得獎了。

這兩個句子的差別，似乎小到可以忽略。但丹托指出，對於當時的參與者來說，只有第一種正常語句才合理。鮑伯當時可能會說「我正在種玫瑰」或甚至是「我正在種玫瑰，這些玫瑰將來會得獎」。但他如果在這些玫瑰還沒有真正得獎之前，就說「我正在種我的得獎玫瑰」，那也太古怪了。因為，前兩種說法是在預測未來可能會發生的事，即鮑伯埋在土裡的根苗，將會長出一朵朵的玫瑰花，或鮑伯打算拿這些玫瑰花去比賽，且認為自己會得獎。第三種說法則不同，它預知了一件非常具體的事，只有在這件事發生後，才會為當下的事增添光彩。鮑伯不可能說出這種話，除非他是預言家，可以清楚預見未來，才有辦法像回顧過去一樣討論當下。

丹托認為，即使他假設的那一位無所不知的理想記錄者，也不可能使用敘事句。理想記錄者知道正在發生的每件事，也知道從過去到現在的每件事，甚至可以根據知道的一切，進而推論所有事的來龍去脈。但理想記錄者不能預先看見未來，無法用未來的事來指稱當下。因此，當一三三七年，英國和法國的船隻首次在英吉利海峽發生衝突時，理想記錄者可能會注意到一場戰爭似乎正在醞釀，但不可能寫下「百年戰爭始於今日」的觀察紀錄。當時不僅沒有人知道英法兩國的衝突嚴重到什麼程度，「百年戰爭」一詞也是戰爭結束很久之後，才被提出來描述從一三三七年到一四五三年之間一連串打打歇歇的戰事。同樣地，當牛頓發表畢生心血《自然哲學之數學原理》（*Principia*）時，理想記錄者可能會形容這是對天體力學的重大貢獻，甚至預測這將顛覆科學。但理想記錄者不可能說牛頓為現代科學立下基石，或在啟蒙運動中扮演關鍵角色，這些都超出他能掌握的範圍。敘事句只有在未來的事件發生之後，才能說得出口。[10]

這聽起來似乎只是語意上無謂的小爭論。當然，就算理想記錄者無法使用跟歷史學家一模一樣的**字句**來描述，卻還是可以掌握當下事物的本質。而丹托所強調的重點在於，針對「正在發生的事情」，如果要做歷史性描述，**不可能**不用到敘事句——這表示，敘事句正是歷史性解釋的精髓。這才是關鍵所在。人們確實經常宣稱歷史記載「只」是以客觀、超然的角度，詳實描述發生了什麼事。但正如柏林與丹托的觀點，我們不可能如實描述過去發生的事。或許更重要的是，歷史的目的不在於如實描述。與其說歷史是過去事件的重現，倒不如說歷史是在解釋這些事件為何重要。唯有知道發生了什麼，才能知道什麼重要、以及為何重要。但從定義上來說，就連天賦異稟的理想記錄者，也不可能知道未來的結果。所以沒有人能描述正在發生的歷史——不只因為當下的參與者太忙，或因為太困惑而無法釐清，也因為我們必須在搞懂事件的隱含意義之後，才能理解正在發生的事。那是什麼時候呢？事實證明，即使是這個簡單無害的問題，也沒辦法用常理解釋。

故事不會真正結束

在經典電影《虎豹小霸王》（*Butch Cassidy and the Sundance Kid*）中，布屈、日舞小子和艾塔一行人為了躲避在美國惹出的麻煩，決定逃往玻利維亞。依照布屈的說法，玻利維亞的黃金可是多到滿出地面。他們搭上一艘從紐約出發的汽船，經過一段漫長而刺激的旅程，終於抵達玻利維亞。但迎接他們的卻是一個滿是塵土的荒涼之地，到處都是豬跟雞，還有幾間破舊的石屋。日舞小子氣到不行，連艾塔看起來也很沮喪。但布屈卻樂觀地說：「你的錢在玻利維亞夠你花的了。」日舞小子不屑地回答：「這裡會有什麼你想買的？」觀眾當然知道，這兩個迷人的銀行大盜很快就要走運了。果然，經歷一連串荒誕的意外事件之後，事情逐漸好轉。但觀眾也知道，電影最終會以悲劇收場。布屈和日舞小子最後拔出手槍、衝出藏身處，萬發子彈隨即打在他們身上，最後鏡頭停留在那靜止的深褐色畫面上。

所以，玻利維亞之行到底是對是錯？直覺上，這似乎是個錯誤決定，因為這是布屈和日舞小子的必死之路。不過，我們現在知道這種想法是受到潛在認定的影響——我們已經知道最後是悲劇，所以認為一定會以悲劇收場。為了避免這種錯誤，我們必須假想歷史「重演」多次，並比較布屈和日舞小子做出不同決定，可能會有的各種結果。但在不同版本的歷史中，我們又應該在哪一個時間點做比較呢？一開始，離開美國似乎是個好主意，否則布屈和日舞小子如果被勒佛斯警長等人抓到，肯定必死無疑，而且正是因為離開了美國，才有那一段歡樂有趣的旅程。但是在接下來的故事中，玻利維亞似乎又是個壞主意，他們明明可以逃到很多地方，為何偏偏選中一個鳥不生蛋的荒蕪之地。可是這後來又好像是個明智選擇，因為兩人靠著搶劫小鎮上的銀行，輕鬆獲得一大筆錢。不過到了最後，這似乎又變成糟糕的決定，因為他們最終還是為自己的行為付出慘痛代價。換句話說，就算布屈和日舞小子可以預知未來（當然是天方夜譚），他們還是可能對自己的選擇有許多不同的結論，取決於未來評估的時間點。那麼，何時才是正確的時間點？

電影因為片長有限，結尾顯然是評估一切的最佳時機。但現實事件並沒有一個明確的終點，就像故事裡的人物不知道何時是結局，我們也不知道自己的生命電影何時會演到最後一幕。而且就算到了生命的尾聲，我們也很難根據自己臨終時的狀態，回頭評估這一生所有大小選擇是否正確。事實上，即便是到那個時候，我們也無法確定這輩子擁有的一切有何意義。當阿基里斯（Achilles）決定攻打特洛伊時，至少他很清楚自己是用性命換取不朽的名譽。但對我們這些人來說，我們無法確定每一個選擇會帶來什麼後果。今日的失敗或許會成為明日的寶貴教訓，昨日的「成就」也可能變成今日的痛苦與諷刺。或許我們在市場買到的其實是名畫，或許家族企業的聲望會因為一些不為人知的醜聞而蒙羞。或許你的孩子將來會有一番偉大的成就，並將自己的成果歸功於你自幼教導的小道理。又或許父母在無意間逼著孩子踏上錯誤的職業生涯，斷送他們獲得真正幸福的機會。我們或許有天會發現，做選擇時看似無關緊要的決定，實際上造成了極大影響。而現在對我們來說非常重要的決定，或許之後看來也沒什麼。因此，不到最後結局，我們無從判斷當初的選擇是否正確。即使到了最後一刻，我們可能也不知道正確答案，因為這一切並不完全由我們自己決定。

換句話說，日常生活大部分時候，我們都可以用定義明確的「結果」來評斷行為的後果，但「結果」本身是一種方便的虛構概念。事實上，我們標記為結果的事件，從來都不是真正的終點，而是一種人為設定的里程碑。就像電影結局是人為的結束，故事在現實生活中還會繼續下去。此外，我們在一段過程中，如果判定不同的「終點」作為結果，會得到非常不同的學習與教訓。例如，我們看到一間經營得有聲有色的公司，希望自己的公司也能齊頭並進，那該怎麼做呢？常理（以及一些商業經營的暢銷書）會建議我們仔細研究這家成功的公司，找出成功的關鍵，然後在自己的組織團隊中複製他們的做法和特徵。但假如我告訴你，一年後，這家公司將會失去八〇％的市場價值，而當初熱烈吹捧這家公司的商業媒體轉而嚴厲指責它，這下你該怎麼做？常理這時又會告訴我們，你應該去尋找其他的成功典範。但你怎麼知道會這樣？你又怎麼知道一年後、多年後還會有什麼變化？

商業領域其實一直存在這類問題。例如，一九九〇年代後期，專門製造路由器和電信交換設備的思科系統（Cisco Systems）一度是矽谷的明星，也是華爾街的寵兒。它成立於網際網路時代剛興起的時候，原先是家不起眼的小公司，卻在二〇〇〇年三月搖身一變，成為全球最有價值的企業，市值超過五千億美元。你可以想像商業媒體為之瘋狂的程度，《財富》（*Fortune*）雜誌稱思科為「運算系統界的新超級大國」，並稱讚其執行長約翰·錢伯斯（John Chambers）是資訊時代最優秀的領導者。但在二〇〇一年，思科股價開始暴跌。同年四月，它從一年前的高點八十美元跌至十四美元。當初極盡所能讚頌思科的商業媒體，現在則猛烈抨擊它的策略、執行方針和領導力。難道思科的一切都是假象？當時似乎是這樣，許多評論都在分析這家看起來如此成功的公司，為何藏有這麼大的缺陷。但話別說得太快，在二〇〇七年底，思科的股價又上漲了一倍多，超過三十三美元。當時在同一位執行長的領導下，該公司締造了獲利豐碩的成果。[11]

那麼，思科究竟是傑出的公司，如同一九九〇年代後期眾所公認的那樣，還是它其實不堪一擊，所以才會在二〇〇一年一敗塗地？或者兩者皆是？還是兩者皆非？從二〇〇七年之後的股價來看，其實無從判斷。二〇〇九年初金融危機最慘烈的時候，思科股價又跌到十四美元，但到了二〇一〇年又再次回升到二十四美元。沒有人知道一年後、十年後，它的股價會是多少。但到時候，商業媒體又能寫出一篇故事，「解釋」思科經歷過的起起落落，完美說明當前的市值從何而來。遺憾的是，跟先前所有的分析評論一樣，這些解釋都會遇到同樣的問題：不管在哪個時間點，故事都不會真正「結束」。之後總是會再發生別的事，且很有可能改變我們對當前結果、以及已經解釋過的結果的看法。我們總是能夠輕易改寫先前的解釋，每一次都表現得像是「現在才是評估的正確時機」，絲毫不覺得自己的解釋有任何不妥——這其實是相當了不起的能力。然而，光從思科的例子就能看出，我們沒有理由認定「此時此刻」是停下來評估結果的最佳時機，更別說商業、政治和規畫領域的其它無數個案。

最會說故事的才是贏家？

換句話說，歷史解釋既不是因果解釋，甚至也不是如實描述（至少不是我們以為的那樣），它其實就是故事。正如歷史學家約翰・蓋迪斯（John Lewis Gaddis）所言：歷史解釋是一種故事，受限於特定事實和可見證據。[12]然而，就跟一個好故事一樣，歷史解釋會聚焦在一些有趣的事情上，對這些事背後的複雜原因則輕描淡寫，忽略所有可能發生但後來沒發生的事。歷史解釋也會為了增加戲劇效果，把重點放在少數特定事件、人物的行動上，進而賦予其特殊的重要性或意義。此外，好的歷史解釋也是前後連貫，這表示它們傾向強調簡單、線性的決定，忽略真實現象的複雜、隨機與模糊。最重要的是，歷史解釋跟故事一樣，都有開頭、過程和結尾，這表示一切內容都必須說得通，包含人物、呈現事件的順序、以及描述人物與事件的方式等等。

好的故事能夠引人入勝、讀來津津有味，甚至當我們試圖以科學方式（對數據資料的解釋力）來評估一個解釋時，也會忍不住根據其敘事的特徵來判斷。例如，心理學家在一系列實驗中發現，人們傾向認為簡單的解釋比複雜的解釋更正確。這不是因為簡單的解釋實際上較有解釋力，**單純只是因為**它更簡單明瞭。譬如，一項研究讓受試者判斷兩個解釋中，何者才是某個虛構症候群的病因。第一個解釋涉及一種疾病，第二個涉及兩種。多數人會選擇前者。儘管在統計上來看，後者的解釋力是前者的兩倍。[13]不過有點弔詭的是，如果在解釋中多描述一些細節，即使這些加入的細節根本不重要，或反而實際上降低了該解釋的可信度，但人們卻更容易相信它的正確性。以一個著名的實驗為例，研究者讓學生們看兩個虛構人物「琳達」和「比爾」的簡介，結果學生們都傾向喜歡背景資料更豐富的人，即使在邏輯上，較簡短的描述更有可能為真。也就是說，他們更可能相信「比爾是會計師，同時也是爵士樂手」或「琳達是積極參與女權主義運動的銀行出納員」，而不是「比爾是爵士樂手」或「琳達是銀行出納員」。[14]除了內容之外，表達技巧也很重要，那些行雲流水的解釋看起來會比彆手彆腳的解釋更可信，即使內容沒有差別。此外，直覺上合理的解釋也比違背直覺的解釋更可信——雖然我們已經從阿嘉莎．克莉絲蒂（Agatha Christie）的推理小說得知，最合理的解釋往往錯得離譜。最後，研究也發現，如果已經有了現成的解釋，人們就會對自己的判斷更有信心，即使他們不知道這個解釋的正確性。[15]

當然，科學解釋通常也從故事開始，所以也具有一些相同特徵。[16]不過科學和說故事的關鍵差異在於，在科學中，我們會進行實驗直接檢驗這些「故事」的正確性。如果不合理，我們就會修改，直到解釋成立為止。即使在天文學這種不可能真正實驗的科學領域，我們也會用類似實驗的方式，根據過去的觀察建立理論，然後在未來的觀察中持續檢驗。不過歷史只會上演一次，所以我們無法有效實驗，於是就少了推論真正的因果關係的必要證據。因此在無法進行實驗的情況下，我們就能天馬行空地說故事，從而掩埋了大部分遺留下來的證據，因為這些證據不夠有趣，或不符合我們想說的故事。所以，期望歷史能夠遵循科學解釋的標準，非但不實際，而且根本是一種錯亂。一如柏林精闢的結論，這是「要求歷史違背自己的本質」。[17]

出於同樣的原因，專業的歷史學家經常煞費苦心地強調，要從任何一個特定脈絡歸納出結論，再用來推論其他脈絡，是非常困難的。然而，對過去的描述一旦建立起來，看起來就會非常類似我們在科學中建構的各種理論，大家很容易認為這些描述具有同樣的概括能力——即使是最小心謹慎的歷史學家也是如此。[18]換句話說，當我們試圖理解一本書**為何**會成為暢銷書時，其實是隱晦地問：要如何把一本書變成暢銷書？其他作者或出版社可不可以複製這種成功模式？當我們調查近期房地產泡沫化、九一一恐怖攻擊的**原因**，難免會期望這些洞見將幫助我們找到未來的對策，進而改善國家安全、金融市場的穩定性。當我們歸納出結論，認為增兵伊拉克**導致**暴力事件下降，便總是忍不住想再次採用相同策略，就像幾任美國政府對阿富汗做的事。也就是說，無論我們宣稱自己在做什麼，只要我們試圖理解過去的事，其實就是想**從中**學習。哲學家喬治・桑塔亞那（George Santayana）的一句老話暗示了這種關聯性：「那些遺忘過去的人註定要重蹈覆徹。」[19]

這種將故事、理論混為一談的傾向，觸及了「用常理來理解世界」的問題核心。這一刻，我們表現得好像一切都為了「搞懂」已經發生的某件事。下一刻，我們又把自以為吸取到的「教訓」應用於未來預計實施的計畫或政策。我們順著直覺，在說故事與建立理論之間輕鬆切換，以至於大多數時候都沒有意識到自己正在這麼做。但這種切換，卻讓我們忽略這兩者的本質不同，有著不同的目標與證據標準。因此，基於故事好壞而選擇的解釋，其實在預測未來模式或趨勢上的效果很差，這也就不足為奇了。不過我們做解釋的目的就是想要準確預測未來。因此，了解我們對過去解釋的局限，應該有助於釐清我們對未來的預測。預測對於計畫、政策、戰略、管理、市場行銷，以及其他接下來會提到的問題都非常重要，下一章將要討論「預測」這一回事。

第5章　重點整理

認為自己可以解釋過去，跟認為自己能預測未來，顯然是兩件完全不同的事。但「從過去中學習」的習慣，往往令我們忽略兩者的差異。我們總是在事情發生之後，才覺得如果早點知道那個「現在看來淺顯易見」的因素，當初就能精準預見結果了。

我們總是事後才做解釋，並極度誇大一連串「已發生事件」的因果關係，忽略其他更多原本也可能發生、實際上卻沒發生的結果。更糟的是，就算知道所有事件，就算有無限大的訊息處理能力，但我們當下永遠不可能知道哪些因素「重要」。因為在未來會被認為重要的因素，完全取決於尚未發生的事件。

另外，隨著時間進行，我們對過去的解釋也不斷變化——曾經看似聰明的決定，可能之後變得非常愚蠢。總而言之，過去發生的事並沒有表面上那麼能夠決定未來，也沒辦法提供太多訊息。

6

「預測未來」的幻夢

人們喜歡預測，例如恆星的運行軌跡、股票市場的波動，還是下一季的流行色等，甚至隨便點閱一個新聞網站，也會看到大量的預測——其實多到大家都習以為常才會沒注意到。不信的話，可以隨便找一篇《紐約時報》的頭版，例如下面這篇報導，刊登在二〇〇九年夏天的報紙上，內容是關於零售業的趨勢，針對即將到來的開學季做了不下十個預測。例如它引用了美國零售聯盟（National Retail Federation）的說法，提到學齡兒童家庭今年的平均支出「預計會比去年減少約八％」，而根據市調公司索博客（ShopperTrak）的資料顯示，商店客流量估計會下降一〇％。最後，零售業顧問公司「顧客成長夥伴」（Customer Growth Partners）的總裁認為，本季「將是多年以來最慘淡的開學季」。[1]

這三個預測都出自看起來很權威的機構或人物，而且內容清楚具體，足以讓我們檢驗其準確性。那麼，這些預測到底有多準呢？老實說，我不知道。《紐約時報》以及多數做這些預測的研究調查公司，都沒有提供其準確性的統計數據或相關資料。說來有些弔詭，我們熱愛對未來的一切發表高見，卻不願為自己的預測負責。一九八〇年代中期，心理學家菲力浦・泰特洛克（Philip Tetlock）便觀察到，現在的政治專家就有這種習性。泰特洛克決定讓政治專家們拿出實際數據，證明他們不是空口說白話，於是設計了一個很了不起的試驗，時間長達二十多年。首先，他說服兩百八十四位政治專家，要求每一位都預測近百個未來可能發生的事件，範圍從某一場選舉結果，到某兩國發生武裝衝突的可能性。這些專家針對每一項預測，都必須明確給出一個預期結果，並估計發生機率。計分原則是：越有自信的預測如果在未來正確，得分就會越高。反之如果預測錯誤，失分就會越多。收集好所有預測以及發生機率的資料後，泰特洛克靜觀其變，等候這些事件的發展結果。二十年後，他終於發表了令人震驚的研究發現：專家們的精準度比隨便亂猜高一點，不過他們的預測甚至不如最簡單的統計模型。更讓人驚訝的是，他們預測專業領域**外**的事會比預測專業領域內的事準一些。[2]

經常有人認為，上述研究結果證明了所謂的專家其實很愚蠢。這樣的想法並不是沒有道理。不過，雖然專家的預測能力不比一般人好多少，但可能也不會差到哪去。例如在我年輕時，有很多人相信未來的世界會有飛行汽車、繞著軌道運行的太空城市，還有打發不完的自由時間。但看看現在，我們開著引擎汽車塞在破舊的高速公路，還要忍受一直縮水的飛航服務，工作時數也不斷創新高。與此同時，又莫名冒出了網路搜尋、行動電話和線上購物這些已經深入我們生活的科技。事實上，約在泰特洛克開始實驗的同一時期，有一位名叫史帝芬．許納爾斯（Steven Schnaars）的管理學家，也藉由梳理大量書籍、雜誌、產業報告，共收集了數百篇在一九七〇年代做的預測，試圖量化對於科技趨勢的預測準確性。他的結論是，不管預測的人是不是專家，大約八〇%的預測都是錯的。[3]

並非只有在預測長期社會趨勢、科技走向時才會出奇不準，就連在商界也是如此。這些冒著風險挹注大把資金、經驗老道又積極的專業出版商、製作人或市場商人也無法預料下一波流行的書籍、電影或產品會是什麼——跟政治專家無法預估何時會發生下一場革命一樣。事實上，文化市場上經常可見原先不受青睞，後來卻意外走紅的例子，像是貓王、《星際大戰》、《歡樂單身派對》（*Seinfeld*）、《哈利波特》、《美國偶像》（*American Idol*）。剛開始，出版社與電影公司打算放任這些作品自生自滅，還押錯寶在完全失敗的地方。[4] 再看看之前幾次可怕的金融危機，像是一九九八年長期資本管理公司（Long-Term Capital Management）破產、二〇〇一年的安隆（Enron）風暴、二〇〇二年世界通訊（WorldCom）的舞弊案、二〇〇八年金融海嘯，或是看看像Google與臉書這種強力崛起的案例，也許最讓人驚訝的是：

幾乎**沒人**能料想到接下來會發生什麼事。例如，在二〇〇八年九月雷曼兄弟即將破產，美國財政部與聯準會官員理應是全世界消息最靈通的人，也沒能預見隨後全球信貸市場的毀滅性凍結。此外，在一九九〇年代末，Google創辦人瑟吉．布林（Sergey Brin）和賴瑞．佩吉（Larry Page）原本打算用一百六十萬美元出售公司。好險他們沒賣出去，因為後來Google的市值超過一千六百億美元，約是幾年前他們和其他人估計的十萬倍。[5]

這麼看來，人們似乎不善於預測——但這樣說也不完全正確。我們有辦法預測各種千奇百怪的事，比方說，我敢打賭我能準確預測新墨西哥州聖塔菲（Santa Fe）的天氣，說真的，準確率應該有八成，聽起來我比泰特洛克的試驗中那一群失準的專家厲害多了。但就算我可以準確預測聖塔菲的天氣，也不可能在氣象局找到工作。因為聖塔菲一年大約有三百天是晴天，所以只要隨口說「明天聖塔菲是晴天」，三百六十五天就會說中三百天。同樣地，預測美國未來十年都不會向加拿大開戰，或預測太陽會繼續從東邊升起，可能都準確無誤，卻不會讓人佩服。換句話說，關於「預測」真正的問題，不在於我們一般而言擅不擅長做預測，而是我們根本不會區分哪些事能準確預測、哪些不能。

全知全能的惡魔

某種程度上，前述問題可以追溯到牛頓。牛頓從他的三大運動定律以及萬有引力定律，就能推導出克卜勒行星運動定律，還有潮汐的時間、拋射體的軌跡和其他一系列自然現象，這實在令人刮目相看。這一項卓越的科學成就也讓人們開始期待，所向無敵的數學定律還會有什麼偉大進展。預測行星運動或潮汐時間都很了不起，但或許除了電子的振動以及光的速度之外，這都是自然界最容易預測的現象。由於科學家和數學家們一開始關注的就是這些，後來也確實成就輝煌，人們很容易就以為這種模式可以解開一切難題。牛頓自己就寫道：

要是我們能用同樣的推理方式，從力學原理中推導出其他自然現象，那該有多好！因為觀察了很多事物之後，我不禁開始懷疑所有現象可能都依賴某一種力量。在這種力量的作用下，基於不明原因，物體的粒子若不是互相吸引，並聚合成規律的型態，就是互相排斥而彼此遠離。[6]

一個世紀後，法國數學家和天文學家皮耶—西蒙．拉普拉斯（Pierre-Simon Laplace）將牛頓的想法推向了邏輯的極限，他聲稱藉由牛頓力學，我們只要透過數學運算就能輕鬆預測未來（甚至宇宙的未來）。拉普拉斯假設了一位「智者」，知道「驅動自然界運轉的所有力量，以及自然界一切事物所處的位置」。拉普拉斯形容：「對這樣一位智者而言，沒有什麼是不確定的，未來就像過去一樣呈現眼前。」[7]

這位想像中的智者最後被稱為「拉普拉斯的惡魔」，從那時起，它就一直潛伏在四周，伺機影響人類對未來的看法。然而對於哲學家來說，這是一個有爭議的概念，因為它把「預測未來」簡化成一種簡單的機械運作，剝奪人類的自由意志。還好事實證明哲學家大可不必擔心。因為從熱力學第二定律開始，延續到量子力學，最後再到混沌理論，拉普拉斯這種發條宇宙的觀點，以及連帶可能剝奪人類自由意志的擔憂，至今已消退了約一個世紀。不過，這並不代表拉普拉斯的惡魔已經消失。雖然對自由意志的看法仍舊眾說紛紜，但人們依然非常期待能將自然法則應用在適當的資料，並藉此預測未來。誠然，人類有了文明之後就不斷預測未來，然而拉普拉斯的惡魔有個特別的地方——它沒有說自己擁有神奇魔力或特殊洞察力，單純只是靠一般人原則上都能掌握的科學定律。此後，一度屬於神諭和超自然領域的「預測」，便被帶入了客觀、理性的現代科學領域。

在轉換的過程中，拉普拉斯的惡魔卻模糊了兩種歷程的關鍵差異。為了方便討論，我把這兩種歷程稱為「簡單系統」與「複雜系統」。[8]簡單系統用一個模型就能掌握我們觀察到的大部分、或全部變化。在這個定義上，鐘擺的振盪和衛星的軌道屬於「簡單」系統，但在這些事情上，建立模型並加以預測並不一定很容易。這裡其實有些矛盾——因為最複雜的科學模型，例如預測星際太空偵測器的軌道、GPS的精確度……等，往往描述的是相對簡單的歷程。在高中物理的課堂上，就可以教學生控制通訊衛星軌道或機翼升力的基本原理。不過，一個好模型和一個更優秀的模型在表現上可能有天壤之別。因此，工程師在打造GPS和波音七四七系列客機的實際模型時，必須考量各種細微的修正，也因此這些模型最後會變得非常複雜。例如一九九九年，NASA的火星氣候探測者號（Mars Climate Orbiter）在火星大氣層中燒毀後解體，事件起因可以追溯到一個小小的程式錯誤（應該使用公制單位，卻誤用成英制），導致探測器進入的軌道距離火星表面約六〇公里，而不是預計的一四〇公里。如果考量到探測器要先飛行五千多萬公里才能抵達火星，那麼這個誤差顯然微不足道。但對NASA來說，這決定了最後的成敗。

複雜系統完全是另一回事。雖然目前對於「什麼會讓系統變複雜」還沒有共識，但普遍認為，複雜性源於許多部份相互影響，以非線性的方式交互作用。舉例來說，美國經濟是數千萬人的個別行動，以及數十萬間公司、數千個政府機構，加上由內至外的無數因素（從德州氣象到中國利率）共同作用下的產物。因此，建立經濟軌道模型跟建立火箭軌道模型非常不同。在複雜系統中，某一部分的微小異常會被放大，並在其他地方造成巨大影響，這就是混沌理論中的「蝴蝶效應」，我們先前在討論累積優勢和不可預測性時有提到。當複雜系統中的每一個微小因素，都可能以無法預測的方式放大時，這個模型能預測的就很有限。所以複雜系統的模型往往相當簡單，但不是因為簡單模型的表現更好，而是因為在錯誤仍然大量存在的情況下，漸進式的改善並沒有多大幫助。打個比方，假如經濟學家建構的經濟模型，準確度比得上燒毀火星氣候探測者號的模型，那就要偷笑了。這並不是說經濟學家的模型預測力很差，而是所有複雜系統模型的預測力都很差。[9]

因此，拉普拉斯的惡魔有個致命的缺陷，那就是它只適用於簡單系統。不論是行銷活動的影響、經濟政策的後果，或是公司計畫的結果——社會世界中的一切幾乎都屬於複雜系統。舉凡社交聚會、體育活動、公司行號、志工團體、商業市場、政黨，乃至於整個社會，人們只要聚在一起，就會影響彼此的想法和行為。我在第3章討論過，正是這些交互作用才讓社會系統有「社會性」，群體因此不只是個體的組合。但在這種過程中，同時也會產生巨大的複雜性。

「未來」不像是「過去」

社會世界中普遍存在的複雜系統相當重要，因為這大大限制了我們能預測的類型。也就是說，我們在簡單系統中很可能準確預測到**實際**會發生的事，例如：哈雷彗星下次造訪地球的時間，或是衛星即將進入的軌道。但在複雜系統中，我們頂多只能正確預測事情發生的**機率**。[10]乍看之下，這兩種預測好像很類似，但其實完全不同。以丟銅板為例，由於這是隨機事件，所以你所能做的最好預測，就是正面朝上的機率是一半。因此，「長期來看，丟銅板時有五〇%機率會是正面，五〇%是反面」這個定律實際上完全正確，因為平均來說，正反面的出現次數都剛好是總次數的一半。但就算我們知道這個定律，不管用什麼策略，每次正確預測**結果**的機率依然不會超過五〇%。[11]複雜系統並不像丟銅板那樣隨機，但在真實生活中，我們還是很難區分上述兩種預測的差異。如同先前音樂研究室實驗的例子，你可以了解市場上每一個人的一切——請他們回答上千個問題、跟蹤他們、看他們在做什麼，或者在他們做這些事情時用儀器掃描腦部，但你最多還是只能預測一首歌在一個虛擬世界的獲勝機率。平均來說，某些歌曲比其他歌曲更有可能獲勝，但在任何特定的虛擬世界中，個體的互動放大了隨機的微小波動，因此使得結果不可預測。

為了讓各位理解這種不可預測性為何會造成問題，讓我們再來看看另一個最常預測的複雜系統——氣象。天氣預報至少在不久的將來（通常在四十八小時內）相當準確，或者如氣象預報員所言「非常可靠」。「準確」的意思是，預報說降雨機率六〇％的那幾天，實際上的確有六〇％的日子是雨天。[12]那麼，人們為何還會抱怨天氣預報不準呢？原因不在於準不準（雖然還可以再準一點），而是這種準確度不是我們想要的準確度。我們不想知道未來的日子裡，其中六〇％會是什麼天氣。我們只想知道明天到底會不會下雨。所以當我們聽到「明天下雨機率為六〇％」，自然就會把訊息解讀為「氣象預報說明天可能會下雨」。而幾乎有半數時間，我們照氣象預報的建議帶了雨傘出門，結果卻沒下雨，所以就認為氣象預報在胡說八道。

像丟銅板、天氣預報這種會反覆發生類似情況的事件，從機率的角度去預測未來就已經夠難的，更別說只會發生一次的事件，例如：戰爭爆發、總統選舉，甚至是考上哪一所大學。這時候會更難區分「預測實際發生的事」跟「預測機率」的差別。例如，假設在歐巴馬贏得二〇〇八年總統大選的前一天，我們說他獲勝的機率有九〇％，這表示什麼？他選十次有九次會贏？當然不是，因為選舉只有一次。而且就算會重複發生（譬如下次的總統大選），其性質也跟連續丟銅板不同。那我們可以把「獲勝機率有九〇％」這句話當作賭博的賠率嗎？也就是如果歐巴馬當選，想要贏十美元就要下注九美元，而如果他輸了，你只要下注一美元就能贏得十美元？但這個賭博也只有一次，所以要如何決定「正確」的賠率？你不是唯一不確定答案的人，就連數學家也在爭論，分配一個機率給單一事件的意義是什麼。[13]既然他們也搞不懂「明天降雨機率為六〇%」這句話是什麼意思，更別說其他人了。

我們試著用機率去思考未來時所遭遇到的困難，正好反映出我們偏好有明確結果的解釋，而忽略其他的可能性。正如第5章討論的，當我們回顧過去時，看到的是一連串已經發生的事：昨天有下雨、二〇〇八年歐巴馬當選美國總統……諸如此類。其實我們多少也知道，這些事情可能會有不同結局，但不管如何提醒自己，這實際上就是已經發生了。不是四〇%也不是六〇%，而是百分之百發生了。所以我們在思考未來時，自然最關心**實際會發生的事**。所以，我們在預測時，雖然會考慮一系列可能的未來事件，甚至可以決定有些事件比另一些更有可能發生。但我們知道最終的結果只有一個，而我們想知道是哪一個。

如圖5所示，呈現出我們對過去的看法以及對未來的看法兩者的關係。該圖是一間虛構公司隨時間波動的股價走勢。從現在往回看，實線代表過去股價的起伏，呈現出一個獨特的走勢。但看向未來，我們只能預測股價落在特定範圍的機率。實際上，我在雅虎的同事大衛・潘諾克（David Pennock）和丹・瑞夫斯（Dan Reeves）開發了一個應用程式，能透過股票選擇權的價格資料，產生類似的股價走勢圖。由於選擇權價格取決於標的價格，所以當前各種選擇權的交易價格，可以用來預測選擇權到期日當天的股票價

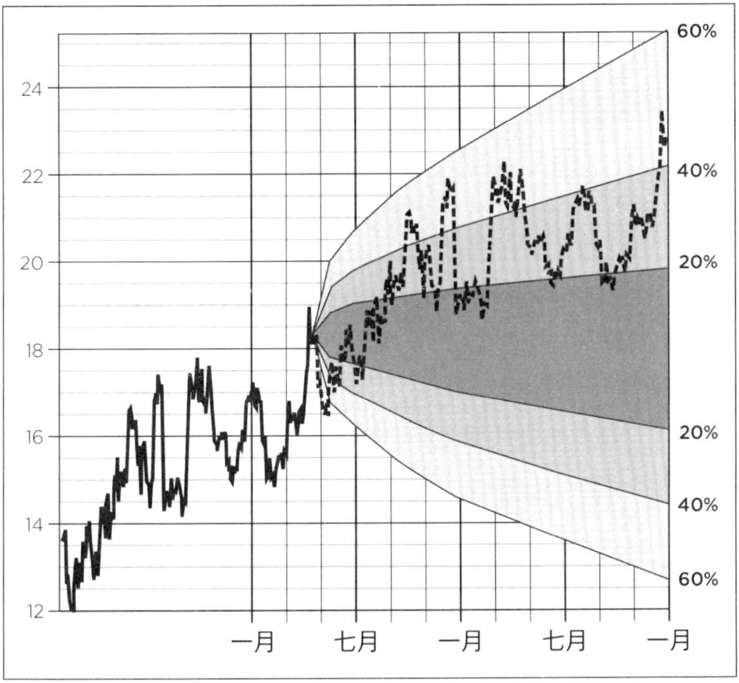

圖5：歷史股價與未來股價的走勢

格。說得更精準一點，我們可以用選擇權價格來推論如圖中陰影部分的各種「機率包絡」（probability envelope）。例如，最內側的包絡顯示，股票價格落在此範圍的機率為二〇%，最外側的包絡顯示股價在該範圍內的機率為六〇%。

不過，我們也知道不久之後就能確定實際價格——如圖5的那條「虛線」。在那個時候，我們知道包絡內含糊的機率，在每個時間點都會被單一的、特定的價格所取代，就像我們回顧歷史股價一樣。知道這一點之後，我們就有理由進一步假設，未來走勢在冥冥之中早就被設定好了，只是還沒透露給我們知道。但這一步是個錯誤。在我們能確定未來的實際股價之前，唯一能預測的就只有股價落在某個範圍內的機率。這不是因為實際股價會落在這個範圍內，而我們只是不知道它的位置，而是因為未來股價嚴格來看，**就只會**以「某個範圍內的機率」的形式存在。換句話說，「對未來的不確定性」其實不同於「未來本身的不確定性」，前者實際上只是訊息的缺乏（即我們不知道的內容），後者則表示基本上不可能知道這些訊息。前者是拉普拉斯的惡魔所在的有序宇宙，只要我們夠努力、夠聰明，就可以預測未來。後者在本質上是一個隨機的世界，充其量只能用機率來表達對未來各種結果的預測。

預測該預測的事

預測一個具體的結果，跟預測一個結果出現的機率完全不同。我們意識到這一點之後，對於可預測的**事件類型**應該會改觀。但我們習慣「從過去吸取教訓」的學習方式，也產生另一個更違反直覺的問題，那就是，我們從開始就不知道自己該預測**什麼**。坦白說，就像過去「已發生過無數事件」一樣，我們隨時都能做出無數預測。同時，就像我們其實不關心大部分的過去事件，我們也不在意全部的潛在預測。反之我們在意的只有極少數預測——如果我們能事先這樣預測，可能確實會產生重大改變。美國航空官員如果當初預料到恐怖分子將帶著美工刀劫持飛機，企圖撞向世貿中心和五角大廈，就可以採取預防措施，像是強化駕駛艙門、加強機場安檢，進而避免這類意外。還有，如果在一九九〇年代末，有個投資者知道有一家小型新創公司叫Google，將來會發展成網際網路龍頭，他就可以透過投資大賺一筆。

我們回顧過去，總是會認為當初就可以預料到這些事。但我們沒有意識到，這種後見之明不僅讓我們以為自己可以預測未來，還讓我們以為自己早就知道要注意哪些面向。一九六三年十一月甘迺迪總統訪問達拉斯期間，你怎麼知道應該要留意刺殺甘迺迪的槍手，還是食物中毒呢？在九一一發生之前，要怎麼知道預防劫機的關鍵在於強化駕駛艙門，而不是偵爆犬呢？或者，要怎麼知道美國最嚴重的恐怖攻擊是劫機事件，而不是放射性炸彈或是地鐵的神經毒氣？人們怎麼知道搜尋引擎會從廣告賺錢，而不是別的商業模式？甚至怎麼知道我們應該關心搜尋引擎如何賺錢，而不是關心其他內容網站、商務網站，或完全不同的東西？

第5章提過，丹托認為事後才可得知有哪些相關因素，而上一段的問題剛好是丹托觀點的對立面。也就是說，我們必須先確定未來所有可能發生的事件之中，哪些是相關的，以便現在就開始注意，這樣才能做出我們想要的預測。我們覺得自己應該能做到這一點，就像丹托的理想記錄者可以描述正在發生的事。但如果我們試圖預測所有假想可能發生的事件，馬上就會淹沒在各種可能之中。我們應該擔心今晚垃圾車來的時間嗎？或許不需要。但如果我們養的小狗那時候剛好掙脫皮帶、跑到路上，我們就會希望自己在出門散步前能預先知道垃圾車的時間。我們需要預測班機是否會取消嗎？或許也不用。但如果我們剛好搭上另一班即將墜毀的飛機，或者旁邊剛好坐了你未來的另一半，這件事就顯得非常重要了。

這種無限相關可能性的問題根深蒂固，就算找到更多訊息或設計更聰明的演算法也無法輕易解決。例如，布魯斯・梅斯奎塔（Bruce Bueno de Mesquita）這位政治學家與「預測工程師」（predictioneer）在他一本關於預測的著作中，大力讚揚賽局理論對於複雜政治談判的預測力。[14]然而，考量到複雜系統固有的不可預測性，梅斯奎塔的計算模型似乎不太可能真正預測到他聲稱的事件。但撇開這個，我們來討論一個更大的問題——假設他的模型完美運作，那可以預測什麼？比方說，梅斯奎塔宣稱他成功預測出一九九三年，以色列和當時的巴基斯坦解放組織會達成奧斯陸協議（Oslo Accords）。當時這一個預測算是相當了不起的成就。但他的計算模型沒有預測到，奧斯陸協議只是一個假象、是一閃而逝的曙光，之後的事件很快就讓這個希望破滅。也就是說，在已經知道後續發展的現在看來，奧斯陸協議顯然不是最初預測中最重要的結果。梅斯奎塔可能會合理地回應，他的模型並不是設計來預測那種事的，這正是關鍵所在：**預測「正確的事」跟預測正確一樣重要**。回顧過去，我們並不期望能夠在一九九九年預測出Google搜尋引擎市占率，或者是第二次波斯灣戰爭時美軍抵達巴格達所需的天數。這些事件當然是我們曾經想過的預測，但某種程度上，我們已經不在意這些預測準不準確，因為這些事沒那麼重要。反之，我們會希望在Google首次公開募股時，就預測到它的股價在幾年後會突破五百美元，因為這可以讓我們投資致富。我們希望當初可以預見推翻海珊、解散其安全部隊之後的大屠殺，這樣我們就能採取不同戰略，或許一開始就能避免整場混亂局面。

甚至在預測一般生活事件時，也會發生相同問題。例如消費者對某種顏色或設計的反應，或者，如果醫生的薪資是依據病人的健康狀況而定，而不是開立處方的數量與費用，那他們是否會花更多時間在預防性照護？這一類預測的重要性似乎不及預測下一家成功公司或下一場戰爭，但是當我們思考為何要關心這一類預測時，立刻又得做出其他預測——預測目前所做的預測會有什麼影響。舉例來說，我們之所以關心顧客是否喜歡某個顏色，不是因為關心顧客的反應，而是希望產品能夠成功，而且我們認為顏色很重要。同樣，我們關心醫生在不同薪資制度下的行為，是因為我們想控制醫療成本，而且在國家不破產的前提下，設計出每個人都負擔得起的醫療照護系統。一個預測如果無法帶來更重大的結果，我們就不會覺得它有價值，也不會感興趣。這裡又再次看到，人們只會關注重要的事，然而正是這些對未來更重要、更大的預測，造成了最大難題。

黑天鵝與其他「事件」

在預測重大事件時會面臨的問題，尤其以納西姆・塔雷伯（Nassim Taleb）所說的黑天鵝事件最為嚴峻。塔雷伯當過金融衍生商品的交易員，也是金融圈有名的「討厭鬼」，他所謂的黑天鵝是指「雖然罕見，一旦發生卻會產生重大影響」的事件，例如印刷機的發明、攻占巴士底獄、九一一事件。[15]然而，什麼因素導致了黑天鵝事件？這就是讓人困惑的地方。當我們在描述一件事，往往會把它們形容成獨立、截然不同的事件，並且賦予它們不同程度的重要性，就像在描述地震、雪崩、風暴等自然事件的級別或嚴重度一樣。事實顯示，許多自然事件並非呈現「常態」分布，而是分散在多個級別的偏態分布。人類的身高大致屬於常態分布，譬如美國男性的平均身高約為一七五公分，基本上不會看到身高六〇公分或三六〇公分的成年人。相反地，地震、雪崩、風暴和森林大火則呈現「重尾」分布（heavy-tailed distributions），大多數屬於相對較小而不受注意的事件，而少數為較大的嚴重事件。

直覺上很容易以為歷史事件也屬於重尾分布，而塔雷伯所謂的黑天鵝遠遠位在該分布的最尾端。然而，正如社會學家威廉．斯威爾（William Sewell）的解釋，某些歷史事件之所以「重大」，不僅是程度（就像有些颶風特別強），更是因為歷史意義，因為這些「事件」會促發較廣泛的社會秩序變革。斯威爾為了說明這一點，舉了一七八九年七月十四日攻占巴士底獄的例子。該事件看起來無疑符合塔雷伯對於黑天鵝的定義。然而斯威爾指出，這個事件不單是七月十四日發生在巴黎的一連串行動，還包括了七月十四日到七月二十三日之間發生的事。在這段期間，法國國王路易十六試圖鎮壓巴黎市民的暴動，而另一方面，教士、貴族與市民則在凡爾賽爭論，主題是國民議會應該譴責暴力，還是應該服務人民並接受人民意志。直到國王撤出郊區的軍隊，並前往巴黎表示懺悔之意，國民議會才確定立場，於是攻占巴士底獄才成為歷史意義上的一個「事件」。至此，整件事其實還沒結束，我們關心巴士底獄事件的唯一原因，當然是因為接下來的法國大革命，以及它將主權的概念從君權神授轉變為天賦人權。所以這一事件也不是到七月二十三日就結束，還包含了後續餘波，像是接下來一週法國各省都出現大規模的「大恐慌」，以及八月四日持續一整夜的著名立法會議，顛覆了整個舊政權時期的社會與政治秩序。[16]

意思是，如果你想深入探究攻占巴士底獄這種黑天鵝事件，那界定該事件的範圍就要更廣。這個原則不僅適用於政治領域，也適用於電腦、網際網路、雷射之類的「科技黑天鵝」。舉例來說，網際網路或許真的屬於黑天鵝事件，但這表示什麼？黑天鵝是指「封包交換網路」的發明嗎？還是指原始網路的規模越來越大，最後發展成阿帕網（ARPANET），然後又擴展成網際網路？黑天鵝指的是物理基礎設施的發展嗎？因為有了這個基礎，全球資訊網（Web）、網際協議通話技術（voice-over IP）等創新科技才得以實現？或剛好相反，指的是這些催生出新的營運與社交互動模式的新科技？或是指這些最終改變我們搜集訊息、分享觀點、表達個人認同方式的趨勢發展？想必是所有發展結合在一起，才使得網際網路成為黑天鵝事件。但網際網路根本就不是單一事件，而是一整個歷史時代以及這期間發生的所有相關科技、經濟與社會變革的縮寫。

就連獲得黑天鵝稱號的自然現象也是如此。例如，卡崔娜颶風雖然是一場巨大風暴，但它不是有史以來、甚至不是那個夏天最大的風暴。因此它變成黑天鵝的原因與風暴本身不太相關，主要在於後續引發的事件：暴雨沖潰了堤防，導致洪水淹沒了大部分地區。再加上未能即時應變救援，使得數萬個居民遭受不必要的折磨，超過一千八百人喪命，數十萬人被迫撤離。許多疏散者不願重返家鄉，大量人口流失衝擊了紐奧良市的經濟。這一場可怕的災難，隨處可見潛在的種族與階級歧視、行政無能，以及權貴人士對弱勢族群的冷酷。這些事在大眾心裡留下陰影。換句話說，當我們把卡崔娜颶風比喻為黑天鵝事件，主要討論的並不是風暴本身，而是圍繞著卡崔娜展開的整個複雜事件，以及後續一連串同樣複雜的社會、政治與文化效應，這些影響直到今日仍持續發酵。

因此，預測黑天鵝事件完全不同於預測空難或失業率變化。針對後面這一類事件，我們不可能準確預測其結果，只能退而求其次預測結果出現的機率，不過，我們至少能提前說出想要預測的是什麼。相對地，我們只有在事後回顧時才能辨識出黑天鵝事件，因為那時才能整合各種歷史元素，並置於一個簡潔的標籤或名稱之下。換句話說，想要預測黑天鵝，除了要能事先看到未來可能的結果，還必須看到這些結果**造成**的影響，因為唯有如此，才能夠知道該事件的重要性。就像第5章丹托的例子一樣，如果鮑伯在他的玫瑰花還沒有得獎之前，就描述它們是得獎玫瑰，這根本就不算預測，而是預言——一種不但能預見未來發生的事，而且還能預見其意義的能力。[17]

儘管如此，我們只要發現黑天鵝的存在，就忍不住希望自己能預測這類事件。正如第5章的重點，我們對於過去的常理性解釋往往混淆了故事與理論，對於未來的常理性直覺也經常混淆了預測和預言。當我們回顧過去，只會看到已發生的結果，而不是所有可能發生但沒有發生的事，因此，常理經常讓我們誤以為一系列事件之間具有因果關係，但實際上並沒有。同理，當我們思考未來時，會想像未來事件已經有一條特殊的進程，只是我們還不知道，而實際上卻不存在這種明確的進程。確切來說，未來更像一團集合，由可能的進程組成，每一條進程被抽中的機率不一，我們所能做的就是估計每一條進程的機率。不過，因為我們知道在未來的某個時刻，所有機率都會倒向某一條進程，所以自然只想關注那一條真正重要的進程。

同樣地，我們回顧過去時，不會困惑於已發生「事件」的涵義，也不難區分事件的重要性。但正是這種「過去」的獨特性，讓我們以為未來也一樣獨特。而過去事件一目了然，也讓我們忍不住覺得自己應該可以預測未來會發生的重要事件。但這種直覺想法忽略了一點，即我們對過去的看法是一種集體敘事的產物，包含了專業歷史學家、記者、各種專家、政治領袖以及其他形塑公眾輿論者的共同努力，目的在於搞清楚「發生了什麼事」。只有在故事完成、取得共識之後，我們才有辦法知道相關事件，以及真正重要的事。照這個邏輯，預測事件的重要性不僅需要知道事件本身，也必須知道賦予該事件意義的社會過程的結果是什麼。

不靠直覺、常理思考

然而，我們在處理日常事務時，並不會因為上述那些混淆而造成嚴重的問題。就像我先前提過的，常理非常擅長因應某些特定情境。再加上我們通常可以有效地將生活中各種決策與情境拆解成許多小部分，然後再個別處理。因此，常理依據的那一大堆雜亂無章的規則、事實、感知、信念和直覺等是否有前後一致的邏輯，就沒那麼重要了。同樣，常理性推論讓我們誤以為自己理解事件的起因，但實際上只是在描述該事件，或者讓我們相信自己可以預測某類事件，但實際上不行，這些謬誤其實也不要緊。因為等到未來真正到來的那天，我們已經忘記大部分自己做過的預測，自然也不會因為多數預測可能是錯的或完全無關而感到困擾。當我們開始想搞懂發生了什麼，歷史已經埋葬大部分棘手的事實，於是我們得以自由地講述遺留下來的故事。如此一來，我們便能從某一天跳到另一天，從某個觀察跳到另一個觀察，不斷用自圓其說的解釋來取代現實中的混亂。當然對每天的生活來說，做到這樣就夠好了，因為使用常理必然會犯的錯誤，通常不會讓我們惹上任何嚴重的麻煩。

然而，當我們運用常理來規畫政策、公司營運戰略或市場行銷活動時，上述的必然錯誤注定會釀成大禍。原因主要有四個。第一，外交政策或經濟發展計畫在本質上，會在一段很長的時間內影響大量的人，所以必須可以在各種情境下一致運作。第二，有效的行銷策略或公共衛生計畫，確實仰賴準確的因果關係，所以有必要區分科學解釋與說故事的差異。第三，無論企業或政黨的戰略計畫都必須預測未來可能發生的事件，因此有必要釐清哪些事件可以有效預測、哪些不行。第四，很多計畫通常都會對政治、經濟、社會造成夠大的影響，我們有必要思考是否有更好、**非仰賴常理**的方式來制定計畫。因此，我們接下來要討論不用常理思考的好處，以及這對於預測、計畫、社會正義，甚至社會科學的影響。

第6章　重點整理

一般人傾向認為「已經發生的事注定會發生」，因此也認為自己能夠鑑古知今。這種不切實際的想法，扭曲了我們對未來的感知。

我們實際上只能把未來視為機率，意思是，頂多只能預測某一個結果發生的機率。而我們卻時常以為，未來早在冥冥之中就設定好了，只是還沒有透露給我們知道。透過這種自我催眠，我們以為自己能預測那些根本無法預測的事。正是這種在實際上與認知上的落差，導致了許多難以意識到的問題。

第二部

非常理／反直覺

理論上，我們無法運用常理打敗一切不確定性，
甚至不可能預見黑天鵝。
在直覺式思考的框架下，
未來有沒有新的可能？

7 最棒的計畫

第6章的重點在於：常理讓我們誤以為自己應該能預測一切，但實際上我們根本無法預測某些類型的事件。原因有二個。第一，常理告訴我們「未來只會有一個結果」，所以我們自然會想要準確預測未來的那個結果。但在構成大部分社會與經濟生活的複雜系統中，我們頂多只能期望準確估計事件發生的機率。第二，常理要求我們忽略許多無趣、不重要的預測，而只關心那些真正重要的未來結果。可是理論上，我們無法預知現實生活在未來會發生什麼重要事件。更糟糕的是，我們最希望預見的「黑天鵝」實際上根本不是單一事件，而是對整段歷史的簡要描述，例如「法國大革命」、「網際網路」、「卡崔娜颶風」、「全球金融危機」。基於上述，我們絕對沒辦法預測黑天鵝，因為在那一段歷史結束之前，我們根本不知道用什麼貼切的形容詞來描述它。

這個訊息確實值得深思。不過，即使我們無法隨心所欲預知未來，卻不代表我們什麼

都不能預測。任何一位撲克牌高手都會告訴你，算牌雖然不能讓你知道下一張牌，但可以讓你比對手更清楚賠率，下注時更明智，這樣你就會贏得多、賠得少，累積起來可以賺進一大筆錢。[1]所以，對於那些確實無法準確預測的事，知道可能的限制還是會有幫助，因為這迫使我們改變計畫。那麼，什麼類型的事件是我們可以預測的？我們又該如何盡量精準？既然我們知道有些事件實際上無法預測，那我們在政治、商業、政策、行銷和管理領域的計畫上，該如何調整思考方式？這些問題似乎離我們日常必須應付的難題、挑戰很遙遠，然而，這卻會影響我們服務的公司、整體經濟，或每天出現在新聞上的議題等等，從而間接影響到每一個人。

我們能預測什麼

簡單來說，複雜系統中有兩種事件，第一種是符合某種穩定歷史模式的事件，第二種是不符合穩定歷史模式的事件。我們只能對第一種事件做出可靠的預測。但正如我在第6章所討論的，即使是這類事件，我們也無法給出任何具體的預測結果，就像無法準確命中擲骰子的結果一樣。不過只要我們收集到夠多這類事件的過去數據或資料，就可以合理預測其未來發生機率，這對很多目的來說已經很堪用了。

舉個例子，我們每年都可能不小心感冒，也有可能不會。所以對任何一個人來說，最準確的預測就是每一個人在特定季節都有可能生病。但由於人口眾多，且每一年季節性流感的趨勢相對一致，藥廠便能合理預測每個月要運送多少流感疫苗到全球各地。同樣，相同財務背景的客戶隨著不同的生活狀況，可能在信用卡違約率上有著極大差異。但信用卡公司只要留意一系列社會經濟、人口統計和行為變項，就能非常有效地預測整體違約率。網際網路公司也越來越會利用使用者瀏覽網頁時產生的海量數據，進一步預測使用者點擊特定搜尋結果、偏好的新聞報導，或受到哪些推薦影響的機率。就像政治學家伊恩·艾瑞斯（Ian Ayres）在其討論大數據分析的著作《什麼都算，什麼都不奇怪》（*Super Crunchers*）中所寫的，這類預測越來越常出現在金融、醫療保健和電子商務等高度數據密集的行業。因為在這些領域中，雖然數據驅動的相關預測往往獲益不多，但數百萬甚至數十億的小決定累積起來，最終（或有時一天之內）就可產生極為龐大的收益。[2]

目前為止，這種預測模式看起來還算不錯。但尚有許多商業領域、政府部門與需要擬定策略的單位，所仰賴的預測卻不怎麼符合這種超級運算模式。例如，當出版社決定預付多少錢給一個還沒簽約的作者時，實際上是在預估這本書未來的銷量。書賣得越多，作者就可以抽更多版稅，那麼出版社的預付金就會更多，以防作者與其他出版社簽約。但如果出版社在計算時，高估了這本書的銷量，最後就會多付錢給作者。這對作者是好事，但對出版社的財務不利。同樣地，當製片公司決定開拍一部電影，實際上也是在預測電影未來的票房，進而預估能花多少製作、行銷費用。又或者，當藥廠決定進行新藥的臨床試驗，也必須評估該試驗成功的機率以及藥物的市場規模，才能證明試驗的龐大花費是合理的。

由此可見，商業事務必須仰賴預測，但這些預測的複雜度遠高於預估今年冬季北美的新增流感病例數，也高於預測使用者點擊線上廣告的機率。出版社在評估要為一本書預付多少版稅時，通常距離出版還有一、兩年，所以不只要預測這本書的表現，還有真正上市時同類型書的市場狀況、該書可能的評價，以及各種相關因素。同樣地，預測電影、新藥，以及其他類型的商業事務或新開發項目時，其實是在預測長達數月至數年、複雜而涵蓋許多層面的過程。但不妙的是，由於決策者每一年要做的這類決定並不多，因此無法花大錢靠大量預測來平衡這種不確定性。

但面對這種情況，通常決策者至少還能參考一些歷史數據。出版社可以回顧過去同類型書籍的銷量，同樣，製片公司也能了解過去票房收入、電影光碟銷量和周邊商品銷售利潤。以此類推，藥廠可以評估同類型的藥成功打入市場的比率，行銷人員可以回溯同類商品過去的熱度，雜誌出版商可以參考過往類似封面的雜誌銷售情況。此外，決策者通常還能參考許多資料，包括市場調查、針對開發項目的內部評估，以及他們本身對該領域的整體了解。因此，只要在決定啟動某項計畫後到成品真正問市之間，這世界沒有發生什麼巨大的改變，這些領域的決策者還是有可能做出至少可靠的預測。那他們應該怎麼做呢？

市場、群眾與模型

近幾年越來越流行所謂的「預測市場」，在這個市場中，買賣雙方可以交易一種特別設計的證券，價格相當於某一個特定結果在未來的發生機率。例如，二〇〇八年美國總統大選前一天，投資人可以用〇．九二美元在最悠久也最著名的預測市場——愛荷華電子市場（Iowa Electronic Markets）購買一份合約，如果歐巴馬贏得大選，投資人可獲得一美元收益。因此，參與者在預測市場的行為，其實跟在金融市場有點類似，都是根據報價買賣合約。但在預測市場中，價格被明確定義為「對事件結果的預測」，例如在投票日前夕，愛荷華電子市場預測歐巴馬的勝選機率為九二%。

「預測市場」利用一種現象做為預測方式，這種現象被《紐約客》專欄作家詹姆斯・索羅維基（James Surowiecki）稱為「群眾智慧」。大致的概念如下：個人預測很容易出錯，但如果綜合許多估計值並計算平均，就能抵銷掉個人失誤。因此在某種意義上，市場其實比組成市場的參與者「更聰明」。許多預測市場會要求用真錢下注，這樣一來，參與者更有可能是特定領域的能手。預測市場這一特性的強大之處在於，**誰**握有相關市場訊息並不重要，不論是少數專家、多數非專家，或兩者的任意組合。理論上，市場應該根據每個人下注的比例，容納所有人的意見。而且實際上，在合理設計的預測市場中，沒有永遠的贏家。原因在於，如果有誰**能夠**打敗市場，他們就有從中賺錢的動機，但「想要賺錢」的行為立刻會改變價格，使市場納進新的訊息。[3]

預測市場利用群眾智慧這一潛力，大大引起了經濟學家與政策制定者的興趣。例如，假設在二〇一〇年四月英國石油公司（BP）的鑽油井爆炸之前，就已經有一個市場，能夠預測「墨西哥灣深海探勘石油將發生災難」的可能性。那麼，英國石油工程師這種內部人員可能會參與其中，並且根據他們所知道的內情，公開英國石油正面臨的風險。這樣的話，在任何事故發生之前，監管機構就能更準確地評估風險，並且更嚴格控管石油工業的發展。這樣一來，或許原本能夠避免那場災難。以上是預測市場的支持者的觀點，應該不難看出他們為何會這麼喜歡預測市場。事實上，預測市場這幾年已經涉足各種領域，例如預測新產品會不會熱賣、即將上映電影的票房收入，以及體育賽事的結果等。

但在實務操作上，預測市場比理論上的假設還要複雜許多。例如二〇〇八年美國總統大選期間，其中一個最受歡迎的預測市場「Intrade」，發生了一連串奇怪的價格波動。當時，有一個不知名的交易者下重注在候選人約翰・馬侃（John McCain）身上，導致市場預測馬侃勝選的機率大幅飆升。沒有人知道是誰，但大家都懷疑幕後黑手是馬侃的支持者，甚至是其競選團隊的成員。這個交易者藉由操控市場價格，試圖營造出「有可靠的預測人士認為馬侃會當選」這個假象。他或許想創造一個「自我應驗預言」[1]，最後卻還是失敗了。抬高的價格迅速被其他交易者逆轉，因此這個神祕下注者最後賠上一大筆錢。這樣看來，市場基本上還是依照原先的假設正常運作。然而，這件事卻暴露出預測市場理論的一個潛在弱點。該理論假設，理性的交易者不會故意賠錢，但問題是，如果有一個參與者的目的是操控市場**以外**的人（例如媒體）的看法，而且涉及的金額相對較小（下注的數萬美元，對比花在電視廣告的數千萬美元），那這些人或許不會在意虧損。這種情況下，預測市場傳遞出的訊息就不再清楚。[4]

這種問題的發生，有些懷疑人士因此聲稱，比起其他在實務上較難控制的簡單方式（例如民意調查），預測市場不見得比較好。但是，很少有人真正比較不同預測方式的表現，所以沒有人敢肯定答案。[5]為了回答這個問題，我跟雅虎研究院（Yahoo! Research）的同事以國家美式足球聯盟（NFL）的比賽結果作為預測標的，系統化地比較幾種不同的預測方式。首先，我們對二〇〇八年賽季的每一場比賽（每個週末一場，共十四至十六場）做了民調，請受訪者預測他們的主隊獲勝機率，以及他們對自己的預測有多少信心。我們也在「體育機率」（Probability Sports）上收集了類似數據——這個網站是一種線上競賽，參與者如果猜中賽事結果，就會贏得現金。接下來，我們比較上述兩個民意調查跟兩個預測市場：「拉斯維加斯體育博彩市場」（Vegas sports betting market，）以及「運動交易」（TradeSports），前者是全球最悠久也最受歡迎的博彩市場之一。最後，我們又拿這些調查和市場的預測結果，與兩個簡單的統計模型比較。第一個統計模型只根據主隊過去的獲勝比率進行預測（這個例子是五八%），第二個模型則是取決於兩支隊伍最近的勝負紀錄。這樣我們就能在不同預測方式之間進行六方比較——有兩個民意調查、兩個預測市場、兩個統計模型。[6]

1 譯注：指原先抱持的信念或期望，無論正確與否，都或多或少影響了最終結果。

這幾種方式如此不同，而我們的發現實在令人驚訝：它們的預測表現都差不多。說得更精確點，兩個預測市場的表現略好於其他方式，這與先前的理論一致。表現最好的拉斯維加斯體育博彩市場，準確度只比表現最差的統計模型（總是預測主隊獲勝機率為五八％）高出三個百分點。其他方式的準確度則介於這兩者之間。事實上，第二個模型（同時考慮兩支隊伍最近的勝負紀錄）的表現與拉斯維加斯體育博彩市場不相上下，如果用這兩種方式預測球隊的實際得分，平均誤差將不到〇．一個百分點。假如賭的是數百場甚至數千場，那這些細微差異或許還有可能讓你贏錢或輸錢。不過讓人意外的是，預測市場中有成千上萬的參與者為了獲得有用的資訊，耗費了無數時間分析即將到來的比賽，結果這麼多人集結起來的智慧，竟然只比「根據過去平均數據」的簡單統計模型好一點而已。

當我們第一次把這個結果告訴一些預測市場的研究人員時，他們反而認為這反映出美式足球的特性。他們堅持國家美式足球聯盟有很多規則，例如薪資上限還有選秀權，而這些規則會讓不同球隊盡可能維持平等。當然，美式足球這一類運動，很小的隨機事件就會決定比賽結果，例如外接手在全速越過球門線的瞬間，只要接住四分衛的長傳絕殺，就可以在最後幾秒贏得比賽。換句話說，美式足球賽有很多不可預測的隨機因素，這實際上正是比賽刺激的地方。這麼說來，似乎也沒什麼好驚訝的，畢竟上述只是一小群足球專家每週用來轟炸球迷的無用訊息和分析（但專家會驚訝卻很正常）。為了增加說服力，我的同事堅持要在其他「訊噪比」（signal-to-noise ratio）明顯高於美式足球賽的領域，證實同樣結論。

好吧，那棒球呢？棒球迷會瘋狂關注比賽中所有可以測量的細節，從平均打擊率到先發投手輪值等，他們對此也相當自豪。事實上，有一個研究領域稱為賽伯計量學（sabermetrics），就是為了研究棒球統計數據而發展，甚至還催生了《棒球研究期刊》（*Baseball Research Journal*）。因此，人們可能會認為，既然預測市場對於「充分考量不同訊息」的能力強大，那它在棒球領域的表現應該會遠勝於簡單的統計模型（相較於美式足球）。事實證明，預測市場沒有比較優秀。我們針對一九九九到二〇〇六年近兩萬場的大聯盟比賽，比較拉斯維加斯體育博彩市場，以及根據「主隊勝率」和「雙方近期勝負紀錄」的簡單統計模型的預測力。這一次，預測市場和統計模型的差異更小，甚至無法區別。換句話說，在棒球領域中就算統計數據和分析非常多，也沒有所謂的薪資上限——所以明星球員才會集中在洋基和紅襪等強隊——但棒球的比賽結果甚至比美式足球更接近隨機事件。

從那時起，我們才發現（也學習到）原來運用「預測市場」來預測其他類型的事件，包括電影首映週末票房以及總統大選，結果都是一樣的。但這些事件與體育賽事不同，沒有意圖增加競爭性的規則或條件。此外，預測市場也可以利用大量訊息來提升預測表現，準確度應該遠勝於針對訊息量不足者的民調，或是一種簡單的統計模型。然而，當我們比較以準確度聞名的好萊塢證券交易所（HSX）跟一個簡單的統計模型時，前者的表現也只是險勝而已。[7]另一項研究是針對一九八八年至二〇〇四年期間，五次美國總統大選的結果，其中政治學家羅伯特・艾瑞克森（Robert Erikson）和克里斯多福・沃茲恩（Christopher Wlezien）發現，對一般民調進行簡單的統計修正後，其預測表現甚至超越被大肆吹捧的愛荷華電子市場。[8]

別相信任何人，尤其是自己

為什麼使用不同的預測方式，卻會有如此相似的結果呢？我們沒有明確答案，但我們懷疑，這種相似性可能是一種預測難題（第6章所提）的意外副作用。一方面，我們的預測準確度如果涉及到複雜系統（體育賽事、選舉結果或電影票房），就會受到很大的限制。但另一方面，我們似乎又可以利用一些比較簡單的方法，盡可能提高預測準確度。打個比方，如果你手上有一顆灌鉛的骰子，你擲了幾十次之後，大概會知道哪一些數字最常出現，之後下注的贏面就會更大。如果你用其他更複雜的方法，像是用顯微鏡研究骰子，描繪出它表面所有細小裂縫與不規則結構，或是建立一個複雜的電腦模擬模型，恐怕都無法有效提高你的預測力。

同樣地，我們發現在足球賽中，只要知道一個簡單的訊息（主隊過去的獲勝機率超過一半），預測力就會明顯好過隨便亂猜。如果再加上第二個簡單的訊息（勝負紀錄較佳的隊伍會略占優勢），可以再進一步提升預測力。除此之外，你可能還想收集其他訊息，像是四分衛最近的表現、球隊有沒有傷兵、明星跑衛的花邊新聞，但這些資訊對預測的幫助不大。換句話說，預測複雜系統這件事依循著「收益遞減定律」：第一個訊息很有幫助，但很快就找不到有幫助的其他訊息。

對於某些事件，我們當然會非常計較預測的準確性，像是投放線上廣告或投資高頻交易（HFT），可能一天內就要預測數百萬、數十億次，而且金額相當龐大。投入極大心力與費用、運用最精細的運算模型來開發複雜的預測方式，在那種情況下或許值得。但在其他商業領域，例如製作電影、出版書籍到發展新技術，只需要一年預測數十次、頂多數百次，而且這不過是整個決策過程中的一部分。這時，我們只要借助相對簡單的方式，就可以讓預測臻至完善。

預測時，不該只根據一人的意見就做決定——尤其是你自己的意見。雖然人們善於察覺與特定問題相關的因素，卻往往不會評估因素之間的相對重要性。譬如，預測電影的首映週末票房時，你可能會認為一些變項都是高度相關，例如製作費、宣傳費、上映廳數、試映會評價。沒錯。但我們要如何權衡「評價不優」與「額外行銷預算：一千萬美元」之間的比重？這沒有一定答案。同樣，在決定分配行銷預算的方法時，要如何判斷多少人會受到網路或雜誌廣告影響，又有多少人會從親朋好友那邊聽到產品訊息？我們也不清楚。唯一知道的是，這些因素都可能相關。

你可能會以為，精準判斷應該是專家的強項。但正如泰特洛克的試驗結果，專家在量化預測上的表現，其實跟普通人一樣糟糕，甚至可能更糟。[9]然而，我們依賴專家之所以會成效不彰，不是因為專家的預測力跟一般人沒兩樣。問題在於，我們通常一次只會諮詢一位專家（否則何必找專家）。但我們應該要綜合**多人**的意見（無論是專家或非專家）再取平均值。至於要如何達成？這其實沒那麼重要。儘管預測市場有各種花俏的噱頭與技術，表現也比民調這類簡單方式好一點，但這種微小差異，還不如採用**某種方式**簡單綜合許多觀點再取平均。或者，我們也可以直接根據歷史數據，評估各項因素的相對重要性——這實際上就是統計模型在做的事。我必須再強調一次，雖然複雜模型可能會比簡單模型好一點，但兩者的差異小到幾乎沒有差別。[10]到頭來，模型跟群眾所能達到的預測目的都一樣。第一，這兩種預測方式都要靠人為判斷，確認哪些因素與預測相關。第二，兩者皆需要估計、權衡那些因素的相對重要性。正如心理學家羅賓・道斯所言：「訣竅在於，找到要注意的變項，然後知道如何加入它們。」[11]

只要一直使用這個訣竅，一段時間後，就會知道哪一些預測的失誤率較小，哪一些較大。舉例來說，當你要預測一個事件的結果，假如其他條件都相同，那越早做預測的失誤率就越大。不管你用什麼方法預測電影票房，在「剛開拍」時會比「上映前幾週」時要難得多。同樣，如果你想預測尚未上市的新產品銷量，那準確度可能不會高過預測已上市的產品。你無法解決這個問題，唯一能做的只有：使用其中一種方式，或甚至結合幾種方式，就像我們研究預測市場時的方法，然後隨時觀察、記錄預測的表現。我在第6章開頭也提過，一般人通常不習慣追蹤自己的預測。我們做了大量預測，卻很少回頭檢視自己對了幾次。然而，留意並記錄預測成效或許才是最重要的事，唯有如此，你才能知道準確度是多少，進而知道自己預測的可信度。[12]

我們所執迷的「未來」

不論你多麼謹慎聽從上述的建議，所有預測方法都有個嚴重限制，那就是只適用於以下情況：未來事件與過去事件的類型必須相同，發生頻率也必須一致。[13]例如，信用卡公司在正常情況下，可以準確預測持卡人的違約率。雖然每一個持卡人的情況很複雜且難以預測，但他在接連兩週的複雜性、不確定性通常差不多，所以平均而言，預測模型的效果還算不錯。但有許多對預測模型的批評指出，我們所關心的多數事件之所以吸引我們，正是因為它們**沒有**規律，例如金融危機、革命性新科技、暴政垮台、暴力犯罪率急遽下降——在這種情況下，想透過歷史數據預測未來，就會出現一些非常嚴重的問題。例如，有一些信用卡公司在二〇〇八年金融海嘯之後，發現違約率突然飆高。

更重要的是，許多銀行在二〇〇八年前對於不動產抵押貸款衍生商品的訂價模型——例如臭名昭彰的抵押債務債券（CDOs）——現在來看都太過依賴當時的近期數據，房價當時不斷上漲，導致評級分析師和交易員都認為全美房地產的價格不可能下跌，嚴重低估了抵押貸款違約率和查封率（foreclosure rate）上升的風險。[14]乍看之下，這似乎是預測市場大展身手的絕佳時機，因為其預測危機的能力應該勝過銀行的「礦工」（quants）——即定量分析師。但事實上，預測市場的參與者正包括了這些礦工，以及一樣失準的政治家、政府監管者以及其他金融市場專家，所以群眾智慧可能無法在這種情況派上用場。我們其實可以這樣說，讓我們陷入混亂的始作俑者正是群眾「智慧」。假如市場、群眾與模型，都不能幫助我們預測如金融危機這種黑天鵝事件，那麼我們應該怎麼做？

依賴歷史數據做預測會產生的第二個問題在於：制定重大、策略性決策的次數不夠頻繁，因此統計並無太大幫助。以歷史的角度來看，或許大多數戰爭都是災難收場，大多數公司合併之後都績效不良。但有一些軍事干預是正當合理的，也有一些公司合併後績效良好。我們無法事先區分差異，並且預知結果。如果你能進行數百萬次這種選擇（或至少數百次），那麼依循歷史數據還算合理。不過，選擇是否要讓國家捲入戰爭，或進行策略性併購時，你不可能有一次以上的機會。所以，即使能算出成功機率，六〇%和四〇%的差別並無太大意義。

因此，就像黑天鵝事件一樣，「一次性的決策」不適合用統計模型或群眾智慧做為預測方法。但是我們卻總是必須做出這一類決策，而且對任何人來說，那可能會是人生最重大的決定之一。還有什麼方法可以提高這一類預測的準確度嗎？很遺憾，目前尚無明確答案。人們多年來進行了許多嘗試，但還沒找到一個穩定又成功的方法。部分原因在於這些技術很難正確執行，不過主要原因依然在於：我們所執迷的未來具有一定程度的不確定性，而這種不確定性必然會讓所有完美計畫出錯，正如我們在前一章所提到的。

策略悖論：完美的計畫為何失敗？

諷刺的是，在策略計畫上看起來表現**極佳**的組織，例如願景明確、行動果決的公司，通常也最容易在計畫時犯錯。身兼策略顧問與作家的麥可．雷諾（Michael Raynor）稱這個現象為「策略悖論」，他針對這個概念，寫了《策略的兩難》（*Strategy Paradox*）這本著作，其中以索尼公司的Betamax錄影帶系統為例說明。在這場激烈的錄影帶系統之戰，Betamax敗給了松下電器所開發的VHS家用錄影系統，後者的價格與品質都相對較低。普遍認為，索尼有兩個失誤：第一，他們過度重視影像品質，忽略了可錄製的長度，反倒突顯出VHS能錄下一整部電影的優勢。第二，他們將Betamax系統設計成獨立格式，但VHS卻是「開放」格式，這表示有很多製造商可以競爭生產VHS的錄放設備，從而壓低價格。隨著影片出租市場的爆炸式成長，VHS果然在市占率上微微領先，這小小的領先，之後在累積優勢的過程中迅速放大——越來越多人買VHS錄放影機，購入VHS格式的店家也越來越多，形成一種循環。漸漸地，整個市場幾乎都是VHS的天下，索尼在這場競爭中黯然落敗。

不過，上述的普遍看法忽略了一點，索尼對錄放影機的願景，從來就不是一種觀看出租影片的設備，而是希望大家用它來錄下自己喜愛的電視節目，好在閒暇時觀賞。索尼的未來展望不是完全錯誤，因為後來的數位錄放影機之所以爆炸流行，就是出於這個需求。如果索尼當初真的實現願景，而Betamax倖存下來，那顧客為了超高畫質，應該會甘願多花一些錢，也不會太在意可錄製的時間不夠長。[15]此外，松下也沒有比索尼更有遠見，看出影片出租市場將會迅速發展。事實上，帕羅奧圖市（Palo Alto）有一間公司叫做CTI，更早之前就做過了關於影片出租的實驗，結果慘敗收場。總而言之，當索尼意識到顧客使用錄放影機是為了在家裡觀賞電影，而非錄下電視節目時，一切都已經太遲了。儘管索尼盡力扭轉用途方向，也快速推出錄放時間較長的二代，想撼動松下的地位，但一切都無濟於事。只要VHS占據足夠市場優勢，其中產生的網絡效應根本無法逆轉。換句話說，索尼失敗的原因，並非一般認為的策略失誤，而是因為消費者的需求快速轉變，遠超過**任何**業界人士所能預期。

經歷這一次慘敗之後，索尼很快又捲土重來。他們研討新策略，轉而在「錄音技術」

押重注——推出MD播放器。他們決定不再犯同樣錯誤，於是謹慎觀察並分析Betamax的失敗原因，盡可能從中吸取教訓。跟Betamax的格式不同，MD這種迷你光碟的容量保證能裝下整張音樂專輯。此外，由於索尼在上一場錄放影機之戰時，意識到「內容流通」（content distribution）的重要性，他們便以索尼音樂（Sony Music）的形式，建立了自家的內容儲存庫。MD這種格式一九九〇年代早期問世時，比當時市面上主流的CD更具技術上的優勢。尤其是它可以錄音也可以播放，體積也更小，更耐震，因此更適合應用在隨身攜帶的裝置。相較之下，消費者如果想把資料寫入CD，還需要再買一台光碟機——那在當時是很昂貴的設備。

不管怎麼看，MD照理來說應該會大獲全勝，但它還是失敗了。這次又是怎麼一回事？簡而言之，由於網際網路時代來臨，儲存成本大幅下降，個人電腦就能存下整個音樂庫。此外，高速網路讓檔案、文件可以點對點共享，各種搜尋與下載音樂的網站也紛紛冒出。網際網路的爆炸成長，推動者並不單純是音樂市場，索尼也不是唯一沒有遠見的公司，沒預測到網際網路將大幅改變音樂製作、發行與消費模式。事實上，沒有人可以預測這件事。換句話說，索尼確實盡力從過去汲取教訓並放眼未來，卻還是遭受無人能預測、無人能掌控的時代巨輪碾壓。

出乎意料的是，整個音樂市場唯一「做對了」的只有蘋果公司，他們將iPod隨身聽和iTunes商店結合在一起。現在回顧的話，蘋果的策略似乎真的很有前瞻性，而且他們全心追求設計與質感的精神，更是讓分析師和消費者肅然起敬。但iPod的策略其實跟Betamax如出一轍，蘋果難道沒記取索尼慘敗的教訓嗎？iPod體積大、價格昂貴，加上蘋果不願意授權，所以採用了一種封閉系統，作業軟體自成一格，也因此受到內容供應龍頭的強烈抵制。儘管如此，iPod還是成為數位音樂界的霸主。那麼，蘋果的策略在哪一方面勝過索尼？沒錯，蘋果創造了一款卓越的產品，但索尼也是啊！好吧，蘋果展望未來，並盡力觀察科技風向。索尼不也是？嗯，可是只要蘋果確立了目標，就會堅持做到完美。這不就是索尼在做的嗎？雷諾認為，唯一的關鍵在於：索尼的決策碰巧錯了，而蘋果碰巧對了。[16]

這就是策略悖論。雷諾主張，策略失敗的原因並不在於策略本身很糟，而是因為「卓越的策略也碰巧會出錯」。糟糕的策略通常有缺乏遠見、領導無方且執行散漫的特性——這些肯定不是成功的要素，但更有可能將公司導向平庸，而不是慘敗。相較之下，卓越的策略通常願景明確、領導果敢，執行力也高度聚焦。當卓越的策略應用在正確的投注上，可能會導向巨大成功，就像蘋果的iPod策略——但也可能導向慘敗。因此卓越策略的成敗，完全取決於最初的願景與設想是不是「碰巧」正確。至於該如何事先預測，已經不是難不難的問題，而是根本做不到。

為你的策略創造「彈性」

根據雷諾的觀點，策略悖論的解方在於：坦白承認我們能預測的有限，並且在擬定策略時考量到這一限制。雷諾特別建議，計畫制定者要設法在決策過程中納入他所謂的「策略的不確定性」，也就是自身事業或領域在未來的不確定性。雷諾所提的解方，其實取自一種傳統的計畫方法——「情境計畫」（scenario planning），又稱「沙盤演練」。該方法在一九五〇年代由蘭德公司（RAND Corporation）的赫爾曼．卡恩（Herman Kahn）所提出，是一種在冷戰時期輔助戰略專家的方法。情境計畫的基本概念，是為了創造出策略顧問查爾斯．佩洛特（Charles Perrottet）所說的，「對『未來歷史』詳細而深思熟慮的推測」。重點在於，情境計畫試圖找出所有假設性未來的大致範圍，目的並非為了決定哪一種情境最可能出現，而是要挑戰那些可能未明說、但支撐著現有策略的假設。[17]

例如，一九七〇年代初期，經濟學家與策略專家皮埃爾．瓦克（Pierre Wack）便帶領荷蘭皇家殼牌公司（Royal Dutch/Shell）的一個團隊，運用「情境計畫」檢驗公司高管的未來遠見，包括石油探勘成效、中東政治穩定程度以及替代能源技術。雖然在他們進行情境計畫時，能源供應相對穩定，石油危機還沒發生，石油輸出國組織（OPEC）也尚未成立——這些事絕對稱得上黑天鵝事件——但瓦克後來聲稱，他所設想的其中一個情境確實抓住了未來的主要趨勢，該公司因此做好準備，得以防患於未然，並利用新機會順勢而為。[18]

雷諾認為，一旦設想出情境，計畫制定者就不該只規畫一種策略，而是要針對每一種情境規畫一套策略。另外，對於出現在每一種策略中的「**共同核心要素**」以及只出現在一、兩個策略中的「**偶發要素**」，兩者必須小心區分。因此，處理「策略的不確定性」就是在創造「策略的彈性」，方法是以**共同核心要素**制定策略，並投注各項決策方案以避開**偶發要素**帶來的風險。讓我們再以Betamax為例，索尼曾經預測錄放影機在未來的主要用途是錄下電視節目，但CTI公司的實驗確實顯示了一些證據，表明主要用途可能會轉變成在家觀賞電影。索尼面對這兩種可能，採取了傳統的計畫方式：先決定哪一種的可能性較高，再針對此種可能性設計最佳策略。相較之下，如果索尼採用創造「策略彈性」的做法，就能幫助他們找到適用於各種可能性的核心要素，並降低不確定性帶來的風險，例如：分配不同部門開發高階與低階產品，並用不同的價格銷售。

雷諾藉由策略彈性來因應不確定性，這種方法確實相當好。不過也很耗時，必須設想未來情境，還要找到核心要素與偶發因素，並且設計策略來避開風險，這些事必然會分散精力與時間，而無法處理公司在經營上同等重要的其他事務。雷諾表示，大多數公司的問題在於公司高管——董事會和高層主管花太多時間處理、改善現有策略（雷諾稱作營運管理），而對於策略的不確定性卻思慮不周。因此雷諾認為，公司高管應該把**所有**時間投入處理策略的不確定性，而營運規畫應該交由各部門主管負責。他寫道：「一個組織的董事會和執行長主要關心的不該是短期績效，他們應該全心全力替公司的營運部門創造各種可行的策略。」[19]

雷諾提出這麼激進的建議，是因為如果想充分因應策略的不確定性，唯一方法就是持續處理，他又寫道：「一個組織只要完成這一過程——建構情境、制定最佳策略，辨識並找出所需的策略選項組合——就是該從頭再做一遍的時候了。」假如策略規畫真的需要一直重複這個過程，那我們就更能確定，最適合做這件事的人就是公司的高階主管。然而，我們也很難想像，高階主管突然停止制定計畫（這是當初讓他們晉升至管理階層的原因），反而開始做類似於智庫專家的工作。而且股東、甚或職員也不太可能忍受執行長不關心策略執行或短期績效。[20]這並非質疑雷諾的論述，他的方法或許是對的，只是沒被美國企業界接受。

從預測到反應

一個更根本的考量是，就算高階管理階層確實接受雷諾的提議，把策略管理當作自己的首要任務，可能還是沒有成效。例如在一九八〇年左右，一間休士頓的油田鑽探公司便進行了一次情境計畫。如圖6所示，計畫制定者針對未來的可能情境做出三項預測，繪製出相應的預期收益——他們該做的都做了。不幸的是，這三項預測都沒考慮到：始於一九八〇年的石油探勘熱潮可能只是一種異常現象。實際上確實如此，後來的結果並不在他們原初設想的可能範圍內。即使做了情境計畫，該公司面臨未來時也束手無策，像是白忙一場。我們其實可以說，情境計畫反倒讓該公司的處境更糟糕。雖然這確實讓計畫制定者挑戰一開始的假設，卻也讓他們相信「該考慮的都考慮了」。實際上卻沒有那麼周詳，公司於是更容易被突發狀況影響。[21]

會有這種糟糕的結果，或許是因為沒有落實情境計畫，而非這個方法有根本上的限制。[22]但是，當一間公司在情境分析中奮鬥時，要怎麼知道是否跟那間石油開採公司犯下

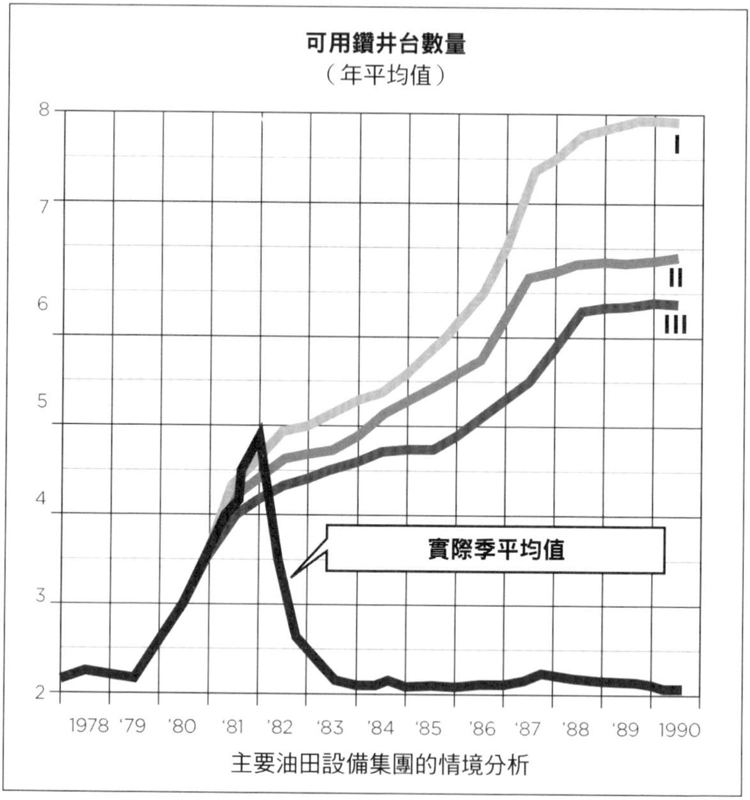

圖6：情境計畫失誤案例（翻印自Schoemaker 1991）

相同的錯呢？索尼或許早該更認真看待影片出租的市場，但真正打敗他們的是該市場的爆炸式發展——他們要怎麼料到這件事？更糟糕的是，當索尼在研發MD時，又如何能預見網際網路快速增長之中，火速出現的科技、經濟和文化變革的複雜組合。正如雷諾所言：「索尼一切可能出錯的事都出錯了，而且一切已出錯的事都必須出錯，只有這樣才能擊沉那個其實在構思、執行上都很出色的策略。」[23]雖然對索尼來說，增加策略彈性可能會有幫助，但沒辦法知道要有多大彈性，才能應對變化急遽的市場，或是在不減損策略執行力的情況下，同時規避風險。

最後，使用策略彈性做為制定計畫的方法，主要問題正好就是它要解決的問題——意思是，在事後看來，一個產業的趨勢改變總是顯而易見。因此，當我們回顧過去時，總是很容易告訴自己：在決策的「當時」，應該把未來的各種可能性縮減成幾個最可能出現的結果，包括實際發生的那一個。但當我們望向未來時，看到的卻是無數個可能的趨勢，任何一個都可能改變現有的遊戲規則，但大多數是不重要或暫時性的。我們怎麼知道哪一些會導致未來的重大變化，哪一些不會影響？既然不知道哪一個重要，又要怎麼思考各種可能的範圍？情境計畫這類型的技術，能幫助管理者系統化地思考這些問題，策略彈性也能幫助他們處理每一種情境的不確定性。但無論如何細分，情境計畫都涉及到預測，而預測又一定會面臨第6章所討論的「預言問題」——在事件的重要性尚未顯現之前，我們根本不知道該擔心什麼。因此，另一種替代方法是打破原先對「計畫」的慣性思考，別將重心放在預測未來，也別放在多種未來的可能性。我們應該更重視當下的反應，這就是下一章要討論的主題。

第7章　重點整理

我們雖然無法預測某些類型的事情，但不代表什麼都無法預測。當一個事件未來發生的頻率跟過去類似事件相同時，我們就可以參考歷史資料以及其他運用群眾智慧的模型，雖然這只能預測機率，但已經相對可靠。

重點是，別相信任何單一面向的意見，尤其是你自己的意見，或者是某位專家的看法。另外，要持續追蹤記錄自己（或任何人）做的預測，一段時間之後，就能發現哪些事情可以有效預測、哪些不行。

還有一些我們很想預測的事物，實際上根本無法預測，比如下一次金融危機或下一個顛覆全球的科技。像這類情況，在規畫策略時就必須考量不確定性，才能設計出因應各種可能的強健策略。

8

衡量一切事物

在預言家、預報員和算命師之中，很少有人像時尚潮人一樣，可以自信地預測未來趨勢且不負責任。在各種鞋類、服飾配件的產業，像是設計、生產、銷售與評論，每年總有許多人預測下一個大事件可能、或許、應該、肯定會是怎樣。然而，幾乎沒有人考證過這些預測的準確性，而後來出現的趨勢很多也根本不在預料內，都是後見之明的解釋而已。不過這仍然無損時尚專家渾身散發的自信與神采。而讓人欣慰的是，至少有一家成功的時尚公司不一樣，完全不理會時尚專家的評論與預測。

這家公司就是西班牙的成衣零售商Zara。十多年來，該公司憑藉著滿足消費者需求的新手法，不斷登上商業媒體的頭版。他們不試圖預測消費者下一季喜歡什麼，反而承認自己完全抓不到。他們採用的方法，實際上可稱之為「衡量—因應策略」。第一，公司出動特派員走訪購物商場、市中心等密集場所，觀察路人的穿著打扮，藉此找到許多設計想法。第二，根據上述以及其他靈感來源，他們建立一個關於樣式、布料與顏色組合的龐大資料庫。一開始，每一種款式都只生產一小批，然後送到店鋪販售，直接評估並判斷賣得好、賣不好的款式。這麼一來，Zara就擁有一套非常彈性的生產與分銷模式，能夠快速回應商店提供的訊息，放棄滯銷款（賣不出去的庫存也相對少），並增加暢銷款的產量。這一切都歸功於Zara可以在短短兩週內設計、生產、運送，並在世界各地銷售新款服飾的能力。對於苦苦等候名牌商品上架的消費者來說，這實在是驚人成就。[1]

早在十年前，當時Zara還不是商業學院的研究對象，管理學教授亨利・明茲伯格（Henry Mintzberg）就已經預見了衡量—因應策略，他稱這種概念為「應變型策略」。第7章提到，計畫制定者使用傳統的策略規畫方法時，難免會想預測未來，而預測又必會出錯。對此，明茲伯格建議，計畫制定者別太投入預測長期趨勢，而要重於快速因應實際變化。也就是說，計畫制定者應該要盡可能了解當前情況，而非試著正確預測未來。此外，還要像Zara一樣隨機應變，放棄行不通的方案（無論之前看起來多有希望），然後將資源轉移到已經成功的項目，甚至要隨時開發新的替代方案。[2]

群組、鯡魚與群眾

網路世界最能突顯這種衡量—因應策略的優點。網路世界的開發成本低、使用者眾多，而且可以迅速得到反饋，因此我們可以評估幾乎所有事物在各種形式下的表現，並以此選擇。舉例來說，雅虎二〇〇九年推出新首頁之前，花了數個月時間，針對首頁的每個設計元素進行「群組測試」（bucket testing）。當時有約一億人將雅虎設為首頁，也為雅虎的其他服務帶來大量流量，因此每一個微調都必須非常謹慎。在重新設計首頁的過程中，每當團隊想到一個新的設計元素，就會隨機選擇一小部分的使用者（即「群組」），讓他們瀏覽使用新元素的首頁。接著，團隊便可以將該群組的回饋與觀察指標——例如使用者停留在頁面的時間，或者點擊了哪些連結——跟一般用戶比較，進而評估新元素的優劣。透過這種方式，雅虎可以根據真實的用戶數據，即時找到有加分效果或無效的元素。[3]

現在，群組測試已成為許多企業的例行公事，像Google、雅虎、微軟等大型網路公司都藉此改善廣告配置、內容篩選、搜尋結果、推薦內容、定價，甚至是網頁版面設計。[4]越來越多新創公司也開始向廣告商提供自動化服務，以點擊率來衡量，從大量潛在廣告中找出表現最好的廣告。[5]這種「衡量—因應」的計畫哲學，並不限於理解消費者面對各種選擇的反應，也可以將消費者納入製作與生產內容。媒體界也有類似觀點，《赫芬頓郵報》（*Huffington Post*）共同創辦人喬納．裴瑞迪（Jonah Peretti）稱之為「鯡魚策略」（Mullet Strategy），這個名稱來自於常被批評的鯡魚頭髮型，特色是「前面看起來很正經，後面看起來很狂野」。

鯡魚策略的出發點是一種很普遍的看法：使用者原創內容（user-generated content）是媒體公司的潛在金礦。部分原因在於使用者能夠大幅延伸、擴展如新聞報導等網路內容。但更重要的是，使用者可以參與討論，進而改變體驗的本質，也就是從單純消費變成主動參與，因而提升了使用者的投入程度與忠誠度。但就像真正的金礦，絕大部分使用者原創內容是砂石，而非黃金。只要看過熱門部落格或新聞網站的人都知道，很多留言不是非常偏頗，就是蠢到不行，還有一部分是酸民的刻薄留言。總之，這些都不是發布者想推廣的內容，廣告商更不可能想投放廣告在這種頁面。對網路留言、評論進行審查是釜底抽薪的做法，但往往會流失使用者，因為大家都痛恨自己的評論被監督與過濾。例如《赫芬頓郵報》很快就發現，編輯審核的效果並不好，因為少數幾個編輯的閱讀速度跟不上每天數百篇網路文章的更新速度。這時候，鯡魚策略就能派上用場：通常沒什麼人會認真看網頁或文章的最後一頁，那裡就可以允許百家爭鳴（百萬家也可以）。接著，把不錯的後頁內容選擇性地置於廣告投放的黃金地帶——前頁，再由編輯嚴格控管前頁的內容。[6]

鮮魚策略也是一個「群眾外包」的例子。二〇〇六年，郝傑夫（Jeff Howe）在《連線》（*Wired*）雜誌發表了一篇文章，提出群眾外包的概念，描述一種把小型業務外包給大量個人工作者的現象。事實上，網路新聞正逐漸轉向群眾外包的模式——這不僅僅是圍繞新聞主題的社群活動，而且還是自己創造新聞內容，甚至決定首頁的報導主題。舉例來說，《赫芬頓郵報》仰賴數千名部落客無償貢獻內容，這群人的動機如果不是對題材充滿熱情，就是希望自己的文章發表在讀者眾多的新聞網站，增加自己的曝光度，進而從中獲益。同樣地，像美國生活資訊新聞網（Examiner.com）這一類網站，也雇用大量寫手撰寫他們有興趣的主題，並根據點閱率給付酬勞。另外，像雅虎自家的新聞部落格「結果」（The Upshot）以及收購的「相關內容」（Associated Content）網站，不僅將寫作進行群眾外包，還會追蹤搜尋關鍵字以及當時流行的其他指標，來決定文章的主題。[7]

評估受眾喜好，並盡可能即時反應的這種概念，也開始在營收難以突破的新聞媒體之外得到關注。例如，美國有線電視頻道Bravo除了既有的電視節目，也定期推出真人實境秀，並追蹤幾個角色的網路熱度。實境秀的成本較低，而且能夠快速製作播出，如果演員想離開，電視台也可以隨時喊卡。吉士堡網（Cheezburger Network）走同樣路線，該媒體旗下有五十幾個網站，特色是用戶會上傳搞笑照片或影片，並搭配有趣的標題。吉士堡網如果注意到新趨勢，會在一週內推出新網站，且迅速關掉乏人問津的網站。另外，BuzzFeed這個發布「傳染性媒體」的平台，也會追蹤數百個熱門話題，而且只推薦已經引發熱烈迴響的內容。[8]

上述創意十足的群眾外包案例，最適合有數百萬人瀏覽的媒體網站——這種網站也能在第一時間收集到人們的喜好或厭惡。但如果你的公司不像Bravo、Cheezburger或BuzzFeed，而是生產小零件或賀卡之類的無聊小公司，你要如何運用群眾之力？第2章提過，我與梅森曾經用亞馬遜的土耳其機器人網站，進行薪酬與工作表現的實驗。幸運的是，像他們那種群眾外包服務，也可以用來執行快速且低成本的市場調查。正在為下一本書的書名煩惱嗎？與其與你的編輯一起絞盡腦汁，不如花十美元在土耳其機器人網站舉行一次快速投票，只要幾小時就能獲得上千個意見，或者更棒的是，你甚至可以讓「託客」建議選項並進行投票。想得到新產品或行銷活動設計的回饋嗎？把圖片放到土耳其機器人網站，讓用戶們投票。想對搜尋引擎的結果進行獨立評估？刪去你的產品標籤，把你的搜尋結果放到土耳其機器人網站，旁邊並列競爭品的搜尋結果，讓真正的網路用戶來選擇。想知道媒體是否對你的候選人有偏見？上網尋找數百篇新聞報導，讓託客閱讀並判斷這些新聞屬於正面或負面評價，只要一個週末就能搞定。

不過，土耳其機器人與其他群眾外包服務顯然都有一些局限。最明顯的問題，就是託客們的代表性與可靠性。許多人會很困惑，怎麼有人願意為一點錢，甘願做這些無聊瑣碎的工作，從而懷疑託客是否真的能代表一般大眾，或者他們是否認真看待工作。這些擔憂當然合理，但隨著土耳其機器人社群日漸成熟，研究人員也越來越能掌握其特性，這些疑問似乎漸漸澄清並解決。例如，託客多樣化與具代表性的程度，遠比研究人員最初臆測的還要高，最近有幾個研究也顯示，這群人展現出的可靠性堪比「專業」工作者。最後，就算有時候不太可靠，通常用一些簡單方法就能改善，例如：同時讓幾個託客為內容進行獨立評分，然後再取多數人的意見或平均值。[9]

不如先「預測現在」

在更高的層面上，網際網路整體也可以視為一種群眾外包。數億人使用搜尋引擎來收集資料、探索事物，且越來越常瀏覽新聞、娛樂、購物和旅遊網站，也越來越常透過臉書、推特等社群網站跟朋友分享資訊，內容五花八門。因此，我們理論上可以匯聚所有網路上的活動，呈現出一幅全球網友的興趣、關注與意圖的即時世界圖景。例如，Google

和雅虎的研究人員能透過計算「流感」或「流感疫苗」等相關詞彙的搜索次數，估算出流感的病例數，而且估算結果非常接近美國疾病管制暨預防中心（CDC）的報告。[10]另外，臉書根據用戶的動態更新，就能發布「國民幸福指數」（GNH）指標。[11]雅虎曾經發布一份年度搜索次數排行清單，作為文化時代精神的概略指南。[12]毫無疑問，在不久的將來，網路搜尋與動態更新這類數據，很有可能會結合其他來源的資料，例如推特上的推文、四方廣場（Foursquare）上的打卡位置，然後產生與房地產、汽車銷售、飯店空房率相關的具體指標——而且不僅是全國性的大致數據，還可以再精細到地區性。[13]

只要適當開發、校準基於網路數據所衍生的指標，就能幫助企業和政府衡量受眾的喜好與情緒，並做出適當回應。Google首席經濟學家哈爾・韋瑞安（Hal Varian）稱這種方法為「預測現在」。事實上，我們甚至可以利用群眾來預測不久後的將來。例如，想買新相機的消費者可能會上網搜尋、比較不同型號的差異，想看電影的人會搜索新電影的上映日期與放映戲院，想度假的人也會搜尋旅遊景點、查詢機票與住宿費用。透過彙整上述零售活動、電影或旅遊方面的查詢資料，我們就能預測經濟、文化或政治利益方面的近期行為。

因此，研究人員開始著手相關問題，例如：找出可以用搜尋來預測的行為類型，以及這種預測的準確性，還有預測的有效時間範圍。我跟雅虎的同事也研究了關鍵字搜尋量在預測下列項目的效果：電影的首映週末票房、新發行遊戲的首月銷量，以及《告示牌》（*Billboard*）的流行音樂「百大單曲榜」排名。我們在事件發生的幾週前就進行預測，這裡討論的不是預測長期的未來事件，正如我在第7章提到的，預測長期事件要困難許多。此外，就算只是在上市前一週預先知道多一點閱聽者的喜好，也能幫助電影製作公司或經銷商決定不同地區上映的電影與放映廳數。[14]

我們發現，與其他類型的公開數據相比（如製作預算或配銷計畫），關鍵字搜尋的數據所能帶來的改善雖然不多，效果卻很顯著。我在第7章提過，其他的預測法難以勝過基於歷史數據的簡單模型，而關鍵字搜尋的數據，原則上也是如此。但透過關鍵字搜尋與其他網路衍生的數據，仍然有很多方法可以改善預測力。有時無法獲得可靠的歷史數據，例如：你即將發行一款從未曝光的新遊戲，或者你沒辦法取得競爭對手的銷售數字。或者正如我說過的，有時未來的趨勢不同於往常——平穩的經濟指標忽然劇烈波動，原本不斷上漲的房價突然崩盤——像這種情況，我們可以想像基於歷史數據的預測並不準確。因此，當你無法取得歷史數據或缺乏有用的訊息時，設法了解集體意識的即時狀態（例如關鍵字搜尋所反映出的訊息），可能也會帶來寶貴的優勢。

整體而言，網路對「衡量—因應策略」是有助力的，這對商業人士、科學家和政府官員來說相當令人振奮。但必須謹記，我們不是只能用網路技術才能實現衡量—因應策略的原則，Zara這一間非網路公司就提供了很好的示範。關鍵在於，我們衡量世界狀態的能力與日俱增，因此，我們對於規畫的傳統態度與思維模式也應該隨之改變。與其事先預測人們的行為，並努力設計方案，企圖引導消費者對廣告、產品或政策做出特定反應，不如直接去衡量他們對一系列可能情境或產品的反應，並據此進行調整與應對。換句話說，從「預測與控制」到「衡量與因應」，不僅是技術上的改變（技術當然是必要條件），更是心態上的轉變。只有當我們承認自己無法預測未來，才能打開一扇探索未來的大門。[15]

別只是衡量，要有實驗精神

在很多情況下，如果只有提高衡量事物的能力，還是無法讓我們知道「應該知道」的訊息。例如，我有個同事告訴我，他跟美國一間大公司的財務長聊過，對方透露自家公司前一年花在「品牌廣告」上的費用大約是四億美元，也就是說，他們沒有給某個產品或服務打廣告，而只是打品牌的廣告而已。那這筆錢的實際效果如何？根據我同事的說法，對方也相當感慨自己不知道品牌廣告應該要花四億美元或者零美元。我們稍微思考一下。財務長沒有說這四億美元沒發揮作用，他只是**不知道**有多大效用。在他眼中，就算不花一毛錢做品牌廣告，公司的表現可能也差不多——但也可能落得慘敗，他就是沒辦法確定。

四億美元聽起來很多，但實際上只是滄海一粟。美國企業每年的行銷費用總計約**五千億**美元，我們也沒有理由認為上面那位財務長跟其他公司的財務長有什麼不同，或許他還更誠實。所有人對品牌廣告的效果都一樣沒把握。所以對於那五千億美元，我們也應該問：它到底對消費者的行為有多大影響？有人知道嗎？被問到這類問題時，廣告商經常引用百貨商店之父約翰・沃納梅克（John Wanamaker）所言：「我花在廣告的錢有一半是丟到水裡了，但我不知道是哪一半。」這句話很中肯，讓人捧腹大笑。但很多人不能理解的是，沃納梅克約在一個世紀前就說了這句話，那個時期愛因斯坦發表了廣義相對論。自沃納梅克的時代以來，科學與技術經歷了前所未有的躍進，盤尼西林、原子彈、DNA、雷射、太空航行、超級電腦、網際網路——各種重要的事物紛紛出現。但困惑沃納梅克的問題至今依舊存在，這是為何？

顯然，**不是**因為廣告商在衡量方面的能力沒有進步。他們可以憑藉自己的電子銷售數據庫，還有第三方評級機構如尼爾森和comScore，以及近年流行的線上點擊流（clickstream）

資料。現代廣告商可以衡量的變項比沃納梅克還多，而且更精準。事實上，廣告商擁有的數據遠遠大於他們的處理速度。但真正的問題在於，廣告商想知道他們投放的廣告有沒有**導致**銷售量上升，卻總是在衡量兩者之間的**相關性**。

理論上，大家都「知道」相關不等於因果，但實際上很容易、也很常將兩者混淆。如果我們節食一段時間之後，發現體重下降了，很容易就會做出這種結論：節食導致體重下降。可是，人們節食時通常也會改變其他生活習慣，例如增加運動與睡眠，或只是更注重飲食。任何一項改變或其中幾項的組合，都可能跟節食一樣導致體重下降。但由於人們的注意力只放在節食上，而不是其他改變，所以會認為體重下降是節食的功勞。同理，在每一個廣告活動的過程中，還有許多其他因素同時也在變化。例如，廣告商通常會根據預期銷售量來設定明年的預算，或在節日的瘋狂購物潮中增加廣告支出。但這兩種策略的效果是一樣的——不管打廣告有沒有任何作用，銷售量與廣告都會形成正相關。就像節食的例子一樣，由於廣告商關注的是廣告效果，所以當銷售量或其他相關評估指標上升，就很容易得出這種結論：讓銷售量增加的是廣告，而不是其他因素。[16]

一般來說，很難清楚區分兩個事件是有因果關係，還是單純彼此相關。但至少原則上有個簡單的解決之道，就是執行實驗，在某些情況進行「介入」（例如節食或打廣告），另一些情況則否。前者通常稱為實驗組，後者是對照組。如果我們關注的效果（減重、銷量增加）在實驗組明顯高於對照組，我們就可以說：介入確實導致此種結果，反之亦然。在醫學領域，如果希望食品藥物管理局（FDA）批准一種藥物，必須先進行人體試驗，隨機分派一些人接受藥物，另一些人接受安慰劑或不接受藥物。當服用藥物者的症狀獲得改善，比率明顯高於沒服用者，那麼藥廠才得以宣稱藥效。

同樣的推理也應該適用於廣告。如果沒有實驗，基本上無法確定因果關係，因此也無法衡量投放廣告的**真實**收益。例如，一間公司發布新產品時舉辦了廣告宣傳活動，後來該產品成為搶手貨。那你當然可以根據廣告費用與業績來計算廣告的投資報酬率，廣告商就是這樣算的。但如果產品本身就很棒，沒有打任何廣告也會賣得很好呢？這樣顯然就是把錢丟進水裡。或者，換成另一個廣告方式，結果可以用相同成本創造兩倍業績呢？我們一樣會認為，儘管先前的廣告宣傳活動「奏效」，但相對上的投資報酬率不高。[17]

而在沒有實驗的情況下，也很難判斷受眾的特性或傾向是否也會影響廣告的外顯效果。例如，你會在搜索結果頁面的右側看到贊助連結，這一類搜索廣告（search ads）會比多數出現在其他網頁上的展示廣告（display ads）更有效。為什麼？主要的原因是，這種贊助連結絕大多數與你搜索的內容有關。搜索「信用卡」的人很有可能看到信用卡公司的廣告，搜索「肉毒桿菌治療」的人很有可能看到皮膚科、醫美診所的廣告。不過，這些人對於特定廣告商提供的內容非常感興趣。如果有人點了信用卡廣告，然後馬上申辦一張信用卡，這個功勞只有一部分是廣告，原因很簡單：因為這個人不管怎樣都會去辦一張信用卡。

這看起來很理所當然，卻經常被誤解。[18]事實上，廣告商通常會多花一些錢來吸引最有可能購買自家產品的顧客，譬如：買過自家產品（像是幫寶適）的人、購買過同類商品（幫寶適的競爭品）的人，或是特性與處境很可能即將購買這類產品的人（即將有第一個孩子的新手爸媽）。一般人往往認為這種鎖定受眾的廣告方式，基本上也是一種科學方法。但同樣，這一群受眾至少有一小部分、甚至絕大多數，原本就會購買這項商品。這麼說來，對這一群受眾投放廣告，等同投給那些看了也沒興趣的人，白白浪費時間跟金錢。在這個觀點下，唯一重要的是那些能動搖**邊際消費者**（marginal consumer）的廣告，這些人如果沒看到廣告，就不會買這項產品。要確定廣告對邊際效費者的影響，唯一方法就是進行實驗，隨機決定誰會看到廣告，誰又不會。

走出實驗室：實地實驗

對這一類隨機實驗最普遍的批評，是它很難實際執行。比如說在高速公路旁立一塊廣告，或刊登在雜誌上，通常不會知道有誰看到，就連消費者本身也常常沒意識到自己有看到廣告。此外，我們也很難評估廣告的效果。因為消費者可能會在幾天、幾週之後才購買商品，到那時，看到廣告和購買行動之間的連結已經消失了。這些反對都很合理，難怪大家如此抗拒實驗。但執行方法似乎有了新的進展，可以解決上述難題。例如我在雅虎的三位同事——大衛・賴利（David Reiley）、泰勒・史萊納（Taylor Schreiner）以及藍道・路易斯（Randall Lewis）曾進行一個開創性的「實地實驗」，對象是一間大型零售商的一百六十萬名客戶，這群人當時也是雅虎的活躍用戶。

為了進行實驗，賴利與公司隨機分配一百三十萬名用戶到「介入」組（即實驗組），當這些人一進入雅虎的網站，就會看見這一間零售商的廣告。剩餘的三十萬名用戶被分配到對照組，他們瀏覽的網頁雖然基本上跟實驗組一模一樣，卻不會看到這些廣告。由於是隨機分派，這兩組的行為差異必然是由廣告造成。此外，所有實驗參與者的資料也都在零售商的資料庫中，根據參與者在廣告活動結束後幾週內的實際消費行為，就能夠衡量廣告效果。[19]

利用這種方法，研究人員估算出：廣告產生的短期額外收入大約是廣告成本的四倍，長期來看可能還會更高。他們的結論是，這一次廣告確實有效，這對雅虎和零售商來說都是好消息。但他們也發現，受到廣告影響的幾乎都是老年人，也就是說，廣告對四十歲以下的人幾乎毫無作用。乍看之下，這個結果似乎是壞消息。但換個角度，我們發現有個地方不起作用，其實不失為解決問題的第一步。譬如，廣告商可以找各種方法來吸引年輕人，或許可以換個形式、風格，或使用不同的誘因和優惠。或許其中一種會奏效，那就非常值得用系統化的方法找到它。

假如所有嘗試都沒有效果，也許只是品牌吸引不了那個族群，或他們對網路廣告根本沒興趣。即使是這樣，廣告商也可以馬上止血，不用再浪費錢向他們投放廣告，而應該把更多資源移動到那些會受到實質影響的族群。總而言之，提升行銷效果的唯一方法，必須要先知道什麼有效、什麼無效。因此，我們不應該把廣告實驗當成那種一定有「答案」、不然就沒有答案的一次性嘗試，而應該內建在所有廣告計畫中，是持續學習過程的一部分。[20]

越來越多研究人員認為，同樣的思維模式不僅適用於廣告界，還適用於各種線上線下的商業與政策規畫。例如，麻省理工學院教授艾瑞克．布林優夫森（Erik Brynjolfsson）和麥克．史瑞吉（Michael Schrage）發表在《麻省理工學院史隆管理學院評論》（*MIT Sloan Management Review*）上的一篇文章指出，無論是搜索網頁上的連結設計、商店貨架上的陳列方式，或是郵寄促銷優惠的細節等等，這一種用來追蹤庫存、銷售和其他業務參數的新科技，已經開啟了商業的新紀元，讓企業也能進行「對照實驗」。布林優夫森和史瑞吉甚至引用哈拉斯賭場（Harrah's）執行長蓋瑞．洛夫曼（Gary Loveman）的名言：「在哈拉斯，只有兩種情況才會解雇員工，一種是偷公司東西，另一種是做商業實驗時沒有納入對照組。」賭場業者竟然走在潮流尖端，用科學方法運作商業實務，這的確讓人有些不安。不過他們將對照實驗納入常規工作的精神與心態，值得其他企業仿效並從中獲益。[21]

在傳統包袱更重的經濟、政治領域，竟然也越來越重視實地實驗。例如，麻省理工學院「對抗貧窮實驗室」（Poverty Action Lab）的研究人員已經執行過約一百次實地實驗，測試各種援助策略是否有效，內容主要涵蓋公共衛生、教育、儲蓄與信貸等領域。政治學家測試競選廣告與電話拉票對投票率的影響，以及報紙對政治觀點的影響。勞動經濟學家也進行了大量實地實驗，測試不同薪資方案的效果，以及獎勵制度如何影響績效。上述研究人員提出的問題都非常具體，像是：援助機構應該免費發送蚊帳，還是要收費？員工對固定薪資與績效薪資制度分別會有什麼反應？提供儲蓄計畫是否有助民眾增加存款？即使是如此瑣碎的問題，對管理者和計畫制定者來說仍然很有幫助。當然，實地實驗的規模也可以更大。例如，公共政策分析師藍道．歐圖爾（Randal O'Toole）曾建議美國國家公園管理處（National Park Service）進行實地實驗，隨機將不同管理方案應用在黃石公園、優勝美地、冰河等國家公園，並衡量哪一種方案的成效最佳。[22]

因地制宜的重要性

實地實驗的潛力讓人驚艷，而且毫無疑問，其適用範圍大大超過目前所及。然而，有些情況根本無法進行實地實驗，像是美國不可能為了找出可行的長期戰略，而跟一半的伊拉克開戰，同時跟另一半的伊拉克友好。一家公司也不可能輕易重塑一部分的品牌，或只針對部分消費者重塑品牌。[23]像是這些決策，我們很難從實驗中得到幫助，卻還是得做出決策。我們固然樂見學者、研究者針對因果關係的細節展開辯論，不過，政治家與商業菁英卻經常要在充滿不確定性的情況下行動。這時，第一個金律就是別讓完美主義誤事，正如我的海軍教官一直掛在嘴上的：有時候一個糟糕的計畫也好過沒有任何計畫。

確實如此。很多時候，或許一個人能做的，只有選擇最可能成功的方法，接著付諸行動。不過，計畫制定者握有權力且位居重要地位，他們時常過度相信自己的直覺，後果往往不堪設想。正如我在第1章提到的，十九世紀末至二十世紀初，在工程師、建築師、科學家和政府官員之間，普遍瀰漫著一股樂觀的氛圍，相信處理社會問題並不難，只要套用科學與工程問題的解法就能解決。正如社會學家斯科特所言，這種樂觀態度根本是一種錯誤信念，以為計畫制定者的直覺跟經年累積的專業科學知識一樣精準可靠。

斯科特主張，這種「極端現代主義」哲學觀的主要缺陷，就是忽略了以脈絡為主的在地知識（local knowledge），而傾向於建立僵化的因果關係思維。斯科特進一步指出，將一般通則應用到一個複雜的世界，「會招致實際失敗、社會幻滅，或很有可能兩者皆有」。他認為要解決這個問題，制定計畫時就該運用「我們在面對瞬息萬變的自然與人類環境時，所習得的各種實務技能與累積的智慧」。另外，這一種知識很難簡化成普遍適用的通則，是因為「運用這類知識的環境是如此複雜且不可複製，無法套用理性決策的正規步驟」。換句話說，制定計畫時所仰賴的知識，必然要**貼近**該計畫預期處理的具體情境，才能因地制宜。[24]

事實上，經濟學家弗里德里希·海耶克（Friedrich Hayek）早在許多年前，就已預告了柯斯特強調在地知識的這種觀點。海耶克在著名論文〈知識在社會中的運用〉（*The Use of Knowledge in Society*）中提到，計畫基本上是關於知識的累積。想要知道該分配什麼資源、以及分配到哪裡，就必須知道每個人相對上需要多少資源。但海耶克也認為，計畫制定者不管有多聰明、立意多良善，也無法在一個擁有數億人的龐大經濟體中，匯聚一切相關知識。然而，市場卻在沒有任何監督、指導的情況下，每天聚集所有訊息。例如，假設某個地方有一個人發現了鐵的新用途，能讓他獲得更多利潤，於是他會比其他人更願意花錢買鐵。但由於其他因素不變，只有總需求量增加，鐵的價格於是水漲船高。因此，較不常使用鐵的人購買量會變少，反之，積極使用鐵的人會買更多。我們不需要知道鐵的價格為什麼會上漲，或是追究到底是哪一位仁兄突然需要那麼多鐵。事實上，大家都不需要知道整個過程的任何一件事，市場那雙「無形的手」會自動將地球上有限的鐵資源，分配給能充分利用它的人。

許多自由市場的倡議者經常引用海耶克這篇論文，宣稱政府設計的解決方案總是比基於市場的解決方案還差。某些情況下，這個結論是正確的。例如，減少碳排放的「總量管制與排放交易」政策，就是採用海耶克這一理論。該政策並非典型的政府監管，不是政府規定企業減少碳排放量，而是簡單藉由「限制」整個經濟體碳排放的總量，以此設定碳排放的成本，接著讓各個企業自行找出解決問題的最佳方案。這樣一來，有些企業就會設法減少消耗能源，有些則轉而使用替代能源，還有些會設法處理目前的排放物。最後，有些企業寧願從願意減少碳排放的企業那裡購買「碳權額度」——就像其他市場一樣，額度的價格將取決於整體的供需狀況。[25]

像「總量管制與排放交易」這類市場導向的機制，似乎真的比中央集權的官僚體制更可能解決問題。但這一類市場機制並不是利用在地知識的唯一途徑，也不見得是最佳方法。例如，「總量管制與排放交易」政策的批評者指出，碳權額度的市場可能會催生出各種衍生產品，就像二〇〇八年搞垮金融體系的衍生商品一樣，最後違背了該政策的初衷。他們更進一步，提議了一種較不易出現投機行為的策略，即透過徵稅來增加碳排放成本。這樣不但能鼓勵企業減少碳排放，也讓他們保有自行決定最佳減碳方式的空間，又能避免市場上的間接成本與複雜情況。

另一種非市場導向、但仍運用在地知識的方法是「有獎競賽」（prize competition），這在政府部門與各個機構越來越受到歡迎。有獎競賽不會提前分配資源給預先選定好的對象，反之，它開放讓任何人能參與解決問題的過程，但只獎勵達到預定目標者。有獎競賽可以用相對少的資金，發掘出驚人的創造力，因此這幾年受到了大量關注。舉例來說，美國國防高等研究計畫署（DARPA）只要贊助幾百萬美元的獎金，就能號召數十所大學實驗室集思廣益、發揮創意，開發出無人駕駛的自動汽車。如果用的是傳統研究經費，會燒掉更多錢才能夠支持如此浩大的工程。同樣，安薩利X大獎（Ansari X Prize）提供了一千萬美元獎金，吸引大家投入研發，致力打造可重複使用的太空船——但這些工作的總價值超過一億美元。另外，線上影音平台Netflix花一百萬美元獎金，就能找到全世界最有才的電腦工程師，協助改善影片推薦系統的演算法。

受到上述例子的啟發，加上意諾新（InnoCentive）這種「開放式創新研究」公司在工程學、電腦科學、數學、化學、生命科學、物理學和商業領域中舉辦的數百次有獎競賽，各國政府不禁開始好奇：這種方式是否可以用來解決棘手的政策問題。譬如，二〇〇九年歐巴馬政府頒布的「邁向巔峰」（Race to the Top）政策，衝擊了整個教育體制。該政策實際上是一項有獎競賽，目的是讓美國各州針對公共教育資源分配提出計畫。比賽評分項目有各種面向，包括學生表現評量、教師當責情況，以及勞動契約改革。儘管「邁向巔峰」政策很多地方受到批評，像是強調「教師素質是決定學生表現的主要因素」，且使用學生在標準化考試的成績來評價教師。這些都是合理的批評，不過「邁向巔峰」至少是有趣的政策實驗，就跟「總量管制與排放交易」一樣，政府只規定了大範圍的「解決」方向，把具體作法留給各州自己決定。[26]

追根究柢：自主啟動法

市場導向的解決方案與有獎競賽都是好主意，但中央政府機構還能透過其他方式利用在地知識。另一種完全不同的方法，可從以下觀察來說明：在任何有問題的系統中，通常都會有個人或團體為特定問題找到可行的解決辦法。行銷專家奇普・希思（Chip Heath）和丹・希思（Dan Heath）在《學會改變》（*Switch*）一書中，稱這樣的人或團體為「亮點」。更早提出「亮點法」的是塔夫斯大學（Tufts University）的營養學教授瑪麗安・柴特琳（Marian Zeitlin），她注意到很多針對貧困社區兒童營養狀況的研究，都發現不管在哪個社區，總是有一些兒童的營養狀態比較好。柴特琳詢問那些兒童的母親，了解她們做了什麼、餵小孩吃什麼，以及進食的時間等等。柴特琳發現，只要把當地已有的成功方法教給其他母親，就能幫助她們把自己的小孩照顧得更好。後來，「亮點法」成功應用在發展中國家。甚至在美國，為了減少細菌感染（以期有效預防醫院中的死亡事件），整個醫療體系都在使用少數幾間醫院的洗手步驟。[27]

亮點法也類似政治學家查爾斯・賽伯（Charles Sabel）提出的「自主啟動法」（bootstrapping）——後者也開始在經濟發展領域流行起來。「自主啟動」師法著名的豐田生產管理（Toyota Production System），該管理法首先被日本汽車公司採用，後來更是推廣到各種行業與文化領域。基本概念為：生產系統的設計應該遵循「即時」（just in time）原則，即必須保證「只要系統中某個部分故障，那整個系統就要停工，直到順利解決問題為止」。這乍看之下似乎是個壞主意，而且一度讓豐田汽車在災難邊緣，但這種做法的優點在於，能夠迫使企業迅速且積極地修正問題。此外，這個管理法還迫使企業追查問題的「根源」，這必須跳脫故障的直接原因，進而檢視部分故障如何影響其他部分。最後，它還迫使企業尋找現有的解決方案，或借鏡類似問題以調整解決方法，後者又稱為基準化分析（benchmarking）。確認故障點、追查問題根源、在現行程序之外尋找解決方案——結合了上述三項步驟，企業或組織就可以徹底轉型，原本是由集中管理來提供複雜問題的解法，轉變為在廣泛的合作網絡中尋找答案。[28]

自主啟動法跟亮點法一樣，著重於具體解決在地問題，並從實際情況中提取有效的解法。而自主啟動法不僅能找出有效的方法，還能進一步確認，如果排除某些障礙、移除某些限制，或解決系統的某些問題，這樣會有哪些解法行得通。但自主啟動法的潛在缺點是，問題出現時，一定要有一個積極、動機強烈的員工出面解決。所以大家會合理懷疑，這種在高度競爭的產業環境中誕生的模式，是否能套用到經濟發展或公共政策領域。但正如賽伯所指出，目前已經有許多成功的在地案例，例如巴西西諾斯谷（Sinos Valley）的鞋類生產商、阿根廷門多薩（Mendoza）的葡萄酒釀造商，或巴基斯坦錫亞爾科特（Sialkot）的足球製造商，這些在地產業都是借助自主啟動法才能蓬勃發展，很難當作特例而不予承認。[29]

規畫與常理

最重要的是，亮點法與自主啟動法都需要計畫制定者改變思維模式。第一，計畫制定者必須意識到，不論問題是什麼（改善貧困地區的兒童營養狀態、降低醫院的感染率、提升在地產業的競爭力），很可能已經有人找到一部分解法，並樂於向他人分享。第二，計畫制定者發現不需要親自找出每個問題的解法之後，就可以運用他們的資源四處搜尋現有的解法，並讓這些方法更加普及。[30]

事實上，這也是斯科特和海耶克等思想家提供的教誨，他們還建議決策者在制定計畫時，應該要以在地人的知識和行為動機為主，不該以自己的知識和動機為出發點。換句話說，計畫制定者應該要學習像個「探尋者」一樣行事。這個概念是由經濟發展領域的專家——威廉．伊斯特利（William Easterly）提出：

> 計畫制定者會認為自己已經知道答案，以為貧窮只是一種技術工程問題，而他的答案將能解決這個問題。探尋者則會承認自己無法事先知道答案，認為貧窮是政治、社會、歷史、制度和技術等諸多因素造成的複雜難題，並期望透過不斷試誤，在過程中找到解決個別問題的答案……計畫制定者認為單憑局外人的知識就足以找到解法，探尋者則相信只有局內人才具備解決問題的足夠知識，而且多數解法一定是從在地發展出來的。[31]

很多計畫方式雖然表面看似不同，但實際上，都跟明茲伯格的應變型策略、裴瑞迪的鯡魚策略、群眾外包以及實地實驗一樣，都屬於「衡量—反應」這一概念的變體。有時要衡量的是在地當事者的詳細情況，有時是點擊率與關鍵字搜尋量。有時只要收集數據就夠了，有時則需進行隨機實驗。有時候，適當反應是把資源轉移到成功的節目、主題或廣告，有時則需要推廣在地人的解決方案。事實上，有多少問題尚待解決，就有多少使用衡量—反應策略的方法，但一體適用的方法並不存在。不過，上述方法有一個共通點——不論是想改善全球貧窮的政府官員，還是打算為客戶策劃行銷活動的廣告人，每一位計畫制定者都必須拋開自負的想法，不要以為憑直覺、經驗就能制定計畫。換句話說，一個計畫之所以會失敗，不是因為計畫制定者沒常識，而是因為他們只用自己的常識去判斷與自己不同的人的行為。

這個陷阱似乎可以輕易避開，其實不然。每當我們思索事情為何會這樣發展，或人們為何要那樣行動，總是會想出一些貌似合理的答案。我們甚至會被自己的答案說服，如此一來，不管做出什麼預測和解釋，看起來全都合情合理。我們老是覺得，自己非常清楚別人會對新產品、候選人的競選演講或新稅制有什麼反應。我們會說「這樣行不通，因為大家就不喜歡這種東西」或「他顯然在狡辯，沒有人會上當」或「這種稅制會降低工作動機、減少經濟活動」。我們無法克制這些情不自禁的直覺想法，就像無法抑制心跳一樣。但這段話我們可以謹記在心：只要涉及商業策略、政府決策，甚至到市場行銷與網頁設計，都必須盡量少依賴常理，多依賴可以具體衡量的事物。

但是，光靠衡量還不足以防止我們誤入歧途。在一些無法衡量、且更具哲學性的社會問題上（譬如替失敗與成功歸因），常理也會誤導，使我們不由自主運用自己的常理性直覺，推敲出那些看起來理所當然的答案。但同樣地，我們可以質疑自己的答案。既然明白了常理的局限，就能用更好的方式來理解這個世界。

第8章　重點整理

另一個解決不確定性的方法，就是完全不要預測未來，而採用「衡量—因應」策略。這種策略的重點在於：即時衡量世界的真實樣貌，並快速彈性因應。

目前已經有許多相關方法，包括群眾外包、實地實驗、自主啟動法等，都可以應用在商業以及政治領域，用來提升績效表現，或避免災難發生。

9 公平與正義

二〇〇一年八月四日星期六，在紐約警察局服務了十五年的約瑟夫・格雷（Joseph Gray）度過了愉快的一天。那天早上，這位資深老警官在布魯克林第七十二分局值完夜班，決定跟同事們去警局附近喝幾杯。快到中午時，原本的小酌已經變成豪飲了。後來幾個同事打算去附近的「狂野西部」脫衣酒吧吃午餐，格雷警官欣然同行，還在酒吧待了一整個下午直到晚上，甚至同事們都走了，他還留在那裡。格雷這樣有點不對勁，照理來說他那天晚上還要值夜班，但他可能想說換班前幾個小時直接去交班，然後再睡一覺。無論如何，當格雷搖搖晃晃坐進他那台深紅色福特廂型車時，已經喝了十二到十八瓶啤酒，他血液中酒精濃度超過法定上限兩倍。

接下來沒人明白到底發生了什麼事，但紀錄顯示，格雷警官沿著第三大道（Third Avenue）向北行駛時，在格瓦努斯高速公路（Gowanus Expressway）天橋下闖了紅燈，這絕對是錯誤示範，但可能也沒什麼大不了。以往每一個週六晚上，他都能順利開車到史坦頓島（Staten Island），去找一個常一起喝酒的同事，再一起開車回警局。但這次他沒那麼幸運。同樣不幸的還有二十四歲的瑪麗亞．埃雷拉（Maria Herrera）、她十六歲的妹妹迪西亞．佩娜（Dilcia Peña）和四歲兒子安迪（Andy）。事發時，他們三個正要穿越第四十六大街的路口，格雷警官全速撞上，導致他們當場死亡。那個可憐的小男孩，屍體甚至被卡在車子的擋泥板，拖行了快半條街才停下來。目擊者表示，格雷警官下車時，眼神呆滯、說話含糊，還不斷喃喃自語：「他們為什麼要過馬路？他們為什麼要過馬路？……」這場惡夢還沒結束。原來瑪麗亞懷有八個半月身孕，路德醫學中心（Lutheran Medical Center）的醫生進行剖腹，全力搶救這個未足月的嬰兒里卡多（Ricardo），但還是回天乏術。瑪麗亞過世十二個小時後，這個小嬰兒也走了，一家幾口只剩父親維克多．埃雷拉（Victor Herrera）獨自留在世上。

兩年後，最高法院以四項二級誤殺罪（可判刑五年到十五年不等），判處格雷最高的十五年刑期。格雷請求法官寬恕，聲稱自己「這一生從來沒有故意傷害過別人」，還有一百多名支持者寫信給法院，證明格雷的為人。然而安妮．費爾德曼（Anne Feldman）法官依舊不為所動，她表示，喝得酩酊大醉還開著一台五百公斤重的廂型車在市區街上高速行駛，「相當於在一個擁擠的房間裡揮舞一把上了膛的槍」。埃雷拉社區裡連署要求法院判處最高徒刑的那四千名民眾，顯然相當同意法官的看法。許多人都覺得格雷坐完牢就解脫了，維克多・埃雷拉當然也不例外，他在法庭上這麼說：「約瑟夫・格雷，十五年對你來說根本不算什麼，你總有一天會出獄，那時你還能見到家人。而我呢？我已經一無所有，你毀了我的一切。」[1]

即使事發多年，但再次讀到這個事件，還是能感受到受害家屬的悲痛和憤怒。就像埃雷拉告訴記者的：上帝給了他一個夢想中的美好家庭，但有個酒醉的冒失鬼卻瞬間奪走他的一切。這是一個可怕的想法，維克多完全有理由憎恨毀了他生活的那傢伙。但當我讀到這些警局外的抗議活動、街坊鄰居和政治人物對肇事者的譴責、整個社區感受到的衝擊，以及最終的判決時，我忍不住這樣想：如果約瑟夫・格雷晚個幾秒鐘才出發會怎樣？這場意外當然就不會發生了，瑪麗亞跟她的妹妹和兒子會安然無恙地穿越馬路。幾週之後，里卡多出生了，他們會一直過著幸福的生活。沒有人會注意那一個夏天晚上，有一台廂型車超速行駛在第三大道。約瑟夫・格雷會順利在史坦頓島接到他同事，然後他同事會繼續讓他開車回布魯克林。格雷或許會被長官訓斥一頓，或僥倖沒事。無論如何，他隔天都會回到家裡，繼續跟妻子和三個孩子過著平淡的生活。

結局好，一切就好？

好啦，我知道你在想什麼，就算格雷酒駕不一定會釀成這個意外，但確實增加了意外發生的可能。從格雷的行為來看，懲罰他一點都不為過。這麼說來，類似的犯罪行為其實天天都在上演。每天都有警察、官員或家長酒駕上路，有些人跟格雷那天一樣喝個爛醉，有些人一樣開車不負責任。但大多不會被逮補，就算有少數人被逮補也幾乎不用坐牢。很少有人像格雷一樣受到如此重的懲罰，以及四面八方的輿論攻擊。他被貼上惡魔和殺人兇手的標籤。格雷到底犯了什麼滔天大錯，讓他比其他酒駕者更罪不可赦？不管你認為格雷那天的行為有多麼不道德、多麼該死，只要他那天晚一分鐘離開酒吧，只要當時剛好是綠燈，只要瑪麗亞一家人過馬路前恰好耽擱了一下，只要這家人看到車子就加速或放慢腳步——或許車禍就不會發生了。可是，不管有沒有發生意外，格雷行為的惡劣程度照理來說都一樣。就算你認同費爾德曼法官的邏輯，認為在大街上酒醉開廂型車的所有人，都可能是殺害母親與孩子的兇手，你也不能以「**可能**會撞死人」為由，判所有酒後開車的駕駛十五年徒刑（現在還要加上行車時傳簡訊、講手機的駕駛）。

我們總是認為事情的結果最重要，這是很常理性的想法。如果釀成大禍，我們會給予極大譴責，反之，如果沒有造成傷害，我們便傾向從寬處理。畢竟只要結局好就一切都好，不是嗎？也許是，也許不是。先澄清一下，我並不是要討論約瑟夫・格雷的判決是否公正，或他在牢裡蹲上十五年是不是活該。我也不是說所有酒駕的人都該被當成殺人犯。我要表達的是，既然事情的結果會造成如此大的影響，我們對正義的常理性觀念，必然會使我們陷入一種**邏輯**上的兩難。一方面，如果不用法律的力量嚴懲那個殺害四個無辜之人的兇手，實在令人義憤填膺。另一方面，把所有原本正直、誠實，但喝多了之後還開車上路的人都當成殺人犯，似乎又說不過去。在這兩種情形中，除了命運之神那雙顫抖的手，其他條件並無不同。

在現實世界裡，我們很可能就是要接受這種兩難。長期以來，致力於組織研究的社會學家宣稱，在組織機構甚至社會中，人們其實很少遵守那些約束行為的正式法規，實際上這種法規也不可能一致、全面地落實。人們往來的真實情況太複雜，而且有許多模糊地帶，不可能一切都用事先訂定的制度、規則加以管理。所以，生活上的事情最好留給個人處理，讓大家各自依據自己的常理，自行判斷在特定情況下合理或可接受的做法。常理在大多數時候很管用，我們不需要監管機構或法院介入，就可以解決問題，並從錯誤中記取教訓。但是，當違規行為非常嚴重或引人注目時，就必須搬出相關法規來制裁違規者。但正如我先前提過的，執行法規的過程可能很武斷、甚至不公平，受罰的人理所當然會認為「為什麼是我？」，這些法規確實遵從一個更高層次、更社會性的目標，概略提供了一個放諸四海皆準的規範，定義何謂「可接受」的行為。我們不需要完完全全用一致的態度處理所有案例，而只要利用懲罰的威嚇作用阻止一部分反社會行為，就足以讓社會正常運轉了。[2]

從社會學的角度來看，這非常有道理。就算有些不負責任的人僥倖不用為自己的行為付出代價，但為了約束其他人，社會還是必須偶爾懲罰違規者以示警惕。予以制裁的程度，取決於違規行為所造成的傷害。不過，在類似格雷這種案例上，社會學觀點提出的解決方法恰巧與一般常理相同，但這不代表兩方的論述一致，更不代表兩方都支持彼此的看法。在社會學中，並不認為常理這種「結果勝於過程」的看法是對的，而是認為：為了達到某種社會目的，這種錯誤是可以容忍的。事實上，奧利佛・霍姆斯（Oliver Wendell Holmes）就用這種觀點來捍衛言論自由，他捍衛的不是個人權利，而是相信允許每個人表達自己的意見，將有助於創造一個充滿活力、創意與自律的社會——這無疑是一種更大的利益。[3]因此，我們就算不考慮格雷這類案例的邏輯難題，將之看作是落實可治社會（governable society）必須付出的可接受代價，也不代表我們應該忽視運氣對結果的決定性影響。我們確實常常忽視機運。當我們審判罪行、評價他人職業、衡量藝術作品、分析商業策略、評估公共政策時，經常會受到已知結果的大量影響，而這些結果很大程度上是運氣造成的。

光環效應：客觀不簡單

上一段的問題，與管理學家菲爾・羅森維格（Phil Rosenzweig）提出的「光環效應」（Halo Effect）有關。在社會心理學中，光環效應是指人們在評價他人時，會傾向將某一些特徵的評價，例如長得高或長得好看，延伸到其他特徵的評價，而後者不見得與一開始的特徵有關，例如智商或性格。譬如，長得好看的人，卻不一定很聰明。但我們在實驗室中發現，受試者總是覺得相貌出眾的人比其貌不揚的人聰明，而他們沒有任何能判斷智商的證據。這樣說來，不難理解美國第一任副總統約翰・亞當斯（John Adams）會開玩笑說，華盛頓是公認的天生領導者——因為他總是房間裡最高的人。[4]

羅森維格認為，在評估經營策略、領導力和執行力時，照理來說要抱持客觀、理性的精神，但實際上卻常常出現光環效應。人們總是認為成功的公司具有高瞻遠矚的策略、強大的領導力、穩健的執行力，認為績效不佳的公司經營策略一定有問題、領導無方、做事草率。羅森維格指出，有些公司的績效表現隨著時間有著大幅波動，即使他們一直在同樣的領導下使用同樣的策略，並用同樣的方式執行，也會因為績效波動而受到不同評價。前面提過思科系統這家公司，才短短幾年就從網際網路時代的典範，淪為其他公司引以為戒的負面案例。無獨有偶，二〇〇一年安隆公司跌落神壇之前，曾有六年被《財富》雜誌譽為「全美最具獨創性的公司」。已經倒閉的平價服飾零售商Steve & Barry's在宣告破產前幾個月，還被《紐約時報》捧為改變遊戲規則的公司。羅森維格的結論是，在所有這些案例中，一家公司會獲得什麼評價，主要取決於大家是否認為它成功，而非它實際上做了什麼。[5]

持平而論，安隆公司表面上的成功，有一部分是靠欺騙得來的。外部人士如果可以多了解這家公司內部實際發生的事，或許就會更加謹慎。同樣，如果可以掌握更多訊息，人們或許更能意識到Steve & Barry's，甚至是思科系統潛在的問題。然而羅森維格說，只是掌握更多訊息，也無法抵擋光環效應的威力。例如在早期一個實驗中，研究人員要求各組受試者分析一間虛構公司的財務狀況，接著會給受試者的表現打分數，然後，各組要評估自己團隊的凝聚力、溝通、積極度等各種指標上的表現。結果不出所料，比起一開始得分較低的小組，一開始得分較高的小組一致認為自己的團隊更有凝聚力、更積極。但問題是，研究人員只是隨機給各小組打分數，高分組和低分組的表現其實沒有差別。換句話說，不是優秀團隊導致了卓越的結果，而是卓越結果的表象導致了優秀的錯覺。有一點很重要，做出評估的是團隊成員，而不是缺乏內部訊息的外部觀察者。換句話說，光環效應反轉了一般判斷表現的方式——原本應該根據過程的品質來評估結果，卻變成先觀察結果是什麼，再決定要如何評估過程。[6]

我們很難避免光環效應。如果不能根據結果來評估過程，我們就會無所適從，不知道依據什麼來判斷。其實，用結果來評估過程沒有不對，問題在於，只用單一結果來評估過程並不可靠。假如我們很幸運，可以執行不同的計畫，然後每一個計畫都嘗試數次——那只要持續記錄這些嘗試最後是成功還是失敗，就可以直接確定計畫的優劣。但如果一個計畫只能嘗試一次，那麼避免光環效應最好的方法，就是在執行計畫的過程中，將所有心力聚焦在評估上，並不斷改善當前在做的事。我們先前提過一些可以應用在制定計畫的技術，如情境計畫與策略彈性，可以幫助組織發現可疑的假設，同時避免明顯的錯誤。另外，預測市場和民意調查可以運用集體智慧，在得知結果之前就先評估計畫的品質。還有第8章的群眾外包、實地實驗，以及自主啟動法，都可以幫助組織了解可行與不可行的方案，並即時調整策略。上述這些方法都是在改善制定與執行計畫的過程，幫助我們提高成功的機率。但這些方法不能、也不該保證一定會成功。我們不管在何種情況都要記住，好計畫可能會失敗，壞計畫也可能會成功，取決於機運。所以，我們在判斷計畫的優劣時，除了參考已知結果，也應該考慮到計畫本身的優缺點。[7]

是實力，還是運氣

我們在衡量個人表現時，也很容易因光環效應而犯錯。這裡有個明顯的例子，就是前幾年社會大眾對金融業高薪酬發出的怒吼。要知道，人們憤怒的主因不是銀行家的薪水很高（大家早就心知肚明），而是因為他們享有高薪，卻表現得那麼爛。毫無疑問，所謂的「為失敗付出代價」尤其令人難堪。但實際上，這只是反映出「績效薪酬」概念中更深層次的問題，且與光環效應息息相關。舉例來說，金融危機爆發的隔年，在二〇〇九年幫雇主賺到錢、有資格獲得高額獎金的金融從業人員，難道不該領取獎金嗎？畢竟當初搞砸的又不是**這些人**，為什麼他們要因為別人的愚蠢行為而受懲罰呢？正如一個獲得獎金的ＡＩＧ（美國國際集團）員工說：「我是拿到獎金，但我跟ＡＩＧ發生的壞事沒有任何關係。」[8]而且站在務實的角度，如果幫公司賺錢的員工沒有得到相應的報酬，他們絕對會跳槽到別家公司——這是老闆一直都知道的事實。就像獲得獎金的那個員工所說：「公司需要我們留下來，因為我們能幫公司賺很多錢。我們當然也可以把業務帶到競爭對手那裡去，或者我們也可以慢慢減少獲益——如果這就是公司想要的。」這一切聽起來都很合理，但很可能又是光環效應在作祟。一邊是媒體和大眾唾罵昔日績效「糟糕」的銀行從業員，另一邊是現在績效「不錯」的銀行從業員，後者理所當然地享有應得的酬勞。但據我們所知，這兩群人可能在玩一模一樣的把戲。

讓我們來進行一個思考實驗，請想像以下情形：每一年你都會丟一枚銅板來預測運勢，如果丟出正面，表示接下來是「很旺」的好年，如果丟出反面則代表是「很背」的壞年。結果，你在壞年真的衰到不行，讓老闆損失慘重，而在好年，你為雇主賺到可觀的利潤。對了，你的公司所採行的績效薪酬制度相當嚴格，所以你在壞年連一毛錢都拿不到，而且也沒有固定獎金，沒有重新定價的員工認股權這種東西。但是在你的好年，你會得到一筆豐厚的獎金，例如一千萬美元。這種安排乍看之下很公平，因為你只有在業績好的時候才能獲得酬勞。但仔細想想就會發現，長遠來看，你為雇主賺來的利潤，基本上都被你造成的虧損抵消了，但你的平均年薪卻高達五百萬美元。不過，那個AIG的員工應該不覺得自己是在丟銅板賭運氣，想必他會覺得我的比喻不倫不類。他會認為自己的成功才不是靠運氣，完全是憑實力、經驗和勤奮工作。他還避開了同事們犯的決策錯誤。但是，他的同事們一、兩年前獲得高額獎金時，說法剛好一樣，最後卻化為泡影。所以我們有什麼理由相信那個員工，就像先前相信他同事那樣呢？更重要的是，有沒有一種績效薪酬制度，能真正獎勵員工的績效表現？

有一種作法越來越常見，雇主會先暫時扣留員工實際應得的獎金，幾年之後再發放。這個作法的概念是，假設工作成果真的像丟銅板一樣是隨機事件，那麼根據多年的績效表現來支付薪酬，應該可以平衡掉一些隨機性的影響。舉例而言，我如果持有一種具風險的資產，其價值今年會飆漲，明年會慘跌。假如利潤是根據三年一期的績效來計算，那我會拿不到任何利潤，這很合理。但正如房地產泡沫告訴我們的：原本看似正確的假設，過了幾年可能就是錯的。延後發放獎金雖然可以減少運氣對結果的決定性影響，卻無法完全排除。除了拉長時間來衡量一個人的平均績效表現，還有另一種方法，可以區分個人實力與運氣。那就是將個人表現跟同業進行比較。也就是說，一個從事某種資產類別（如利率交換）的交易員，只有在表現超過該類別中的其他交易員時，才能獲得獎金。換言之，如果一個市場、行業的人在同一段時間內都賺錢（譬如：主要投資銀行全都在二〇一〇年第一季獲利），那麼就應該懷疑，推動業績表現的是長期趨勢，而非個人實力。

延後發放獎金、與同業比較，這兩種作法都值得一試，但可能還是無法解決區分實力與運氣的深層問題。以比爾・米勒（Bill Miller）這位傳奇的共同基金經理人為例，他管理的價值信託（Value Trust）連續十五年擊敗標普五百指數，這個成就讓其他共同基金經理人望塵莫及。在那段時間，米勒的成功似乎是實力勝過運氣的典範，他的表現確實連續十五年超越同行，正如投資策略專家麥可・莫布新（Michael Mauboussin）所言，如果每個人的績效表現都跟丟銅板一樣，那麼從基金經理人這個群體的過去表現來看，幾乎不可能發生這種連勝。[9]所以在米勒連勝之後，就很難否認他真的有兩把刷子。但米勒連勝後不久，他在二〇〇六至二〇〇八年的三年之間，績效糟糕到把先前大部分收益都抵銷了，他十年的平均表現也因此掉到標普五百指數之後。那麼這樣看來，米勒究竟是一個卓越的投資者，或只是運氣很背？還是恰好相反，米勒其實是一個普通投資者，而他那種有缺陷的策略碰巧在很長一段時間奏效，最後卻還是露出馬腳？問題是，單從他的投資紀錄來看，我們根本無從判斷。就像第7章提到的，雷諾以索尼與松下的錄放影機之戰為例，闡明一種商業策略可能會接連好幾年成功，或者失敗。原因與技術、能力都無關，只跟運氣有關。當然，這些事都不像命運之神的操控，但我們無從得知，為了成功案例而編的一套故事，會不會也只是光環效應的一種體現。

為了確保我們不只是陷入光環效應的迷思，我們確實需要一種截然不同的績效衡量標準，讓我們可以直接評估個人的技能，而不是由結果推斷，因為結果可能取決於個人無法控制的力量。米勒連勝之後，大家經常拿他跟棒球員狄馬喬（Joe DiMaggio）相提並論。狄馬喬在一九四一年的棒球賽季中，創下連續五十六場比賽擊出安打的紀錄。表面上看來，這兩種連勝很類似，但我們知道狄馬喬在整個大聯盟職涯中的平均打擊率是〇．三二四六，在美國職棒史上排名第四十四，而他在連勝期間的打擊率更是高達〇．四〇九。[10]因此，儘管狄馬喬的連勝依然有運氣成分，但他的球技也使他比大多數球員更可能「走運」。[11]

理想上，我們希望有類似打擊率的數據，讓我們評估各種職業的表現。可惜在體育活動之外的領域，不太容易匯整出這樣的統計數據。[12]因為體育賽事的結果，通常可以在近乎相同的情況下，重複好幾次。一名棒球選手在一個賽季可能會有六百個打數，整個職涯可能會有數千個，每一次都是對個人球技的獨立測試。就算是一些快速用上的技巧，像是職業籃球中出色的位置打法，雖然無法直接測量，但仍有助於球隊獲勝，我們也可以觀察每個ＮＢＡ賽季近一百場比賽，評估一個球員對球隊和比賽結果的影響。[13]這樣看來，對基金經理人來說，類似「今年擊敗標普五百指數」的成就，似乎等同於良好的打擊率，事實上，長期績效佳的基金經理人勝過標普五百的次數通常高於平均，正如打擊率高的棒球員一樣。但根據這個標準，一個基金經理人在四十年的職涯中，總共只會有約四十個「打數」——這麼少的數據，根本沒辦法讓人有把握地衡量他們真正的本事。[14]

無所不在的「馬太效應」

金融業在許多面向上還算單純，因為像標普五百這種指標，至少提供了統一標準，可以衡量每個投資者的表現。但在商業、政治或娛樂領域，對於如何衡量個人技能，大家都莫衷一是，至於用來衡量的獨立試驗次數，更是少之又少。最重要的是，上述領域中的「連續成就」通常不是能力的**獨立**展現，換句話說，並不像網球名將費德勒的每個大滿貫一樣都是獨立事件。有人可能會說，費德勒之前的獲勝紀錄讓他比較吃香，他光是名聲就足以嚇倒對手，一開始就能占有心理優勢，或是錦標賽的抽籤規則也有影響，讓他這種頂尖種子選手在後面幾場才參賽。不過，費德勒每一次走上球場，贏球的情況就跟他第一次打職業網球賽時沒兩樣，沒有人會因為他過去是常勝軍，就覺得應該讓他多發一顆球，或認為他可以不服判決，讓他獨享任何特權，因為這樣並不公平。同理，在NBA季後賽中，如果讓贏了第一場的隊伍在第二場比賽時就先加十分，那也太離譜了。我們在體育賽事中非常重視公平競爭，而且每一場比賽都是對選手技能的獨立測試。

不過，人生多數時候更像社會學家羅伯特．莫頓（Robert Merton）提出的「馬太效應」（Matthew Effect）。這個名稱源自《馬太福音》中的一段話：「凡有的，還要加給他，叫他有餘；凡沒有的，連他所有的，也要奪去。」這裡原本指的是財富，因此有「富者越富，窮者越窮」一說。但莫頓認為，這條原則更適用於成功，意思是：一個人在職涯早期獲得的成就，會賦予他某種結構性優勢，不論此人的資質如何，之後都更有可能成功。以學術界為例，在頂尖研究型大學謀得一職的年輕學者，通常教學負擔沒那麼重，還會吸引到更優秀的研究生，而且比起去二、三流大學工作的同行，更有機會獲得研究經費並發表論文。所以在同一塊領域中，早期工作表現相當的兩個人，過了五到十年，僅僅因為在不同機構工作，成就可能會有天壤之別。接下來的情況還會越來越不公平。成功的學者往往會在他所參與的研究中，獲得不成比例的榮譽。例如，當他和默默無名的研究生一起發表論文時，大部分工作、關鍵的發想其實都是研究生在做，但主要功勞還是歸給那位成功的學者。換句話說，只要一個人被視為明星，就可以吸引到更豐富的資源、更優秀的合作夥伴，從而產生超出他原本能力範圍的豐碩成果，而且這些豐碩的工作成果，往往使這個人獲得超乎他應有的榮譽。[15]

莫頓描述的是科學領域裡的情形，而社會學家丹尼爾・瑞格尼（Daniel Rigney）在其著作《馬太效應》（*The Matthew Effect*）中提到，很多職業也會出現同樣現象。成功會為一個人帶來聲望與賞識，反過來又會帶來更多成功的機會，獲得更多實現成功的資源，讓接下來的成就更受矚目，所有功績都會歸到他身上。雖然，我們很難證明累積優勢的作用完全無關他的天賦或努力，但許多研究都發現，不管怎麼仔細挑選一群潛力相當的人，只要過了一段時間，他們都會踏上完全不同的命運之路——這與莫頓的理論一致。例如，大家都知道在蕭條時期畢業的大學生，平均收入明顯低於穩健時期畢業的大學生，這個現象並不讓人意外。但令人驚訝的是，這種差異不只發生在經濟衰退的那幾年，還會持續累積數十年。一個人畢業的時間顯然與天賦無關，所以這種長期持續的影響，強而有力地證明馬太效應無所不在。[16]

我們通常不願意承認世界是這樣運轉的。在一個論功行賞的社會裡，我們寧可相信成功人士一定比不太成功的人更有才華、更努力，或至少更懂得把握機會。就像當我們試圖理解為何有些書會變成暢銷書、為何有些人更富有或更成功，常理這時總會告訴我們，是這些人、事、物本身的特質造就了這番成果。暢銷書一定有**什麼**過人之處，否則大家不會買它。有錢人一定具備**某種**智慧，否則不會那麼富有。但光環效應和馬太效應告訴我們，這種常理深深誤導了我們。或許可憐的無能之人真的很少把事情做好，才華洋溢的人也真的很少失敗，但多數人不會落入這兩種極端——對一個相對普通的人來說，隨機性和累積優勢的結合，代表可能成功、可能失敗，或介於兩者之間。但因為每個人的故事都獨一無二，所以我們總是能說服自己，眼前的結果在某種程度上，是他們的個人特質造成的。

當然，這個意思不是所有人、所有產品、想法和公司的特性與能力都完全相同，也不是我們不該相信這些特性與能力**應該會**帶來成功。它要表達的意思是，衡量「才能」時應該根據才能本身的特性。我們不需要知道費德勒的排名，就能承認他是偉大的網球選手，只要看他打球的樣子就知道了。同理，如果認識米勒的人都認為他是一位絕頂聰明、深思熟慮的投資者，那他很可能就是。米勒自己也不斷強調，他十五年連勝的紀錄，既是時間的累積，也是才能的展現。[17]即使如此，我們也不能根據米勒在事業上累積的成功，來評斷他的才能，畢竟他的名聲只要一次慘敗就會毀於一旦。雖然有點讓人失望，但我們最好觀察他的投資過程，從這裡評估他的能力。[18]這樣一來，我們得出的結論可能與他過去的輝煌紀錄有關，也可能無關——可以確定的是，這種評估方式很難執行。每當我們發現自己用獎項、財富、頭銜等衡量成功的俗世標準來描述一個人的能力時，就該懷疑自己是在自欺欺人。換句話說，憤世嫉俗者總是在問，如果你真的很聰明，怎麼會沒錢？這種想法有些偏頗，因為至少有一部分聰明人，他們在意的是心靈上的富足，而不是物質上的財富。更何況，才能歸才能，成功歸成功，後者並非總是能反映前者。[19]

企業救世主的迷思

如果區分才能與成功這麼困難，那麼當我們不是以個人行為（像是投資銀行家的投資組合），而是以整個組織的行動來衡量績效時，更是難上加難。為了說明這個道理，我們先暫時不談銀行家，談談另一個已經退燒的問題：蘋果公司的成功，有多大程度該歸功於創辦人兼前執行長——賈伯斯？大眾普遍認為賈伯斯功不可沒，這種看法不無道理。一九七六年，賈伯斯跟沃茲尼克（Steve Wozniak）在矽谷的一個車庫裡創立了蘋果公司，而自從賈伯斯在一九九〇年代末重返蘋果公司，推出了iMac、iPod、iPhone等一系列熱門商品，這家公司的命運便戲劇般地復甦。到了二〇〇九年底，蘋果六年來的業績超過整個股市和同業一五〇%。在二〇一〇年五月，蘋果已經打敗微軟成為全球最有價值的科技公司。據傳，賈伯斯這段期間既沒領薪水，也沒拿現金分紅，他全部酬勞都在蘋果的股票中。

這則故事相當令人信服，再說蘋果的成績豐碩，不可能一切都是偶然吧。因為蘋果的歷史只有這麼一次，所以我們無法確定是不是光環效應在作祟。譬如我在第7章提到，iPod採用的策略中，就有很多可能導致失敗的因素，iPhone也不例外。微軟前執行長史蒂夫．鮑爾默（Steve Ballmer）曾嘲笑蘋果推出iPhone的構想，質疑消費者怎麼可能花五百美元買一支沒有鍵盤的手機，而且還要跟美國電信公司（AT&T）綁約兩年。現在回想起來，鮑爾默簡直太傻太天真了，但他的質疑其實很合理。雖然現在看起來，那兩個蘋果產品都是天才的傑作，卻僅僅是因為它們成功了。如果它們賣不出去，我們根本不會討論賈伯斯英明的策略和領導方針，因為那根本不管用。相反地，我們會去討論他的傲慢，而且對市場需求不屑一顧。正如有些解釋會根據已知結果來判斷策略好壞，大眾對於蘋果為何成功的看法，也很容易受到光環效應的影響。

此外，還有另一個潛在的問題。我們傾向將整間公司的大部分功勞歸功於一人，而忽略其他數千位優秀的工程師、設計師和管理者。有些觀點認為，賈伯斯一手締造了蘋果的成就，是不可或缺的靈魂人物，這些觀點跟所有常理性的解釋一樣，似乎完全合理。一方面，賈伯斯在一九八六至一九九六這十年間另起爐灶，等他回歸蘋果之後，公司的營運才逐漸好轉。另一方面，賈伯斯以要求嚴苛著名，他持續追求創新、設計和工程上的卓越，這種不懈精神似乎也讓他的領導跟蘋果的成功畫上等號。像蘋果這種大公司，需要某種方式才能讓眾人共同朝目標努力——這一艱鉅任務似乎需要一位偉大的領導者。從定義上來看，領導者的**角色**是獨一無二的，想必這位領導者的特質應該也是獨一無二，因此，將公司的大部分成就歸功於領導者似乎理所當然。

賈伯斯或許真的是蘋果不可或缺的領導者，但即便如此，他也只是業界的特例，並不是常態。哈佛商學院的教授暨社會學家拉克什．庫拉納（Rakesh Khurana）在《尋找企業救世主》（*Searching for a Corporate Savior*）一書中指出，公司的業績通常不是由執行長的行為決定，大部分取決於整個產業狀況或整體經濟環境等領導者個人無法控制的外部因素。[20]就像第4章提到的樞紐與影響者，庫拉納也有類似結論，他表示，大眾之所以普遍認為企業成功是仰賴領導者的帶領，並不是有可以支持的證據，而是如果少了這樣一號人物，我們就無法直覺理解一個龐大、複雜的組織如何運作。庫拉納的解釋是，人們需要借助一位強大的人物才能理解一家公司的成功，這是心理偏誤結合文化信念的結果。在美國這種推崇個人成就的文化中，尤其更為明顯。媒體也喜歡用簡單、以個人為主軸的故事來總結企業的成功，而沒有考慮到社會、經濟和政治等各方面的作用，並進行複雜的抽象分析與解釋。因此，我們往往容易接受這種強調救世主的迷思，也過度暴露在其中，相信光靠某位特殊人物不可思議的力量，就能夠領導一個複雜組織或事件。[21]

企業選出領導者的方式，也助長了上述心態。一般市場有著大量的買家與賣家，價格公開透明，而且具有高度可替代性。由執行長構成的勞動市場卻不是如此，這個市場人選稀少，其中不少人在社交或專業上已經有裙帶關係，而且選擇過程幾乎不受公眾監督。這導致結果類似於一個自我應驗預言。公司董事會、分析師和媒體都認為，只有特定的關鍵人物才能做出「正確」決策，因此，他們一開始只會考慮少數幾位人選。這種人為導致的人才稀缺性，反過來又使勝出者得到極為優渥的薪酬，然後，高薪又證明了是整個「市場」器重這位勝出者，而不是一小群相同心態者造成的選擇性偏誤。最後，公司要不是成功，就是失敗。成功的話，一定是因為選擇了「正確」的領導者，失敗的話，則顯然是董事會做了錯誤決定，需要另覓新人選。有時，「失敗」的執行長還會拿到巨額遣散費才走人，這類消息通常會引發社會關注。然而在庫拉納看來，人們對這一種事件的憤怒，其實是固化了一種錯誤信念——可以簡單地把一間公司的表現歸咎於任何一人，例如執行長。董事會如果願意質疑「必須找個無可替代的執行長」這種觀念，將遴選範圍擴大，開放機會給更多候選者，那麼從一開始，執行長候選者就很難要求天價薪酬了。[22]

銀行家憑什麼？

無論我們能否區分運氣與才能、個人貢獻與集體表現，這些問題確實能啟發我們思考整個社會的公平與正義。政治哲學家羅伯特・諾齊克（Robert Nozick）和約翰・羅爾斯（John Rawls）在「什麼構成了公正社會」的主題上，曾站在稍有不同的立場進行了一場著名思辯。諾齊克是自由主義者，他認為本質上，人們努力工作才獲得回報，因此誰都沒有權力奪走他人應得的東西，即使這表示我們必須忍受社會上的諸多不平等。羅爾斯則問到，如果我們事先不知道自己最後會進入的社經地位，我們會選擇在哪一種社會中生活。羅爾斯認為，比起一個少數人極度富裕、多數人極度貧窮的社會，一般正常人都會選擇一個更平等的社會，在這個社會裡，就算最窮的人過得也還不錯。因為在前一個不平等的社會，成為富豪的機率非常低。[23]

諾齊克認為，羅爾斯的論點非常令人不安，主要原因是他將一個人的成就歸功於社會，而不是此人自身的努力。諾齊克的論點是，如果一個人憑自身的才能和努力，但成果卻不是自己的，那麼他實際上是違背了自己的自由意志，被迫為他人工作，這樣就不算完全「擁有」自我。所以，稅收以及其他意圖重新分配財富的制度，在道德上都等同奴隸制。因此，無論這些制度帶給人們多少好處，都不可接受。很多人支持諾齊克，不僅因為他提供了低稅率的哲學依據。也因為他在一個假想的「自然狀態」（state of nature）中推論何謂公平，迎合了普遍對於個人成敗的常理。也就是說，在自然狀態下，如果一個人花了時間、精力建造了一艘用來捕魚的獨木舟，其他人就沒有權力奪走它，雖然這表示沒有獨木舟的人會受苦甚至死亡。換句話說，一個人的成就完全是他個人能力與努力的產物。

在自然狀態下，諾齊克可能是對的。但羅爾斯的重點是，我們不是生活在那種世界。確切來說，羅爾斯認為我們生活在一個高度發達的社會，在這種社會下，有一些碰巧擁有某種特質、且機運不錯的人，可以獲得不成比例的巨額報酬。譬如在美國，兩個技巧一樣高超且自律的運動員，一個是世界級體操選手，另一個是世界級籃球運動員，在無關功過的情況下，兩者擁有的名聲與財富卻可能完全不同。同樣，兩個天資差不多的孩子，一個出生在富裕、教育良好、聲望顯赫的家庭，另一個出生在貧窮、缺乏教育、社會邊緣的家庭，兩者的人生展望也會截然不同。[24]最後，一個人在職涯早期隨機碰見的機遇差異，也可能透過馬太效應不斷累積，終其一生都有巨大影響。羅爾斯主張，不論出身、天賦或機遇，這些不平等的現象本質上都是偶發因素，所以一個公正的社會，必須盡量降低這些因素的負面影響。

人們經常誤以為，羅爾斯主張任何形式的不平等都不可取，但他根本不是那意思。他贊同一個人勤奮工作、善用才能，從而表現得比同儕優異——這理所當然會利於整個社會，正如自由意志主義者的信念。因此，在羅爾斯的世界裡，我們可以自由地從事任何想做的事，也有權依照社會規則去拿取任何應得之物。如果社會規定籃球員賺得比體操選手多，投資銀行家賺得比教師多，那就接受吧！羅爾斯認為，規則本身的制定應該是為了滿足社會，而不是個人。換句話說，銀行家有權跟雇主商談薪酬，但沒有權利要求經濟體系規定金融業比其他行業更賺錢。

上述論點衍生出一個違反直覺的結論：個人薪酬的問題，不應該在個人層面討論。換句話說，如果銀行家的薪酬確實過高，那麼解決方案不是像金融業所主張的，介入「監管個人薪酬」這種會導致混亂的事務。反之，應該要讓銀行業的整體利潤下降，例如：限制銀行和對沖基金的槓桿比率，或強迫所謂的場外衍生品在公開、透明的環境下交易。當然，金融業可以辯稱，槓桿和客製化不僅對客戶有好處，也有利於更廣泛的經濟與金融體系。這些說法雖然自私，但或許也有道理。不過，如果他們所謂的好處與利益，都被整體經濟風險所增加的成本給抵銷，那麼，社會改變規則也沒有不公平。我們可以討論的是，降低金融業的獲利能力對整體社會到底是好是壞——而不是某些人應不應該拿到一千萬美元的獎金。在自然狀態下，自由意志主義者根本沒必要爭論公平、不公平，因為在自然狀態下，沒有人會拿到一千萬美元的獎金。

同樣，反對所謂「財富重新分配」的人，錯誤假設了現有分配是事物的自然狀態，因此認為一切偏離現狀的情形都不自然，違背道德。事實上，**每一次**財富分配都反映出一個社會所做的一系列選擇：重視一些技能更甚於其他技能；對一些活動進行限制或徵稅，並資助或鼓勵其他活動；嚴格執行某些規則，在精神上違背、漠視其他規則。社會所做的一切選擇，多少都影響著貧富分布，例如，前幾年媒體揭發美國政府明著、暗著資助學生貸款機構與跨國石油公司。[25]但這些選擇都不屬於「自然狀態」，它們既是經濟理性或社會期許下的產物，也是歷史偶發事件、政治權宜之計和企業遊說的結果。如果一些政治行為者（如總統或國會議員）試圖改變其中一些選擇，像是將稅收負擔從工人階級轉到富人階級，或用消費稅取代所得稅，或取消對各行各業的補貼。那麼討論這些改革本身是否有益，當然是合理的。但是，僅僅因為「改變財富分配」的原則錯誤而加以反對，就不太合理了。

賺的是我的，賠的是大家的

社會可以向其成員提出哪些正當的要求？當我們爭論這個問題時，也是在探問關於責任的問題。例如，有很多文章提到，對於銀行和其他構成嚴重系統風險的金融機構，社會一開始該不該允許其存在。[26]這些討論大多圍繞著一個問題：一家金融機構的失敗會給其他經濟領域帶來的風險，究竟是取決於它的規模、關聯性還是其他特性？探討這些問題很重要，可以更知道如何評估系統性風險，並期望藉由謹慎的監管將風險降至最低。但是，我們或許無法消除金融體系的系統風險，也無法保證任何複雜關聯系統的健全與穩定。如果一條線路或一台發電機故障，輸電網絡通常還能正常運作。但有時候，單一個看起來無害的故障卻可能波及整個系統，結果數百座發電廠因此停擺，影響數百萬用戶——美國、歐洲和巴西這幾年都發生過好幾次。[27]同樣，人類最複雜的工程發明，例如核反應爐、民航飛機和太空梭，都是按照最高規格的安全標準設計，但偶爾也會發生故障，造成災難性的後果。網際網路就算可以承受物理故障，卻也很容易受到非物理威脅，像是垃圾郵件、電腦蠕蟲、殭屍網路和阻斷服務攻擊。事實上，只要系統到達一定的複雜度，我們就無法避免故障發生。[28]這樣看來，我們不只需要用更好的工具研究系統風險，還需要尋求更好的方法，以應對不可避免的系統故障。

以下的例子發生在歐巴馬政府時期，是當時銀行業對一項稅收提議的反應。該提議主張對一些交易利潤課稅，以補償納稅人的救市基金。但銀行家認為，他們已經連本帶息償還了這筆基金，因此政府不該再對他們提出任何要求。但各位想想看，在經濟大海嘯隔年，如果銀行業沒有直接或間接受益於政府資助的數千億美元，他們二〇〇九年的盈利情況又**可能會**如何。當然，我們沒有進行這個實驗，所以永遠無法得知後果，但我們可以做一些合理推測。其中一個可能性，就是ＡＩＧ已不復存在，包括高盛集團在內的各個交易對手，也會損失ＡＩＧ流向他們的數百億資金。另外，花旗集團可能已經破產，美林證券、貝爾斯登（Bear Stearns）和雷曼兄弟那時也可能全部解散，而不是被其他家銀行併購。

總而言之，如果沒有獲得政府資助，銀行業在二〇〇九年可能已經損失了數百億美元，而且成千上萬的銀行家不但沒有獎金，還可能失業——剛好與現實情況相反。再想像一下，如果二〇〇八年秋天，高盛集團、摩根大通和花旗集團等機構的領導人必須二選一：「系統性支持」的世界，或者「自由意志主義」的世界？選擇前者，他們就會得到政府資助，選擇後者，他們將孤立無援。我們先暫時忽略銀行業對其他經濟領域的間接破壞，試問，這些銀行為了避免倒閉，願意在未來讓出多少收益？這也是一個假設性問題，考量到銀行業目前存亡未定，我們似乎可以肯定，他們會同意償還超過直接貸款面值的金額。

所以，這些銀行與其盟友，反而將自己形容成政府蠻橫干預以及政治民粹主義氾濫的受害者，這實在很虛偽。大家都知道，除了直接貸款，那些銀行還獲得政府巨額資助。[29]但他們真正虛偽的地方在於：前後立場不一致。經濟形勢一片大好時，銀行希望自己被視為獨立的風險承擔者，有權享受自己辛苦工作的所有成果。但在面臨危機時，他們又希望自己被視為一個更大體系之中的關鍵，萬一他們失敗了，也會威脅整個體系的存亡——這種說法是否正確並不重要，就算考慮到他們太過龐大的規模、太強的關聯性，以及任何其他因素。重點在於，這些銀行必須前後一致，看是要選擇當個自由意志主義者，為自己所有成敗負責，或是選擇當個羅爾斯主義者，付費給照顧自己的體系。而不應該看哪邊對自己有利，就隨意轉變立場與原則。

在同一條船上

哲學家邁可・桑德爾（Michael Sandel）在《正義》（*Justice*）一書中，也提出類似觀點。他認為，評判公平與正義的所有問題時，都應該基於人們彼此依賴的程度，最常見的關係網絡就是朋友、家人、同事與同儕，還有社區、國家與民族認同，甚至是跟遙遠的祖先。我們會為「自己人」的成就而驕傲，保護他們不受外人欺負，並且在必要時提供幫助。我們覺得，是自己人就該無條件忠誠，也期待對方做到這樣。難怪社交網絡在生活中扮演相當重要的角色，能幫助我們連結資源、獲得訊息和支持，並且在信任與尊重的基礎上互通有無。我們與社交網絡是如此緊密融合，所以很難想像自己置身於社會關係之外。[30]

到目前為止，這種觀點似乎不會引發爭議。就連宣稱「沒有社會這種東西」的柴契爾夫人也承認，家庭與個人同樣重要。但桑德爾認為，社交網絡的重要性，對個人自由的概念有一種違反直覺的影響。我們不管怎麼想，都永遠不可能、也不想完全自由。社會的緊密連結賦予了我們生活意義，同時也是一種束縛。而正是**透過**這樣的束縛，生活意義才油然而生。在桑德爾的觀點中，單從個人自由的角度來思考公平或正義，就好比透過一個想像的自然狀態來推論公正，毫無意義，因為兩種說法都沒有準確反映我們真實生活的世界。無論願不願意，我們對正義的看法都必須涉及個人與整個社會之間的緊密關係。當然，要落實這種思考並不簡單。例如，桑德爾認為，一個人不能只因為身為美國人而自豪，卻不為這個國家過去的奴隸制度而感到羞恥。但自由主義者可能會說，做這些事、該被譴責的是他們的祖先，又不是他們，所以沒什麼好羞恥的。但他們肯定也為自己的祖先感到自豪，因為他們偏愛住在美國更甚於其他國家。桑德爾認為，一個人不能隨便決定什麼時候要認同祖先，什麼時候要撇清關係。你如果不是大家庭的一員，跟大家榮辱與共，否則就是不屬於任何群體，任何功過都與你無關。

桑德爾認為，個人行為已經深深融入社交關係網絡中，這一觀點不僅影響了公平與正義的思辨，也影響了品格與道德。事實上，桑德爾表示，我們如果不同時評估兩種對立的道德主張，就無法確定何謂公平。這反過來要求我們釐清社會制度的道德目的。舉例來說，如果還不確定婚姻的意義，我們就無法決定同性婚姻是否正確或公平。如果不知道大學辦學的目的，我們就無法判斷一間大學的入學標準是否公正。如果沒有先確立銀行的社會責任，我們就無法確認銀行家的薪酬是否合理。這麼看來，桑德爾的觀點似乎與亞里斯多德的古典哲學不謀而合。亞里斯多德也認為，探討正義問題必須先論證事物的目的。但桑德爾與亞里斯多德不同的是，他認為決定事物目的的方式，不應該超過社會體系之外，例如神的旨意。反之，目的必須由社會成員共同決定。桑德爾的結論是，一個公正的社會，不會試圖從道德中立的角度來裁決個人爭端，而是會啟發大家找到適當的道德觀。桑德爾也承認，這可能會是一場永無止盡的混戰，別無他法。

從社會學家的角度來看，桑德爾的論點有個地方特別有趣。他思考正義的方式很社會學。例如，社會學家長久以來都認為，我們只有在環環相扣的關係網絡中，才能夠正確理解個人行為的意義，這種概念被稱為「社會鑲嵌」（embeddedness）。[31] 桑德爾進一步指出，我們用來判斷公平與否的價值觀，必然是社會的產物。這也反映了社會學家在一九六〇年代率先提出的觀點，即社會現實是由社會本身建構，而不是外在世界交給我們的東西。[32] 因此，桑德爾的觀點有一個重要意涵：政治哲學的基本問題也屬於社會學範疇。

那麼，該如何回答這些問題？當然，我們可以像桑德爾一樣思考，社會學家一般也是這樣做的。但只憑直覺來推論這些問題，會有其局限性。例如這幾年有許多人主張，導致系統風險的銀行家應該為此負責，像是要求他們購買「系統風險」保單，或要求他們增加資本準備金（capital reserves）。但是，如果沒有充分理解系統風險，我們就不可能評估某些行為會造成多大的系統風險，也不知道要對這種行為施予何種程度的懲罰。同樣地，就算我們知道評估過程太過強調結果，也太過強調「特殊人物」對結果的影響，但不代表我們可以提出更好的績效衡量標準，也不代表可以更理解公司、市場和社群等複雜社會系統的運作方式。換句話說，思考這些問題固然重要，但用行動去解決問題更重要，不能只停留在討論。因此，我們有必要提問：社會科學到底能提供什麼有用的方法？

第9章　重點整理

從商業到更廣泛的社會正義，我們習慣相信因果關係，導致評估行為時過於看重結果。尤其光環效應（將成功歸因為才能）與馬太效應（富者越富）二者結合，系統化扭曲了我們對於成就的看法。不管是成功或失敗案例，都容易歸因於單一個體的表現，而忽略了許多環境因素與機運。

更嚴重的是，我們直覺會將集體成就歸功於偉大領袖的天賦，從而誇大了執行長的重要性，進而影響薪酬市場。自由意志主義認為，不該將個人成就歸功於社會，但這種觀點基本上違背了社會和經濟體系相互依賴的本質。

10

以人為本

那麼，認識你自己吧，且莫狂妄地審視上帝，要了解人類，就應該以人為本。

——亞歷山大．波普（Alexander Pope），〈論人〉（*An Essay on Man*）

一七三二年亞歷山大．波普發表〈論人〉這首長詩，當時人們對世界的理解與今日大不相同。〈論人〉完成時，牛頓描述行星運動的巨著《自然哲學之數學原理》已出版了數十年，當時的知識分子還沉浸在牛頓帶來的思想衝擊中，他們思索著一種概念：地球萬物與天體運行都遵循著相同的法則。他們事實上還在嘗試理解，任何物理「定律」都能以數學公式表示，而公式可以極度準確地預測未來的一切，從明天的潮汐時間到遙遠的彗星周期。你可以想像，當長久以來如謎一般的宇宙突然被某個人的腦袋征服，生活在那個年代會有多麼奇幻。波普自己就這麼寫道：

自然與其法則隱身於黑暗之中，
上帝說，讓牛頓出現吧！於是一切豁然開朗。[1]

接下來三個世紀，人類知識增長的速度勢不可擋，解開了許多宇宙奧妙，成就輝煌，不僅發展出可以追溯到宇宙大爆炸時期的宇宙理論，還發明了可以觀測星系的望遠鏡。我們發射的太空探測器已經飛越太陽系，還把太空人送上月球。我們製造出能夠夷平整片城市的炸彈，也製造出可以精準飛過一扇窗戶的導彈。我們可以相當準確地測量地球，甚至了解地心內部的運作。我們設計並建造宏偉的建築與橋樑，改變了山、河與海岸線的形狀。我們的鐘錶的精確度可以到十億分之一秒，我們的電腦可以查到所有字詞，速度比你用手寫那個詞還快。我們擁有的科學能力，正如古老的比喻，能讓天使在針尖上跳舞。

顯然，社會科學沒跟上這個快速發展的腳步。但這種觀察很容易得出錯誤的結論。我有個同事是物理學家，他向我抱怨說，他最近讀了大量社會學文獻，裡面沒有任何類似物理學的通則或定律，可以準確預測人類行為——他認為這是很大的缺陷。在他看來，社會學就是無數特殊案例的集合，一下說有個人因為一種原因做了一件事，一下又說另一個人因為另一種原因做了另一件事。身為物理學家，他覺得這種缺乏規律的人類行為實在令人抓狂。他說的沒錯，我們很難想像如果沒有牛頓那些適用於各種時空現象的定律，物理學還能成就卓越嗎？正是定律使科學達到偉大成就，所以它們已經與科學概念密不可分。怪不得我那個同事認為，假如社會學家拿不出一點堪比定律的東西，表示社會學根本不配稱為科學。

解釋一切人類行為的通則？

其實早在十九世紀，在哲學家奧古斯特．孔德（Auguste Comte）的時代，大家就已經傾向用物理學的標準來評判社會學了。孔德常常被視為社會學之父，他認為社會學（他甚至稱為社會物理學）將與數學、天文學、物理學、化學和生物學並列為描述現實的六大基礎科學。在孔德看來，社會學是人類所有經驗的「通論」，涵蓋並擴展其他科學，用以解釋文化、制度、政治、經濟等一切面向——這正是我那個物理學家同事想要尋找的定律。孔德從來沒有詳細描述過這個理論的內容，但他認為，社會實體與動力可以像物理實體與動力一樣加以描述、分析，而他的實證哲學觀奠定了之後所有重大理論的基礎。

孔德之後不久，最早提出這類理論的是哲學家赫伯特・斯賓賽（Herbert Spencer）。斯賓賽與達爾文是同時代的人，他認為可以把社會學當作一種有機體來理解，個人就像是細胞，機構則是器官，而社會發展是由一種類似天擇的機制驅動。事實上，創造出「適者生存」這個詞的是斯賓賽，不是達爾文。斯賓賽的獨特觀點，很快就被認為太天真而遭冷落，但他認為「社會的組織方式是為了服務某種整體功能」的哲學思維，與孔德的主張類似，啟發了幾位社會學家，其中之一便是社會學巨擘涂爾幹（Émile Durkheim）。

不過直到二十世紀中，哈佛大學社會學者塔爾科特・帕森斯（Talcott Parsons）的研究，才堪稱偉大理論的典範。帕森斯提出所謂的「結構功能主義」（structural functionalism），認為社會是一個網絡，由環環相扣的角色所構成，而扮演這些角色的，是受理性目標驅動的個人。但是，個人的行為同時也受制於社會規範、法律等控制機制，這些機制已經內建在個人所處的社會中。[2] 帕森斯詳盡歸類了各種行為所能滿足的各種功能，以及發生這些行為的各種社會與文化結構，試圖刻畫出社會的完整面貌。這確實是一件偉大的工程，帕森斯也被認為是歷史上最重要的社會學家之一。正如更早的孔德和斯賓賽，帕森斯的「通論」才剛提出不久，就被罵得一文不值，批評者認為他的理論只不過是說「人們做一件事，是因為他們想這麼做」——這根本不是理論，只是複雜到無人能理解的「一套概念與定義」。[3]

多年後，社會學家莫頓（第9章討論過他的馬太效應）回頭檢視帕森斯的理論這一敗局，他的結論是，社會學家們太急於模仿物理學家的模式，也想建構成功理論。莫頓並不認為物理學家活該被嫉妒，正如他所說：「許多社會學家把物理學成就當成自我評價的標準，他們想和大哥較量一下肌肉，也想獲得**器重**。可是當他們發現自己沒有大哥的強壯體魄，也沒有飆悍的衝勁，就忍不住垂頭喪氣，開始質疑：難道一定要建立起完整的系統，社會學才算是一門真正的科學嗎？」儘管莫頓這樣說，但他也提醒：「這種觀點忽略了一個事實，那就是二十世紀的物理學比起社會學，多出了數十億小時持續不懈所累積的研究成果。」只有在哥白尼和布拉赫（Tycho Brahe）等一票人進行了好幾世紀艱苦卻值得的觀測之後，克卜勒等天文學家才能從前人留下的數據中，找出可以解釋那些現象的數學規律。也**只有在那之後**，像牛頓這樣的天才才能夠將那些規律簡化為定律。相較之下，莫頓描述的社會學家卻反其道而行，他們先提出一整個理論系統，然後才開始想自己需要測量什麼。[4]莫頓感嘆道：「也許社會學還沒準備好迎接它的愛因斯坦，因為它連克卜勒都還沒找到，更別說牛頓、拉普拉斯、吉布斯（Gibbs）、馬克斯威爾（Maxwell）或普朗克（Planck）了。」[5]

因此莫頓主張，社會學家應該放棄追求人類行為的宏大理論或普世定律，而應該專注在發展「中層理論」——其涵蓋的範圍足以解釋許多個別現象，同時又能提出具體而實用的內容。例如「相對剝奪理論」（theory of relative deprivation）指出，人們只有在自己的痛苦程度超過旁人時，才會感覺痛苦。所以，如果你的房子在一場意外大火中燒毀，你會痛不欲生。但假如你居住的城市被一場大地震摧毀，有數百位居民因此喪生，那你會慶幸自己僥倖逃過一劫。但這個理論並不是放諸四海皆準的通則，它只用來預測人們面對逆境時的反應，以及廣泛應用於人們對逆境的感知。再舉一例，「角色組合理論」（theory of the role set）強調每個人不但扮演多重角色，譬如身兼老師、父親、週末壘球隊的捕手，而且每個角色都是各種關係的集合，以老師來說，是與學生、同事與校長的關係集合。同樣地，這個理論夠具體，它沒有涉及市場、政府或社會世界的其他重要特徵，卻又可以普遍適用於各式各樣的人。[6]

學界普遍認為，莫頓的中層理論之說非常明智，但這並沒有打消人們追尋宏大理論的熱情。事實上，莫頓發表評論後不到一年，因賽局理論獲得一九九四年諾貝爾經濟學獎的約翰・海薩尼（John Harsanyi）便提出了理性選擇理論（第2章有提到，是一種關於人類決策的理論），準備推翻莫頓的看法。於是又開啟了一個循環，研究理性選擇理論的學者認為自己的成果可以媲美牛頓力學，批評者的砲火也越來越猛烈，認為這根本就是帕森斯理論的翻版。[7]雖然有越來越多人發現，理性選擇理論跟先前的理論一樣，不可能成為人類行為的普世理論，卻仍然離不開社會科學對於物理學的嫉妒。[8]反之，從我那個物理學家同事的抱怨來看，就算社會學家放棄尋找適用萬物的宏大理論，還是會有一整個世代的物理學家排隊等著代勞呢。[9]

然而，如果考慮到人類行為的複雜性，用物理學的方式進行社會科學研究似乎有些荒唐。我在第2章提過，個人行為由於受到數十種心理偏誤的影響，所以非常複雜，許多偏誤在我們的意識之外運作，相互影響的方式至今我們仍然不清楚。第3章也提過，在個體互動時，無論你對其他人有多了解，也無法光靠個體的特性與動機，就推論出集體行為。真實社會的世界不僅涉及個人與群體，還有市場、政府、公司等一系列我們自己創造出來、難以預測與掌控的組織或制度——真正的複雜性遠遠超過我在本書所描述。那麼，為何還有人**認為**，他們能用一套規則來解釋這一切？

我認為，因為社會學家也是人，所以他們也如同計畫制定者、政治家、市場行銷專家和商業策略專家，嚴重低估了自己試圖解決的問題。同樣，就像計畫制定者和政治家等角色，無論在探尋宏大理論的路上失敗過多少次，還是會有一些熱血新人相信沒這麼難，畢竟「又不是火箭科學」。換句話說，假如社會學提出的理論看起來都是很直覺的常理，那是因為只要知道答案，所有人類行為的一切看起來都是理所當然，還因為社會學家跟其他人一樣也參與社會生活，所以認為自己只要稍加思索，就能理解人類行為的動機。所以不難想像，許多社會科學的解釋跟常理一樣，有著共同的弱點，例如：用後見之明、代表性個體、特殊人物來替代因果關係。

測量不可量化之物

早在六十多年前，拉扎斯菲爾德的同事薩繆爾．斯托佛（Samuel Stouffer）就指出，社會學家因應上述問題的方法之一，就是**少**依賴常理／直覺，多培養非常理／反直覺。[10]但在社會學領域，要避免用常理推論其實沒那麼簡單。主要原因在於，就社會科學發展的歷程來說，根本不可能像測量物理、生理現象那樣，去**測量**社會現象的要素。如我先前所言，社會現象由一大群彼此交流與影響的個人組成，而個人同時也跟他們構成的組織與政府相互牽連。我們連在一般生活都很難直接觀察到這些複雜現象，更別說拿到實驗室裡研究了。[11]

不過隨著時代改變，從前一些社會科學領域的限制可能會迎刃而解。現在，我們可以透過電子郵件、手機、即時通訊軟體等通訊技術，追蹤數十億用戶的社交網絡以及其中的訊息流動。像是臉書、推特、維基百科與魔獸世界這類社群網路，促進並記錄了這種新型的社交活動，從而增加了人與人的交流。亞馬遜土耳其機器人這一種群眾外包網站，逐漸被當做「虛擬實驗室」，讓研究人員進行心理與行為實驗。[12]此外，網路搜索、網路媒體、電子商務也不斷幫助我們理解世界各地居民的意圖與行動。不過，現代科技讓我們能觀察到數十億人的行為與互動，勢必會引發關於個人權利與隱私的嚴肅問題，我們必須謹慎面對。[13]然而，這些科技也展現了科學的無窮潛力，我們有史以來第一次能如此真實地觀察到大型群體，乃至於整個社會的即時行為。

第3章的音樂研究室實驗正是一例。那次實驗顯示出「社會影響」在決定成功方面的重要性，有將近三萬名受試者參與。在五十年前，當社會學家開疆拓土，打算做實驗來研究影響力與群體決策過程時，就已經想得到這種實驗了，但當時的實驗室容納不下這麼多人，所以這種想法直到現代才能夠付諸實行。同理，我在第4章提到推特上的「網紅」，那個研究正是在試圖回答一個遺留數十年的問題：有沒有一些特殊的影響者，能讓資訊擴散出去？我們為了找出答案，花兩個月去追蹤推特上超過七千萬個網址的轉發情況。在臉書和推特這些社群網路尚未問世之前（別忘了，這些服務才推出了幾年），根本不可能進行這種大規模、高區辨度的研究。[14]

先前提到的其他實驗，例如第4章的小世界實驗，其實在網路出現之前就能進行，但規模不可能跟現代一樣大。例如，米爾格拉姆的原始實驗用的是實體信件，而且只有三百人傳遞給波士頓的一個目標對象。而我跟同事在二〇〇二年做的類似實驗，用的是電子郵件，找了六萬多人傳遞訊息給分布在十三個國家中的十八個目標對象，訊息鏈橫跨了一百六十多個國家。雖然還是有許多限制，但這個實驗至少是用真正的世界規模直接檢驗小世界假說。同樣，第8章提到賴利等人運用實地實驗來研究廣告效果，其設計也與先前的實驗類似，但參與者有一百六十萬人，規模是過去的好幾倍。這個實驗之所以備受矚目，不只因為這個工程如此浩大，更因為科學上的重要意義——要知道，廣告的真實效果可能非常小，這種情況就需要大量的樣本，才能夠從許多雜訊中提取出真實效果。[15]

讓預測更準確的新技術

還有一種研究直到近代才變得可能，涉及到社會生活中隨處可見的模式——社會學稱之為同質性原則，即「物以類聚，人以群分」。幾十年來，社會學家持續發現，不管兩個人是朋友、配偶、同事或點頭之交，他們會比陌生人有更多相似的特徵，例如種族、年齡、性別、收入與教育程度。但是，導致這些相似性的原因是什麼？答案乍看之下似乎顯而易見，人們之所以傾向與相似的人建立關係，無關對錯好壞，是因為他們更喜歡跟相似的人相處。但這種常理性解釋忽略了一點：人們只能從現實生活中遇見的對象之中選擇朋友——主要是同事、同一團體的成員，以及共同朋友介紹的對象。社會學家更是指出，上述的社會環境在種族、年齡、性別和教育程度方面更趨於高度同質性。因此，我們放眼望去的相似性，很可能與自己的偏好無關，而是因為這個世界給我們的機會有限。[16]

我們有必要解決這一類問題，因為這會影響到我們處理事情的方法，包括種族隔離、平權運動等有爭議性的議題。過去我們一直無法取得相關數據來解決這種問題，因為想釐清其中的因果關係，就必須長期觀察個人、社會網絡與群體的互動與變化。[17]像電子郵件這樣的通訊技術，很有可能改變這一切。在多數情況下，來回往返的電子郵件代表了真實關係，因此可以作為觀察潛在社會網絡的一種方式。此外，電子郵件伺服器可以輕易記錄數千、甚至數百萬人長時間的郵件互動，詳盡地重現大型關係網絡的演化過程。利用這些訊息，結合公司、大學或其他組織定期收集的相關資料，就能大致勾勒出趨近完整的圖像。

我跟我以前一個研究生寇西內茲（Gueorgi Kossinets）正是以這種方法，研究一所大學裡的學生與教職人員的同質性。我們的發現與先前的研究結果一致，定期互通電子郵件的熟人，在年齡、性別、學術專業等一系列特徵上的相似性高於陌生人。另外，我們還發現原本互不認識、相似性卻很高的人，一段時間之後更有可能建立聯繫，常理也是這樣告訴我們的。但我們最終也發現，那些關係「接近」的人（例如有共同朋友、屬於相同團體），比關係沒那麼接近的人更相似。而且我們一旦加入「接近性」的影響，相似個體之間的連結傾向多半就消失了。我們的結論是，儘管群體中的個體確實喜歡找與自己相似的人，但這種偏好相對較弱，只是經過一段時間、透過連續幾「輪」選擇而不斷放大，導致我們最後在社交網絡中觀察到這種強烈的連結偏好。[18]

網際網路有助於解決另一個同質性問題，這個問題長期困擾著政治學者與社會學家。人們無論是自願或環境所致，都越來越傾向與志趣相投的鄰居和熟識者建立關係。假如上述成立，那麼這種趨勢將會造成問題，因為同質性高的社交圈會使社會更加分裂，在分裂的社會中，意見分歧可能會引發政治衝突，人們不會用對等的態度交換意見。但這種趨勢確實存在嗎？政治學者普遍認為，美國國會現在兩極化的程度，比過去任何時期都還嚴重，媒體分化的情形也是如此。然而，針對社會大眾分化情形的研究，卻經常得到互相矛盾的結果，有些研究發現社會大眾分化程度明顯提升，有些研究則指出大眾的共識水準數十年來都沒有變化。[19]對於這種矛盾的結果，一種可能的解釋是，人們實際上高估了自己與朋友一致的程度。因此，兩極化很可能是人們所感知的印象，而非真實情況。理論上要驗證這個假設很簡單，但實際執行起來卻很困難。因為，如果要檢驗一對朋友是否如他們自認的那樣一致，就必須找來好幾對朋友，並針對每一個想探討的議題，先詢問A的看法、再問B的看法，以及A認為B會怎麼想……以此類推，這種方式極為耗時費力，尤其還必須讓每個受訪者說出朋友的名字，然後進行追蹤訪問。[20]

不過，這種大工程對臉書來說只是小菜一碟。在臉書上，每個人都已經透露自己的好友是誰，甚至可以計算共同好友的數量，來區分不同程度的友誼關係。[21]此外，臉書在二〇〇七年推出第三方開發者平台，允許外部的程式設計師在臉書的基層網路執行自己開發的應用程式。二〇〇八年初，我在雅虎的同事夏拉德・戈爾（Sharad Goel）與梅森花了幾週開發出一款名叫「友誼意識」（Friend Sense）的應用程式，可以收集使用者對一系列社會與經濟議題的看法，以及他們認為朋友會如何看待這些議題。以臉書的標準來看，「友誼意識」並不算成功，註冊的用戶大約有一千五百人，做出近十萬條回覆。但是以網路調查的標準來看，這可是非常了不起的成就。如果使用傳統的調查方式，要完成如此大規模的研究，光是規畫、籌款加上執行就需要好幾年，而且花費可能高達數十萬美元（主要是訪談人員的費用）。但在臉書上，我們只要花幾千美元打廣告，就可以在幾週內收集到想要的數據。

我們的調查結果與同質性原則的預測一致。朋友之間的相似度確實高於陌生人，而且那些關係緊密、自稱可以一起談政治的朋友，彼此相似度也高於普通朋友。但無論親不親近，朋友之間的相似度其實沒有他們自己認為的那麼高。具體而言，我們的受訪者很少能正確猜到自己的朋友、甚至是可以討論政治的好友，對某一個議題的看法與自己不同。我們從「友誼意識」收集到的用戶回饋也證實了這個結論。很多人因為朋友、親人對自己的看法而失望透頂，很多人都說「他們怎麼會以為我那樣想？」，也有不少受訪者反映，被問到他們自認為很了解的朋友對某一個議題的看法時，卻發現自己根本不知道——就算那個議題是受過教育、關心政治的朋友之間應該會談論的。[22]

所以，如果談論政治不過是稍微提高「察覺朋友何時與自己意見相左」的能力，那麼我們到底是在談論什麼？更確切一點，如果人們不知道朋友對特定議題的真實看法，又是如何猜測他們的想法？我們進一步分析得到的結論是，當我們不確定朋友的看法時（其實比我們願意承認的更常發生），某種程度上會根據簡單的刻板印象來猜測對方的觀點，譬如「我的朋友大多是左派的自由主義者，所以他們可能會支持典型的左派自由主義論點」。另外，人們也會把自己的看法「投射」到朋友身上。[23]最後這一項發現或許意義重大，因為從拉扎斯菲爾德那個時代開始，社會學家和行銷學者長期以來都認為，人們之所以會改變政治觀點，主要是因為參與討論政治的影響，而不是受到大眾媒體的內容影響。但如果事實告訴我們，當一個人在猜測朋友的立場時，實際上只是看到自己的想法在對方身上的反射，我們就有必要懷疑自己究竟受到了多大影響。只可惜，最初設計「友誼意識」並不是為了回答社會影響的問題，不過目前已有其他研究人員在臉書上進行影響力的實驗研究，相信很快就會有更完整的答案。[24]

當然，不論是互通電子郵件或臉書好友，用這些網路數據來代替「真實」社會關係也會有各種問題。例如，我們怎麼知道臉書上的互動、聯繫代表了哪一種社交關係，兩個人的交流又有多少是透過電子郵件進行？我可能一天之內發好幾封電子郵件給同事，但一週只會寄一、兩封給我母親，光靠這個觀察並不能說明社交關係的本質與重要性。我可能會用電子郵件跟一些人溝通，但對另一些人，我更喜歡用訊息、臉書或直接見面。就算我用同樣的媒介與不同人互動，其中意義也大不相同。所以，單從互動次數來看，我們對一段社交關係能做的推論僅限於頻率多寡，甚至也不知道要先探討哪些關係。例如，想了解團隊的工作效率，只需要關注同事之間的關係就好了，但如果想了解宗教或政治信仰，工作關係就相對沒那麼重要。另外，想要知道一個人如何傳播謠言，就應該關注他過去幾天聯繫過的人，但如果傳出去的訊息只可能透過他信任的人，重點就要放在那些持續多年的關係。[25]

不管我們可以取得多少網路數據，還有許多尚待解決的問題，阻礙我們進行更多有意義的社會學研究。光靠大數據，並不會讓所有問題都迎刃而解。但人類獲得觀察數據的能力突飛猛進，加上實驗規模的空前發展，社會學家可以懷抱希望，期待一種社會世界將會出現，我們可以在那裡測量、理解一些類型的群體行為，並且做出預測，就像其他領域的科學家習以為常的那樣。

在一片混亂之中

我們還不知道新技術會讓社會學發展到什麼境界，但可能不會、也不應該到達單一、普遍通用的法則，就像孔德或帕森斯這類社會學家夢想的那樣。原因很簡單，社會世界不受這種法則支配。重力在任何時間與地點，都以同樣的方式運作，但同質性不是，它一部分是心理上的偏好，一部分是環境限制。同樣，質量與加速度有明確定義，但社會影響力有時集中、有時分散，而成功則取決於個人選擇、社會限制、機運等共同作用的複雜影響。另外，在物理學中，我們可以輕易加總並計算出所有作用力對物體的影響，但績效表現則受到外在獎勵與內在動機之間複雜作用的驅動。物理現實不會因為人類的存在而受影響，無論如何都會照常運作，但是社會「現實」與人類的感知緊密連結，既受到內在心理偏誤影響，也受到外在種種特性影響。

換句話說，社會世界比物理世界還要複雜紛亂，而且我們越是了解它，它看起來就會越複雜。因此，我們可能無法擁有像物理學那樣具體、精確的社會科學。但是沒關係，物理學憑著幾條著名定律到達驚人成就，不代表這是科學進展的唯一途徑。生物學也沒有什麼普遍規律，但生物學家仍設法取得長足的進展。科學的真正本質並不是展現任何特定形式，而是按照「假設、觀察、實驗」的科學程序，逐步且接續揭開世界的神秘面紗。當然，這些程序的目的不是要找出特定規律，而是為了釐清現象，進而解決問題。因此，如果我們不再糾結於找出社會學中的普遍定律，而把重點放在解決實際問題，就越有可能往前邁進。

但話說回來，哪一些問題是我們可能解決的？確切來說，這又回到我在前言提出的問題——普通聰明人無法靠自己搞懂的哪一些問題，是社會學家可以解決的？誠然，所有思路清晰的人都可能透過內省，發現自己會受到家人、朋友的意見影響，而且事情發生的脈絡很重要，任何事情都不是絕對。同樣，這些人不需藉助社會科學，也能知道感知的重要，或知道人們在意的不只是金錢。此外，我們只要稍微思考，就會知道「成功」某種程度上是運氣，知道我們會讓自己的預言成真，且即使是最完美的計畫，往往也會受到意外因素的影響。我們多少也知道人類有偏見，而且有時不理性，政治體系時常效率低落且前後不一，天花亂墜的說法有時會勝過事實，而簡單的故事有時會掩蓋複雜的真相。我們甚至知道透過「六度分隔」就能與任何其他人聯繫——因為聽過太多次所以最後都相信了。總而言之，當研究對象是人類行為時，無論社會學家發現的現象有多難搞懂，對於會思考的人來說，都是些不言自明的道理。

或許大家不明白的地方在於，這些「理所當然」的現象是怎麼結合的。例如，每個人都知道人們會互相影響，也知道熱門電影、書籍和歌曲比普通作品成功。但大家不知道的是，社會影響力在個人層面上，是如何推動整個市場的不平等和不可預測性。同樣，我們都知道在社會網絡中，人類傾向聚集在相對同質的群體，卻無法透過自己對社會世界的觀察，推論這種模式是因為心理偏好，還是因為環境限制。我們也不知道，正是這種區域聚集性，使得個體在相當大的網絡中，只要短短幾步就能接觸到遙遠的陌生人。我們在某種程度上承認未來不可預測，但我們不知道的是，只要仔細考慮各種可能，可以降低多少不可預測性，也不知道其中有多少比率屬於隨機事件，就像擲骰子一樣。我們更不明白，可預測性和不可預測性之間的平衡，應該如何改變我們對未來隨機事件的應對策略，以及我們對觀察所做的解釋。

正是在解決上述難題的過程中，社會科學才有望超越常理／直覺所能達到的高度，取得真正的進展。更有價值的是，隨著這類難題一一解決，還可能在許多問題之中找到類似的機制，或許能指引我們發現莫頓在一九六〇年代提出的「中層理論」。藉由研究文化市場中的社會影響，我們了解到金錢獎勵與個人績效的關係，還能進一步探討什麼主題？舉例來說，我們曾經在研究中發現，人們在政治態度上的相似程度與自己感知的印象有落差，也試圖尋找社會網絡中同質性的起源——我們要如何結合這些發現，以得到更深入的結論呢？反過來說，這些發現又能提供什麼訊息，幫助我們了解社會影響和集體行為？社會裡的「大」問題，諸如不平等、社會正義、經濟政策等，又如何跟網路搜索與社會影響、決策、獎勵與績效、感知與兩極化等研究發現連結在一起？

社會科學是否可以達到上述程度，目前尚無定論。但可以肯定的是，社會學家和其他社會科學領域的學者有興趣的一些問題，永遠無法以精確的方式測量。因此，無論網際網路和其他新科技帶來多大衝擊，社會科學的傳統研究工具，如文獻研究、田野調查、理論模型和深刻反思，將繼續扮演重要角色。同樣，無論我們掌握多少基本科學知識，也不可能以工程學這種方法，「解決」那些最複雜、最迫切的現實問題，例如：在社會正義等問題上達成共識，或設計一種可以處理不確定性的制度。面對這類問題，我們仍然可以尋求一些更有效的解決方案，例如第8章提到的自主啟動法和實地實驗，以及羅爾斯和桑德爾等政治哲學家長期提倡的「審議式民主」(deliberative approach to democracy)。但在社會世界裡，或許我們永遠都無法掌握確切的因果關係。

最終，我們可能需要同時運用上述所有方法以及所有資源，嘗試由上而下、由下而上地理解人類行為與世界運作的方式。這聽起來工程浩大，確實也是如此。但莫頓四十年前就指出，人類先前已經在物理學、生物學、醫學科學做過類似的事。六十多年前科學家發現DNA，隨後引爆了基因組革命，我們對醫療願景許下的承諾至今尚未實現，但這並沒有阻止我們投入大量資源，繼續研發新的醫療科技。[26]那為什麼用來理解城市貧困、經濟發展或公共教育等社會問題的科學，卻如此不受重視？這實在很不應該！我們也不能再抱怨缺乏必要的研究工具。就像望遠鏡的發明，徹底改變了天文學。手機、網站或網路通訊等技術革命，讓我們可以測量原本無法測量的事物或現象，或許也會徹底改變我們對自己與彼此互動的理解。莫頓說得沒錯，社會學還沒有找到自己的克卜勒。但波普在三百年前就說過，研究人類最適當的方法不在天上，而在我們自己身上。如今，社會學終於發現了自己的望遠鏡，那就展開一場革命吧！[27]

第10章　重點整理

用物理科學的標準來評斷社會科學是否成功，會產生誤解。因為過去的社會學家不像物理學家擁有精確的測量工具，而且人類及社會現象比物理現象還更複雜且棘手。

不過，網際網路帶來的科技革命可能預示了社會科學的新時代，跟發明望遠鏡之後的天文學一樣。新時代社會科學的成功標準也應該跟物理科學不同，而且將引領我們以一種新的方式思考社會現象，並有望提供更好的解決方法。

致謝

這本書寫了三年多，卻在我腦海裡醞釀了六年之久。執筆的這段期間，我很榮幸能進入幾個卓越的機構，並與許多優秀同事一起工作。我由衷感謝所有人，特別是其中幾位。

首先，我非常感謝雅虎公司曾經為我們提供一個充滿挑戰與支持的研究環境。許多人都感到非常佩服，在那個時代，一個美國大公司竟然會投資一個致力於基礎科學的研究機構，但這正是雅虎研究院的使命。這可不是說其中一百多名科學研究員，對公司的營收沒有重大貢獻（股東們請注意，我們有的）。而我們在工作中，包括我在寫這本書時，所體驗到的自由度與彈性，於我都意義非凡，在此特別向雅虎研究院的創始負責人拉加萬（Prabhakar Raghavan）致意。同時也要感謝邁克菲（Preston McAfee）和布拉赫曼（Ron Brachman）對我的支持與鼓勵，以及我的同事戈爾、戈爾茲坦（Dan Goldstein）、霍夫曼、拉海（Sébastien Lahaie）、梅森、潘諾克、賴利、瑞夫斯、蘇里（Sid Suri），這些人讓我獲益匪淺，我從未遇過這樣一群能夠如此雄辯，卻又共事愉快的人。

加入雅虎這個大團隊之前，我在哥倫比亞大學社會學系度過幾年，那也是我職涯早年最重要的階段，感謝他們在我尚未取得社會學學位時就願意聘用我、包容我對這個領域的無知，並悉心給予教導。我不敢說自己已經成為一位「真正」的社會學家，但肯定朝這個目標接近不少。在此我要特別感謝貝爾曼（Peter Bearman）、柯爾（Jonathan Cole）、克羅（Michael Crow）、薩克斯（Jeffrey Sachs）、史塔克（David Stark）、懷特（Harrison White），感謝他們多年來的支持與建言，還要感謝我的學生與合作夥伴道茲、寇西內茲、穆罕默德以及賽格尼克。我也要向已故社會學者莫頓致意，他是哥倫比亞大學社會學系史上一位傑出的重要學者，在我職涯早期，他給我的鼓勵就如同他留下的研究成果一樣，不斷激勵著我。

我在哥倫比亞大學那幾年，在研究上獲得美國國家科學基金會、詹姆斯．麥克唐納基金會（James S. McDonnell Foundation）、美盛基金（Legg Mason Funds）的資助，而貝爾曼領導的社會經濟研究與政策研究所（Institute for Social and Economic Research and Policy）提供給我寶貴的行政協助與工作空間。有他們的大力支持，這本書提到的許多研究才得以實現。之後，我有幸成為牛津大學納菲爾德學院（Nuffield College）還有我的知識之家——聖塔菲研究所（Santa Fe Institute）的客座教授，納菲爾德學院在二〇〇七年慷慨接待，讓我進行兩個月的學術休假，而我在二〇〇八年和二〇〇九年的夏天，都在聖塔菲研究所度過幾週假期，如果沒有這些休假期間，我不可能從日常工作中抽身，完成這麼長的寫作計畫。在此我非常感謝納菲爾德學院的赫斯特洛姆（Peter Hedstrom），以及聖塔菲研究所的魏斯特（Geoffrey West）和伍德（Chris Wood）在我客座期間的安排與協助。

最後，我要感謝幾位幫助這本書順利出版的朋友，我在王冠出版集團（Crown）的編輯肖爾（Roger Scholl），他證明了自己完全有當啦啦隊長和教練的實力，在漫長的編輯過程中，他不但經常幫助我重拾熱情，也提醒我避開不少自己設下的陷阱，為我指點迷津。還有我在威廉·莫里斯經紀公司（William Morris Endeavor）的經紀人葛拉可（Suzanne Gluck）和洛普佛（Eric Lupfer），他們幫助我統整最初的提案，並在我整個寫作過程中，不斷給予寶貴的意見。還要感謝戈爾、戈爾茲坦、喬姍（Victoria Johnson）、莫布新、麥卡錫（Tom McCarthy）、佩奇（Scott Page）、薩貝爾（Chuck Sabel），他們不吝閱讀這本書的初稿，在過程中不斷協助我改正許多錯誤和疏失。感謝我的朋友與家人，多年來忍受我對這本書的牢騷，謝謝你們的包容。我知道自己向來不善於解釋這些內心的激動與零零總總的感謝，但我希望你們讀完之後，一切都清晰明白，甚至顯而易見……

注釋

前言：「常理」讓一切看似理所當然

[1] 葛瑞賓對貝克（Becker 1998）的評論請見Gribbin（1998）。

[2] 關於小世界網絡的內容，請參考Watts（1999）。

[3] 請參考西格爾一篇關於現代金融、戰爭與政策複雜性的文章（Segal 2010）。

[4] 關於哈奇森的提議，請見Mervis（2006），關於柯本的評論，請見Glenn（2009）。

[5] 請見Lazarsfeld（1949）。

[6] 關於「這又不像火箭科學那樣難懂」的心態，請見Frist et al.（2010）。

[7] 關於駕駛技術的研究結果，請見Svenson（1981）。其他優越錯覺偏誤的例子，可見Hoorens（1993）、Klar and Giladi（1999）、Dunning et al.（1989）以及Zuckerman and Jost（2001）。領導能力的研究請見Alicke and Govorun（2005）。

1 常理的迷思

[1] 詳見米爾格拉姆的著作《服從權威》（*Obedience to Authority*, Milgram 1969），關於他的生平與研究，參考Blass（2009）。

[2] 一九七四年《今日心理學》（*Psychology Today*）一篇採訪提到米爾格拉姆的反應，並且被Blass（2009）引用。地鐵實驗的原始報告請見Milgram and Sabini（1983），以及Milgram（1992）的引用。三十年後，兩位《紐約時報》記者重複米爾格拉姆的實驗，同樣觀察到乘客的錯愕甚至憤怒，以及實驗者本身的不舒服。詳見Luo（2004）以及Ramirez and Medina（2004）。

[3] 儘管社會學入門的教科書中大致都提到常理的本質與缺陷，將近一半的社會學文本都引用了常理的相關討論，但社會學期刊卻很少涉及這個主題，詳見Mathisen（1989）。不同社會學家的觀點，請參考Taylor（1947）、Stouffer（1947）、Lazarsfeld（1949）、Black（1979）、Boudon（1988a）、Mathisen（1989）、Bengston and Hazzard（1990）、Dobbin（1994）、Klein（2006）。相較於社會學家，經濟學家更不關心常理問題。但關於社會與物理直覺的一些有趣討論，可見Andreozzi（2004）。

[4] 參閱Geertz（1975，第六頁）。

[5] Taylor（1947，第一頁）。

[6] 哲學家們尤其困惑於常理對於理解世界的作用，因此哲學觀點對於「常理應該獲得多大關注」

這一問題經常搖擺不定。簡單說，這個問題與經驗本身的可靠性密切相關，亦即我們何時可以理所當然接受某個事物、經驗或觀察，何時又必須質疑自己的感覺？一個極端是激進的懷疑論者，他們認為所有經驗都經過大腦過濾，所以沒有什麼東西可以理所當然代表客觀現實。另一個極端的代表是像蘇格蘭現實主義學派（Scottish Realist School）的托馬斯．里德（Thomas Reid）這樣的哲學家，認為任何自然哲學都應該「如其所是」地看待這個世界。十九世紀初，美國的實用主義（pragmatist）學派提出一種折衷的看法，以威廉．詹姆斯（William James）和查爾斯．皮爾士（Charles Sanders Peirce）為首的哲學家強調，有必要結合科學的抽象知識與普通經驗的常識，但他們也認為應該以質疑的眼光看待所謂的常理（James 1909，第一九三頁）。關於哲學史上如何討論常理，可見Rescher（2005）、Mathisen（1989）。

[7] 應該注意的是，常理性推論也有像通則一樣的備份系統，因此，當處理某些特定情況的常理原則碰到之前沒遇過的偶發事件而失效時，我們不會完全不知所措，而會參考更一般、涵蓋範圍更廣的原則。不過，研究人員至今仍未能明定這個備份系統，尤其是在人工智慧領域，詳見丹奈特的論述（Dennett 1984）。因此，即使常理的備份系統確實有效運作，它的邏輯結構也跟數學與科學不同。

[8] 常理與人工智慧的討論請見Minsky（2006）。

[9] 最後通牒賽局的跨文化研究請見Henrich et al.（2001），其在工業化國家的研究回顧可參考Camerer, Loewenstein, and Rabin（2003）。

[10] 參見Collins（2007）。常理內嵌於文化所帶來的另一後果，就是它認為的「事實」（即對客觀現

實的赤裸描述），往往依賴於社會文化中其他看似無關的特徵的價值判斷。例如，想想「警察相對比較認真處理嚴重犯罪行為」這個說法。針對此問題的實證研究顯示確實如此，一如常理告訴我們的那樣。然而，社會學家唐納德．布萊克（Donald Black）指出，受害者在警察介入時傾向將自己的遭遇說得「嚴重」。由此看來，犯罪的嚴重程度不僅取決於事件本身的性質（如搶劫、行竊或襲擊），還取決於最有可能獲得警察關切的人所處的環境。布萊克表示，這些人往往是住在富裕社區、受過高等教育的專業人士。因此，「嚴重犯罪會吸引警察的注意」這個看似對事實的簡單描述，其實是關於「什麼是嚴重」的價值判斷，而這又取決於其他與原本問題中的「事實」無關的特徵，像是社會與經濟不平等。關於事實與價值觀融合的討論，詳見Black（1979）。幾年後，貝克又以略為不同的論述提出類似的觀點。他指出，關於個人特徵的「事實」描述（如身高、智力）其實是相關性判斷，而這又取決於社會結構。比如一個人在某個情境可能是「高」的，在另一個情境則可能是矮的。又如數學或閱讀能力差的人會被認為智能不足，但畫畫能力差的人不會被這樣認為。詳見Becker（1998，第一三三至一三四頁）。有研究者提出一個更普遍的理論，描述主觀（甚或武斷）的慣例、實踐與信仰，如何藉由社會建構過程具體化為「事實」，請見Berger and Luckman（1966）。

[11] 見Geertz（1975）。

[12] 「不鎖族」的故事請見Wadler（2010）。

[13] 紀爾茲的研究請見Geertz（1975，第二二頁）。針對人們如何回應意見分歧，以及未能達成共識的理論解釋，請見Sethi and Yildiz（2009）。

[15][14]

美國人在同性婚姻上態度演變的調查結果，可參考 Gelman, Lax, and Phillips（2010）。

不過在美國，政治專業人士，如政客、專家和政黨官員等，確實採取堅定的自由派或保守派立場，因此像國會就比一般民眾在自由─保守主義的劃分上更兩極化（Layman et al. 2006）。

關於個人的政治信仰如何相互關聯、或互不關聯的研究，詳見 Baldassari and Gelman（2008）。

針對政治信仰與投票行為常見的誤解，更廣泛的討論可參考 Gelman et al.（2008）。

[18][17][16]

Le Corbusier（1923，第六一頁）。

參見 Scott（1998）。

關於經濟發展計畫失敗的討論，尤其是非洲的案例，請見 Easterly（2006）。海外援助事業可能對非洲造成負面影響，有研究者認為這樣的援助非但沒有幫助，反而對非洲有害，請見 Moyo（2009）。但也有其他人抱持正面看法，如 Sachs（2006）。

[21][20][19]

Jacobs（1961，第四頁）。

Venkatesh（2002）。

增加考試與學校選擇等常理性政策，實際上會破壞公共教育，相關討論請見 Ravitch（2010）。

針對醫療照護成本與可能的替代方案之分析，可見 Cohn（2007）。林業管理、城市發展計畫和其他政府規畫、監管失敗的案例，見 O’Toole（2007）。政府監管所帶來的意外後果與軼事，相關討論可見 Howard（1997）。國家建設與政治干預的有趣評論，見 Easterly（2006）。針對美國介入越南內政的尖銳、詳實論述，見 Tuchman（1985）。對美國外交政策的另一種看法，可參考 Gelb（2009）。

[22] 金融危機成本的相關討論，可見Barbera（2009）與Cassidy（2009）。策略計畫方法與失敗的概述，見Mintzberg（2000）和Raynor（2007）。媒體大亨的失誤，見Knee, Greenwald, and Seave（2009）。關於加劇金融危機的投資銀行領導者的內部帳戶問題，相關討論可見McDonald and Robinson（2009）以及Sorkin（2009）。另參考美國線上（AOL）與時代華納（Time Warner）合併失敗的新聞報導（Arango 2010），以及花旗集團氾濫、註定失敗的擴編（Brooker 2010）。

[23] 並非所有企業甚至政府的計畫都以失敗告終，事實上，過去幾世紀以來，全球絕大多數人口的整體生活品質獲得顯著改善，證明即使是最龐大而效率極差的政治體系，有時也能做出正確的事。那麼我們怎麼知道，即使常理並不善於解決複雜的社會問題，但它的失敗率沒有比其他方法高呢？我們不會知道答案，因為沒有人試著系統性收集成功與失敗的相對比率的數據，至少據我所知沒有。即使有這樣的嘗試，也無法回答這個問題，因為沒有「不使用常理的方法」可供比較。因此，就算知道基於常理的計畫成功率，也毫無意義。所以針對常理性推論的批評，不能簡單歸納為它普遍來說是「好」是「壞」，更精準的說法是，有足夠多的例子顯示，使用常理推論往往導致重要的計畫失誤，這值得我們思索更好的解決方法。

[24] 各個時代的金融危機，詳見Mackay（1932）、Kindleberger（1978）、Reinhart and Rogoff（2009）。

[25] 哲學中早已有幾個重疊的學派，以懷疑的態度看待我在本書提到的常理。我們可以把羅爾斯提出的政治自由主義（political liberalism, Rawls 1993）以及與此概念緊密相關的審議式民主（Bohman 1998、Bohman and Rehg 1997），理解為試圖規定一種民主制度，能為所有成員提供程序上的正義，而無需假設任何宗教、道德等層面的特定觀點是正確的。換句話說，整個審

議原則的前提是「常理並不可信」，進而將目標從決定什麼是「正確的」轉變為設計政治制度，以避免任何一個觀點凌駕其他觀點之上。雖然這樣的哲學觀點與我在本書對常理的批判完全一致，但我要強調的重點略為不同。我更關注常理推論時會出現的特定錯誤，而審議式民主只是假設常理信念不相容，並欲尋求無論如何都能運作的政治制度。不過我在第9章討論公平與正義問題時，也會提及這方面的哲學論述。另一個質疑常理的哲學學派是詹姆斯與杜威（Dewey）的實用主義（見James 1909，第一九三頁）。實用主義者將常理固有的錯誤視為在這個世界有效行動的嚴重障礙，因此認為若要有效解決問題，就必須願意質疑和修正常理。這種實用主義反過來又影響制度的建立，我在第8章會談到部分內容。這種系統性質疑與修正既有常規的做法，能迅速因應無法預測的變化。因此，實用主義哲學觀也與我對常理的批判一致。但與審議一樣，它也可以在不需明確闡明特定認知偏誤的情況下實現。然而我認為，討論常理固有的偏誤，對於審議式議程和實用主義議程都是有幫助的補充，它實際上提供另一種論證，證明不仰賴常理推論的制度與程序的必要性。

2 我們如何思考？

[1] 器官捐贈率的原始研究請見Johnson and Goldstein（2003）。請注意，同意器捐的比率與最後的捐贈率並不相同，後者還會受家庭成員等因素影響。最後實際捐贈率的差異比較小，約一六％，但仍然是很大的差距。

[2] 原始出處請見Duesenberry（1960），蓋瑞・貝克本人也贊同並引用了該評語，見Becker and Murphy（2000，第二二頁）。

[3] 關於合作與懲罰之間相互作用的詳細描述，請見Fehr and Fischbacher（2003）、Fehr and Gachter（2000 and 2002）、Bowles et al.（2003）、Gurerk et al.（2006）。

[4] 過去二十多年來，社會學對於理性選擇理論一直爭論不休。從早期收錄雙方觀點的期刊開始（Coleman and Fararo 1992），延續到《美國社會學期刊》（*American Journal of Sociology*）以及《社會學方法與研究》（*Sociological Methods and Research*）等期刊上仍可見相關爭辯（Kiser and Hechter 1998、Somers 1998、Boudon 1998、Quadagno and Knapp 1992）。同一時期，唐納德・格林（Donald Green）與伊恩・夏皮羅（Ian Shapiro）在一九九四年出版了批判性的著作《理性選擇理論的病理》（*Pathologies of Rational Choice Theory*），也引發政治學領域一場類似的激辯。關於理性選擇理論的擁護者對這兩人的批評，以及格林的回應，請參考Friedman（1996）。

[5] 用理性選擇理論解釋行為的例子，請見Harsanyi（1969）、Becker（1976）、Buchanan（1989）、Farmer（1992）、Coleman（1993）、Kiser and Hechter（1998）、Cox（1999）。

[6] 詳見《蘋果橘子經濟學》（Levitt and Dubner 2005）。類似例子請見Landsburg（1993 and 2007）、Harford（2006）、Frank（2007）。

[7] 社會學的創始人之一馬克思・韋伯（Max Weber）將理性行為定義為可理解的行為。而理性選擇理論之父詹姆斯・柯爾曼（James Coleman）寫道：「理性行為就是『可理解』的行為，這一概念已無需再質疑」（Coleman 1986，第一頁）。社會學家戈爾德索普（Goldthorpe）提出一個

有趣的觀點，他認為除非先對理性行為有清楚的概念，否則我們甚至不知道該如何談論不合理或非理性行為。因此，即使這個概念不能解釋所有的行為，也該賦予理性行為優於其他行為理論的「特權」（Goldthorpe 1988，第一八四至一八五頁）。

[8] 對於恐怖主義的經濟學分析見 Berman（2009）。針對醫療業獎勵措施的討論見 Leonhardt（2009）。

[9] 更多預設默許選項的討論與案例，請見 Goldstein et al.（2008）和 Thaler and Sunstein（2008）。

[10] 心理學文獻的主要結果請見 Gilovich, Griffin, and Kahneman（2002）和 Gigerenzer et al.（1999）。晚近的行為經濟學觀點可參考 Camerer, Loewenstein, and Rabin（2003）。除了這些學術貢獻之外，許多暢銷書也涵蓋大部分類似的領域，請參考 Gilbert（2006）、Ariely（2008）、Marcus（2008）、Gigerenzer（2007）。

[11] 葡萄酒銷售研究詳見 North et al.（1997）。運動飲料的研究請見 Berger and Fitzsimons（2008）。網路購物研究見 Mandel and Johnson（2002）。更多關於促發效應的例子見 Bargh et al.（1996）。

[12] 錨定效應與行為調整的細節與例子，詳見 Chapman and Johnson（1994）、Ariely et al.（2003）、Tversky and Kahneman（1974）。

[13] 框架效應對消費者行為的影響，參見 Griffin et al.（2005）、Bettman et al.（1998）。關於「建構式偏好」（constructive preferences），包含偏好逆轉，詳見提出此概念的 Payne, Bettman, and Johnson（1992）。

[14] 參考「可得性偏誤」（availability bias, Tversky and Kahneman 1974）、吉伯特（Gilbert）提出的

「現在主義偏誤」(presentism, Gilbert 2006)、訊息「流暢度」的重要性等相關討論(Bargh and Chartrand 1999和Schwarz 2004)。

[15] 確認偏誤的研究回顧見Nickerson(1998)。評估消費產品的確認偏誤例子見Bond et al.(2007)。確認偏誤和動機性推論的討論詳見Marcus(2008,第五三至五七頁)。這兩種偏誤也與認知失調現象(cognitive dissonance)密切相關。認知失調現象是指人們抱持的信念或價值觀產生衝突,例如「我剛買的車超出預算了」與「我剛買的車真是太棒了」,為了協調這種衝突,人們會主動關注支持某個觀點或詆毀某個觀點的訊息。關於認知失調現象詳見Festinger(1957)、Harmon-Jones and Mills(1999)。

[16] 見Dennett(1984)。

[17] 哲學家傑瑞・弗多(Jerry Fodor 2006)指出,框架問題來自運算的「局部」特性,即輸入某些既定的參數和條件,然後執行某些操作,從而產生輸出。至少就目前的理解來說是如此。例如在理性選擇理論的情況下,「參數和條件」可以視為效用函數(utility function),「操作」則是某種最佳化的過程。但我們還是想像得到存在其他條件和操作方式,像是捷思法(heuristics)和習慣等非理性的問題解決方式。關鍵是,無論你試著寫下什麼運算公式,都必須先決定哪些因素相關,然而這樣的決定是該運算特性(即局部性)無法解決的。譬如,如果人們想要以一組相關因素的獨立假設解決這個問題,又會回到同一個老問題——哪些是跟運算相關的因素?只是少了一個步驟而已。當然,我們可以不斷重複這個過程,並期望最後可以找到某個定義明確的終點。事實上,我們可以將已知世界裡的每個項目與概念都納入潛在相關因素,

從而將整體問題化約成定義上的局部問題。不幸的是，如果要成功解決這個問題，代價是整個運算過程將會複雜到難以想像。

[18] 機器學習的討論見Bishop（2006）。玩《危險邊緣》的電腦見Thompson（2010）。

[19] 大腦會以許多方式扭曲我們對過去事件的記憶，以及對未來事件的預期經驗，相關討論見Gilbert（2006）。即使是社會學家也很容易犯這類錯誤，例如在沒有直接證據的情況下，自動腦補研究對象的動機、觀點與意圖，請參考Becker（1998，第一四頁）。記憶相關研究請見Schacter（2001）和Marcus（2008）。更多關於受試者錯誤回憶過去行為與經歷的例子，請見Bernard et al.（1984）。更多關於高估預期幸福或低估預期失望的例子，參見Ariely（2008）。網路交友配對的研究結果，見Norton, Frost, and Ariely（2007）。

[20] 以績效為基礎的薪資制度，詳見Hall and Liebman（1997）和Murphy（1998）。

[21] 「土耳其機器人」取名自十九世紀因打敗拿破崙而聞名的下棋機器人，但這其實是一場騙局，最早的土耳其機器人是真人躲在機器裡面操作，這正是該網站命名的關鍵。土耳其機器人網站上的任務對人類來說很簡單，對電腦來說卻很複雜，亞馬遜網站創辦人貝佐斯稱這種現象為「人工的人工智慧」。關於亞馬遜土耳其機器人網站的早期報告，見Howe（2006）。評論貝佐斯創造「人工的人工智慧」，見Pontin（2007）。更多關於土耳其機器人的訊息，詳見https://www.behind-the-enemy-lines.com/。

[22] 金錢獎勵實驗詳見Mason and Watts（2009）。

[23] 整體而言，女性平均收入只有男性的七五%。這種「薪資差距」很大程度可歸因於女性做的不

同選擇，例如選擇收入較低的職業，或必須從工作中抽空照顧家庭等等。排除這些因素，同樣條件下，從事同樣工作的男性與女性薪資差距約九％。更多細節參見Bernard（2010）。

[24] 多工作業（multitasking）的研究見Prendergast（1999）、Holmstrom and Milgrom（1991）、Baker（1992）。「窒礙」效果的研究見Gneezy et al.（2009）。針對金錢獎勵的一般批評見Herzberg（1987）、Kohn（1993）、Pink（2009）。

[25] Levitt and Dubner（2005，第二〇頁）。

[26] 「有教無類」法案的意外結果，詳見Saldovnik et al.（2007）。關於教育分流（educational triage）如何在不影響整體教育品質的情況下，提升學生及格率的具體討論，詳見Booher-Jennings（2005, 2006）。針對衡量與獎勵表現的困難的一般討論，見Meyer（2002）。

[27] 政治人物的相關新聞評論見Rampell（2010）。

[28] 格林與夏皮羅針對此觀點提出強而有力的論證，他們指出「從有意識的運算到『文化慣性』，當一切都符合理性選擇理論的某些變體時……，我們的分歧就成了語意上的歧異，而理性選擇理論僅僅是不斷擴大其範疇，納進所有人類學、社會學或社會心理學提出的似是而非的主張」（Green and Shapiro 2005，第七六頁）。

3 群眾的智慧（與瘋狂）

[1] 羅浮宮遊客參訪數據可見Riding（2005）。

[2] Clark（1973，第一五〇頁）。

[3] Sassoon（2001）。

[4] 關於《哈利波特》的完整文章見Tucker（1999），臉書分析的細節可見Nielsen（2009），電影的新聞報導見Barnes（2009）。

[5] 經濟衰退後消費行為下降的報導見Goodman（2009）。關於循環論證的類似觀點可見Bruce Mayhew（1980）、Frank Dobbin（1994）。

[6] 這個論點最早由物理學家菲利普·安德森（Philip Anderson）提出，詳見其著名論文《多即不同》（*More Is Different*, Anderson 1972）。

[7] 柴契爾夫人的原話見Keay（1987）。

[8] 一般認為「個人主義方法論」的定義最早見於二十世紀早期，奧地利經濟學家約瑟夫·熊彼得的著作，詳見Joseph Schumpeter（1909，第二三一頁）。不過這個概念在更早之前，至少在霍布斯（Thomas Hobbes）的著作中就出現了，且在啟蒙運動的思想家之間蔚為風行。對這些思想家來說，個人主義的行為觀和他們新興的理性行為理論非常契合。關於個人主義方法論起源的討論，以及對其邏輯基礎的嚴厲批判，可見Lukes（1968）和Hodgson（2007）。

[9] 我在這裡的描述有點簡化。最初的商業周期模型確實假設一個代表性個體，但晚近的模型開始採用多個個體，各自代表經濟體的不同部分（Plosser 1989）。然而，所有這些模型還是出現同樣的基本問題：這些個體都不是真正的人、甚至不是公司，而是代表整個群體作出決策的代理人，因此不見得關注其他人和公司在做什麼。

[10] 已經有許多研究者對代表性個體這一概念提出卓越的評論，其中最著名的當屬經濟學家艾倫·柯曼（Alan Kirman 1992）。然而，雖然這些批評廣為人知，卻對社會科學的實踐影響不大，這也顯示要解決這個問題並不容易。

[11] 即使是擁護理性選擇理論的學者（也是個人主義方法論的繼承者）在實踐中，也會輕易將適用於個體的效用最大化（utility maximization）原則，套用在家庭、公司、工會、「精英階層」和政府部門等社會行為者上面。更多在理性選擇模型中使用代表性個體的例子，請見Becker（1976）、Coleman and Fararo（1992）、Kiser and Hechter（1998）、Cox（1999）。

[12] 「暴動模型」詳見Granovetter（1978）。

[13] 社會影響的起源詳見Cialdini（2001）、Cialdini and Goldstein（2004）。

[14] 累積優勢模型的例子，參見Ijiri and Simon（1975）、Adler（1985）、Arthur（1989）、De Vany and Walls（1996）、De Vany（2004）。

[15] 關於「在實驗室裡研究軍隊」的問題，請見Zelditch（1969）。應該注意的是，社會學對實驗完全不陌生。例如社會學中的「網絡交換」(network exchange）便是經常在實驗室研究的一個主題，但這些網絡通常只包含四至五人（Cook et al. 1983 and Cook et al. 1993）。行為經濟學、政治學和社會學中的合作研究也會進行實驗，但同樣只包含少數受試者（Fehr and Fischbacher 2003）。

[16] 「音樂研究室」的實驗詳見Salganik, Dodds, and Watts（2006）。

[17] 更多關於「音樂研究室」實驗的背景知識與後續實驗，詳見Salganik and Watts（2009b;

2009a）。

4　特殊人物

[1] 二〇一〇年上映的《社群網戰》（*The Social Network*）描述的是臉書的故事。

[2] 社交網絡分析的歷史，請見Freeman（2004）。網路科學最新研究摘要，請見Newman（2003）、Watts（2004）、Jackson（2008）、Kleinberg and Easley（2010）。更多討論見Watts（2003）、Christakis and Fowler（2009）。

[3] 微軟即時通訊網路研究，詳見Leskovec and Horvitz（2008）。

[4] Jacobs（1961，第一三四至一三五頁）。

[5] 「六度分隔」這個說法並不是米爾格拉姆發明的，只是這個說法經常指稱米爾格拉姆進行的「小世界實驗」。一九九〇年，劇作家約翰．格爾（John Guare）寫了一部同名劇本，但奇怪的是，格爾把這個說法的起源歸於義大利發明家、無線電報發明者古列爾莫．馬可尼（Guglielmo Marconi）。據傳馬可尼曾說，透過電報的連結，每個人跟任何其他人之間都只有六度分隔。網路上大量引用資料顯示，馬可尼應該是在一九〇九年發表諾貝爾得獎演說時講了這句話，但演講本身並沒有提到這個概念（參見https://www.nobelprize.org/prizes/physics/1909/marconi/lecture/），我在其他地方也找不到馬可尼這句話的出處。不管這個說法的起源是什麼，無可否認，米爾格拉姆仍是首位為這個概念提供證據的人。

[6] 許多批評者指出，米爾格拉姆的研究結果並不像其呈現的那樣具有決定性結論（Kleinfeld 2002）。尤其是這三百條訊息鏈之中，三分之一是由波士頓開始，三分之一是由奧馬哈的股票投資者開始，他們只要聯繫證券經紀人，就很有機會能順利傳達訊息給目標，因為這個實驗唯一的目標對象，就是波士頓的一位證券經紀人。因此，小世界假說最有利的證據，來自從奧馬哈隨機抽取的九十六人開始的訊息鏈，其中只有十七條訊息傳遞成功。考慮到這些不確定性，我們應該謹慎衡量像雅各布斯先生這樣的人，是否真如研究宣稱的在社會網絡中扮演重要角色，因為這可能只是統計上的巧合。事實上，米爾格拉姆自己便提到這點，但他只說「透過普通個體聚集訊息鏈是小世界網絡的一個重要特徵，應該要以理論進一步說明這一點。」

[7] Gladwell（1999）。

[8] 的確，朋友多寡很大程度上取決於「友誼」的定義，而這個概念一直很模糊，尤其在現今社群網路時代更是如此，你甚至可以跟陌生人「加朋友」。結果導致我們難以區分「真正的友誼」和「點頭之交」，進而又無法釐清點頭之交與「單方面認識」（「我知道你，但你根本不認識我」）。有些人可能在MySpace上擁有上百萬位「朋友」，但即便是用最寬鬆的標準來定義友誼，例如叫得出對方的名字，那麼這個數字就會下降到幾百位至幾千位。有趣的是，自一九八〇年代末首次研究以來，這個數字一直驚人地保持不變（McCormick et al. 2008; Bernard et al. 1989, 1991; Zheng et al. 2006）。

[9] 在小世界實驗中，關於訊息鏈的長度還有許多細瑣的問題，導致人們可從證據推導出什麼結論、不可推導出什麼結論，往往會有一定程度的混淆。實驗本身細節，詳見Dodds, Muhamad,

and Watts（2003）。對證據的澄清討論，以及訊息鏈長度的分析，詳見Goel, Muhamad, and Watts（2009）。

[10] 關於社會網絡的可搜索性，詳見Watts and Strogatz（1998）、Kleinberg（2000a, 2000b）、Watts, Dodds, and Newman（2002）、Watts（2003，第五章）、Dodds, Muhamad, and Watts（2003）、Adamic and Adar（2005）。

[11] 「影響者」通常也被稱為意見領袖或有影響力的人，或網紅（e-fluentials）、內行人（mavens）、樞紐（hubs）、連結者（connectors）、高成就媽媽（alpha mums）、熱情用戶（passionistas）。這些名稱並不是指稱同樣的人，但基本概念一致，即少數特殊人物影響大多數「一般人」的觀點、信念和消費習慣。其他跟影響者相關的名稱可見Katz and Lazarsfeld 1955、Merton 1968b、Weimann 1994、Keller and Berry 2003、Rand 2004、Burson-Marsteller 2001、Rosen 2000、and Gladwell 2000。艾德．凱勒（Ed Keller）和喬納森．貝里（Jonathan Berry）聲稱「一成的美國人告訴另外九成的人要投給誰、吃什麼、買什麼」，事實上，他們的結論是「在早期階段，幾乎每個重要趨勢皆需透過影響者的傳播而進入主流，而影響者亦能阻止潛在的趨勢」（Keller and Berry 2003，第二一至二二頁）。市場研究公司博雅公關（Burson-Marsteller）也贊同上述看法，該公司表示「影響者這個強大的群體產生的深遠影響，足以成就或毀掉一個品牌，可以號召或化解企業和消費者問題，並在事件發生時提供洞察。」看來人們需要做的就是找到這些人，並影響他們。因此，影響者已是當今行銷人員夢寐以求的「聖杯」（Rand 2004）。

[12] 原始引用可見Gladwell（2000，第一九至二一頁）。

[13] Keller and Berry（2003，第一五頁）。

[14] 參見Christakis and Fowler（2009）、Salganik et al.（2006）、Stephen（2009）。

[15] 事實上，即使是這樣也無法確定。如果A和B是朋友，他們也可能品味相似或看了同樣的電視節目，所以接觸到類似的訊息。因此，看起來像是有影響力的東西，實際上可能只是同質性而已。所以如果每當A的朋友採取跟A一樣的行動，我們就說這是A的影響，可能會高估了A的影響力。更多關於相似性與影響力的問題，詳見Aral（2009）、Anagostopoulos et al.（2008）、Bakshy et al.（2009）、Cohen-Cole and Fletcher（2008b, 2008a）、Shuliti and Thomas（2010）、Lyons（2010）。

[16] 評估影響力的困難以及對個人影響力和意見領袖更全面的介紹，詳見Katz and Lazarsfeld（1955）。影響力的替代指標見Weimann（1994）。

[17] 社會感染現象的相關討論，請見Watts（2003）、Christakis and Fowler（2009）。

[18] 關於影響力和社會傳播之間的連結，在葛拉威爾的「社會流行潮」類比中表達得最為明確，但其他關於影響者的文獻也暗示了類似的連結。譬如埃弗雷特・羅吉斯（Everett Rogers）指出「意見領袖的行為對於一個系統中創新的採納率有決定性作用。事實上，擴散曲線呈S型是因為一旦意見領袖採用某個創新方法並告知別人，單位時間內使用者的數量就會急劇增長。」詳見Everett Rogers（1995，第二八一頁）。凱勒和貝里也提出類似觀點，他們表示影響者「就像國家的中央處理單位，因為他們認識很多人，並且在一週內就可以接觸很多人。他們具有強大的倍數效應，當他們發現某件想讓別人知道的事情，就會透過一個網絡迅速傳播。」詳見

Keller and Berry（2003，第二九頁）。

[19] 關於模型的細節，參見Watts and Dodds（2007）。

[20] 原始的巴斯模型請見Bass（1969）。

[21] Gladwell（2000，第一九頁）。

[22] 很多人將這個結果解讀為「影響者不存在」，但這不是我們的研究要傳達的意涵。首先，我之前也提過，影響者有很多種類型，即使我們打算全都列舉出來也不可能，況且我們也不打算這麼做。事實上，我們模型的目的就是假設影響者存在，並觀察他們相對於普通人有多重要。對我們研究的另一個誤解是，以為我們宣稱「影響者不重要」，但這也不是我們的結論。我們只是發現影響者不太可能扮演少數人法則所描述的角色。無論如何定義影響者，我們是否能有效辨識出他們，並以某種方式運用他們的影響力，仍是一個尚待解決的問題。

[23] 詳見Adar and Adamic（2005）、Sun, Rosenn, Marlow, and Lento（2009）、Bakshy, Karrer, and Adamic（2009）、Aral et al.（2009）。

[24] 關於推特的研究可見Bakshy et al（2010）。

[25] 金．卡戴珊一萬美元推文的趣聞可見Sorkin（2009b）。

5 從「過往經驗」中學習

[1] 一些社會學家甚至直接指出，歷史應該是一門科學，有自己一套定律和方法（Kiser and

Hechter 1998）。同時，歷史學家對歷史學的科學地位則是更加謹慎，但他們還是忍不住把自己做的事跟自然科學家相比（Gaddis 2002）。

[2] 參考斯科特所謂的「墨提斯」（metis，希臘語的「技能」），即經驗豐富的專業人士展現的特徵，包括正規的決策程序、非正式的經驗法則以及訓練有素的本能（Scott 1998）。

[3] 關於潛在認定和後見之明偏誤，詳見巴魯克・費許霍夫（Baruch Fischhoff 1982）的經典論文。關於我們的心理偏誤有多強烈，哲學家的看法與心理學家不同。羅斯（Roese）和奧爾森（Olson）指出人們確實經常進行反事實的思考，例如：想像如果沒有發生某些前置事件，事情後續會如何發展。這表示常理對因果關係的看法是條件性的，而非絕對的。因此，描述這個問題更正確的方式是，相較於反事實的結果，我們系統性高估了已發生事實的可能性。然而就我的論點而言，思考反事實的結果就夠了。

[4] 西方航空二六〇五號班機事故與分析，詳見Dawes（2002，第七章）。

[5] 更多校園槍擊案內容，參見Dawes（2002）、Harding et al.（2002）。

[6] 見Gladwell（2000，第三三頁）。

[7] 威爾斯親王醫院與香港淘大花園大廈爆發SARS事件詳見Tomlinson and Cockram（2003）。後來許多研究者提出各種理論模型，以超級傳播者的角度解釋SARS的感染，見Small et al.（2004）、Bassetti et al.（2005）、Masuda et al.（2004）。

[8] 見Berlin（1997，第四四九頁）。

[9] 事實上，提出此說法的是Gaddis（2002）。

[10] 完整論述見Danto（1965）。

[11] 關於思科系統的故事請見Rosenzweig（2007）。

[12] Gaddis（2002）。

[13] 該研究詳見Lombrozo（2007）。不過要注意的是，當研究者用簡單的數字告知受試者不同解釋的相對機率時，他們實際上會偏向選擇較複雜的解釋。但在真實情況中，很少有這麼明確的訊息。

[14] 詳見Tversky and Kahneman（1983）。

[15] 關於現成解釋可提供信心的證據，見Lombrozo（2006, 2007）、Dawes（2002，第一一四頁）。關於人類「認知能力在缺乏現成說法的情況下會下降」的論述，見Dawes（1999）。

[16] 舉例來說，對簡單解釋的偏愛深植於科學哲學中。命名自十四世紀英國邏輯學家奧坎（William of Occam）的奧坎簡化論（Ockham's razor）認為「如無必要，不應假設多數」。這本質上意味著，當簡單的理論就足以解釋時，就不應該採用複雜的理論。許多科學家都對奧坎簡化論心懷崇敬，例如愛因斯坦曾說一個理論「應該盡可能簡單，而不是只有稍微簡單一點」。科學歷史似乎也認同這種崇敬，因為充斥著簡明扼要的公式取代複雜龐大概念的例子。也許科學歷史為人詬病的是，它最初也充滿簡明扼要的公式，但隨著實徵證據越來越多，它也漸漸變得複雜龐大。事實上，科學方法追求解釋力的能力，才是其真正力量所在，即使這會以失去理論的簡明扼要性為代價。

[17] 柏林對於科學與歷史之差異的全面分析，以及無法以科學形象重塑歷史的觀點，請見Berlin

（1960）。

[18] 針對概化類推的風險以及這樣做的例子，請見Gaddis（2002）。

[19] George Santayana（1905）。

6 「預測未來」的幻夢

[1] Rosenbloom（2009）。

[2] 詳見Tetlock（2005）。

[3] 許納爾斯的分析和更多有趣例子，見Schnaars（1989，第九至三三頁）。更多專家預測未來的糟糕例子，見Sherden（1998）。政治革命的不可預測性，尤其是一九八九年東德瓦解，相關討論見Kuran（1991）、Lohmann（1994）。關於美國國會預算辦公室對醫療保險的預測，相關回顧見Gabel（2009）。

[4] 美國有許多刻意打造的預期大片，結果票房慘敗。雖然還是有像《水世界》（*Waterworld*）這種電影，透過海外票房收入、影片與光碟銷售而獲利，詳見Parish（2006）。關於媒體產業災難性的誤判以及險些失手的有趣故事，參考Seabrook（2000）和Carter（2006）。關於布魯姆斯伯里出版社（Bloomsbury）決定以兩千五百英鎊買下《哈利波特》版權的有趣背景，可見Lawless（2005）。關於文化產業的一般訊息，見Caves（2000）和Bielby and Bielby（1994）。

[5] 二〇一〇年初，Google的市值約一千六百億美元，但其波動可高達兩千兩百億美元。關於這

裡提到以及其他錯失良機的預測，詳見Makridakis, Hogarth, and Gaba（2009a）和Taleb（2007）。長期資本管理公司的完整故事見Lowenstein（2000）。

[6] 牛頓的話引用自Janiak（2004，第四一頁）。

[7] 拉普拉斯的話引用自https://en.wikipedia.org/wiki/Pierre-Simon_Laplace。

[8] 這種二分法是對現實的過度簡化，因為「複雜性」不是一個可以用數字表明且讓人充分理解的特性，這也是有點武斷的定義，因為沒有明確界定某個歷程要複雜到什麼程度才算複雜系統。曾任洛克菲勒基金會（Rockefeller Foundation）副總裁的瓦倫・韋弗（Warren Weaver）在一篇精彩的文章中，區分了有組織的複雜性與無組織的複雜性，前者相當於有大量獨立實體組成的系統，如氣體中的分子。韋弗認為，無組織的複雜性可以用適合簡單系統的工具來處理，不過是用統計而非確定性的方式做到這點。至於有組織的複雜性，這個系統既不簡單，也沒有無組織系統中有益的平均特性（Weaver 1958）。換句話說，我這裡採用的二分法，其實是將簡單系統和無組織系統混為一談。這兩者雖然不同，但是從預測的角度來看是類似的，因此這種混淆並不影響我的論點。

[9] 對簡單系統和複雜系統預測力的不同看法，見Orrell（2007）。複雜系統的一般討論，見Gleick（1987）、Watts（2003）、Mitchell（2009）。

[10] 當我說我們只能預測某件事發生的機率，這樣說其實不太精準。討論複雜系統的預測力時，更正確的說法是，我們應該能預測結果分布的特性，而這種分布呈現出某一類特定事件機率的特性。例如，我們可以預測某一天下雨的機率、主隊獲勝的機率，或電影收益超過某個數

字的機率。我們也可能會問，主隊會以多少分獲勝？電影預期票房具體來說是多少？或預期平均數上下誤差是多少？無論如何，這些預測都是關於「平均特性」，因為它們可以用來自某個結果分布的統計數據來表示。

[11] 對擲骰子而言，情況更糟糕，最好的預測表現就是六次當中有一次正確，機率不到一七%。因此在現實生活中，可能結果的範圍比擲骰子大多了。譬如預測下一本暢銷書，預測正確的機率達到二〇%的話，那就算很好了。只不過二〇%的正確率表示有八〇%的錯誤率，這聽起來不太妙。

[12] 參見http://cimms.ou.edu。關於天氣預報的長期預測（準確率低很多），詳見Orrell（2007）。

[13] 具體而言，「頻率論者」堅持，機率指稱的是特定結果發生的相對比例，因此只適用於原則上可以無限重複的事件，例如丟銅板。反之，證據論者認為，機率應該被解釋為人們願意接受某種賭注的可能性，因此不限於可重複事件。

[14] 詳見de Mesquita（2009）。

[15] 塔雷伯解釋說，「黑天鵝」一詞源自在澳洲的歐洲殖民者，他們直到在西澳看到黑天鵝之前，都以為所有的天鵝是白色的。

[16] 攻占巴士底獄整起事件與後續餘波，參見Sewell（1996，第八七一至八七八頁）。不過要注意的是，其他研究法國大革命的歷史學家所界定的範圍跟斯威爾截然不同。

[17] 塔雷伯也提出類似觀點，他表示要預測我們現在稱之為網際網路的發明，就必須對網際網路發明後的相關應用有非常大量的了解。他又指出「要理解未來並準確預測，就必須融入這

個未來的元素本身。如果你知道自己即將要發現的這個東西，那差不多就算成功了」（Taleb 2007，第一七二頁）。

7 最棒的計畫

[1] 有趣的是，《時代雜誌》（*Time*）有篇報導說，新一代撲克牌玩家可以靠數百萬個線上遊戲數據的統計分析，贏得重要比賽（Kadlec 2010）。

[2] 詳見 Ayres（2008）。更多超級數據的例子請見 Baker（2009）和 Mauboussin（2009）。

[3] 關於預測市場詳見 Arrow et al.（2008）、Wolfers and Zitzewitz（2004）、Tziralis and Tatsiopoulos（2006）、Sunstein（2005）。群眾智慧的完整介紹請見 Surowiecki（2004）。

[4] 關於操控預測市場「Intrade」的故事，詳見 Rothschild and Wolfers（2008）。

[5] 伊恩・艾瑞斯發表在部落格的一篇文章中提到，預測市場的相對表現是「預測分析中一個尚待解決的問題」（https://freakonomics.com/2009/12/23/prediction-markets-vs-super-crunching-which-can-better-predict-how-justice-kennedy-will-vote/）。

[6] 更準確地說，針對每種方法，我們都有不同的數據。譬如，我們自己做的民意調查只有在二〇〇八至二〇〇九年賽季進行，但我們有拉斯維加斯體育博彩市場近三十年的數據，而「運動交易」在二〇〇八十一月就關閉了，所以預測數據也到那時為止。因此，我們無法在特定時間間隔內比較所有六種方法。但是在任何時段內，我們都可以比較多種方法。詳見 Goel and

Reeves et al.（2010）。

[7] 在此例中，統計模型是基於電影預計放映廳數以及上映前一週在雅虎上搜索該電影的人數所建立，詳見Goel and Reeves et al.（2010）。好萊塢證券交易所以及其他預測市場的訊息，詳見Sunstein（2005）。

[8] 關於民意調查與愛荷華電子市場的比較，詳見Erikson and Wlezien（2008）。

[9] 諷刺的是，專家的問題不是知道的太少，而是知道的太多。相較於非專家，他們更擅長將自己的猜測包裝成縝密的合理化解釋，使其看起來具有權威性，但實際上沒有比較準確。更多關於專家如何推論的細節，見Payne, Bettman, and Johnson（1992）。不過，什麼都不知道也很糟糕，一個人如果沒有一點專業知識，甚至會連要猜什麼都不知道。例如，針對泰特洛克關於專家預測的研究，大部分的注意力都集中在專家令人驚訝的糟糕表現上（但他們在自己的專業領域之外反而預測得更準），然而泰特洛克還發現，沒有專業知識的受試者（在該實驗中是大學生）其預測準確度明顯低於專家。因此，泰特洛克這個研究結果並非說專家的預測力不比其他人好，而是說，那些對某個主題具備一般知識的人（而非完全沒有相關知識的人），其預測力可以勝過充分了解該主題的人。詳見Tetlock（2005）。

[10] 過去幾年，史拜羅斯·馬克利達基斯（Spyros Makridakis）與同事進行一系列研究，表明在預測經濟時間序列上，簡單模型和複雜模型一樣準確（Makridakis and Hibon 2000; Makridakis et al. 1979; Makridakis et al. 2009b）。類似論點請見Armstrong（1985）。

[11] 簡單線性模型與其對決策的效用之討論，見Dawes（1979）。

[13][12] 針對如何提高預測力以及避開陷阱，詳見Mauboussin（2009，第一章與第三章）。最簡單的情形就是機率分布處於統計學家所謂的平穩過程（stationary），亦即其特性不會隨著時間改變。更普遍的情形是機率分布的變化遵循可預測的趨勢，例如平均房價隨著時間逐步上升。這兩種情形，過去都是預測未來的可靠指標。

[14] 如果這些模型包含一段更長時間的數據，譬如不是十年，而是過去一世紀的數據，或許就能更準確掌握一個大型全美房價的機率分布。但這段時間內，經濟的其他方面也會發生變化，所以不清楚這些數據之間相關性有多大。事實上，這就是為什麼銀行決定使用較短時間內的歷史數據。

[16][15] 完整內容見Raynor（2007，第二章）。其實索尼有找松下合作，但因為松下產品的品質問題，而放棄了這個計畫。索尼選擇品質，松下選擇低成本，這兩種合理的策略都有可能成功。

[17] 雷諾寫道「索尼針對卡式錄影機和MD隨身聽的策略都具備所有成功的元素，但兩者都沒有成功。簡單說，它們失敗的原因是運氣不佳，索尼做的戰略選擇非常合理，只是結果失敗了」（第四四頁）。

[18] 關於情境計畫的歷史概述，見Millet（2003）。相關理論性討論，見Brauers and Weber（1988）、Schoemaker（1991）、Perrottet（1996）、Wright and Goodwin（2009）。情境計畫也很類似「未來完美思考」，見Makridakis, Hogarth and Gaba（2009a）。

[19] 皮埃爾．瓦克在荷蘭皇家殼牌公司的工作，詳見Wack（1985a, 1985b）。

[20] 雷諾實際上區分了三種管理方式：功能管理，即設法讓日常事務最佳化；營運管理，即專注執行現有策略；策略管理，即專注於處理策略不確定性的管理（Raynor 2007，第一〇七至一〇八頁）。

[21] 例如，二〇一〇年一篇文章是關於福特汽車公司當時的執行長，裡面提到「福特不會再改變方向，至少在穆拉利先生的領導下不會。他承諾，他和福特二十萬名員工都不會動搖對汽車工業未來的『看法』，他表示『這就是全部的策略，這個對未來的看法將決定接下來的選擇。最糟糕的事情就是沒有任何看法，也不做任何決定』」（《紐約時報》，二〇一〇年一月九號）。

[22] 原始案例請見Beck（1993），但我在此處的分析討論是基於Schoemaker（1991）。

[23] 「如果進行更深入的情境計畫，將會發現諸如高油價、石油探勘的稅收優惠、有利的利率等一些背後特殊情形共同作用下，才導致這一短暫的石油開採高峰。所以一個好的情境計畫，不只是對收益高低的預測而已。」引用自Schoemaker（1991，第五五二頁）。

8 衡量一切事物

[1] 更多Zara供應鏈管理細節，詳見《哈佛商業評論》（*Harvard Business Review*）的案例研究（2004，第六九至七〇頁），以及Kumar and Linguri（2006）。

[2] 注意，明茲伯格仔細區分了策略規畫與「營運」規畫，後者著重於對現有程序的短期最佳化。有些不適合策略規畫的模型，卻對營運規畫很有幫助，因為當初這些模型其實就是為了營運

規畫而開發，明茲伯格認為正是因為這些模型的成功，導致計畫制定者將這些模型應用在策略規畫。因此，問題不是任何形式的規畫都不可行，也不是任何種類的預測都不可能做到，而是某些類型的規畫能可靠制定，某些不行，計畫制定者必須能夠區分兩者之間的差異。

[3] 雅虎主頁修改可見 Helft（2008）。

[4] 參見 Kohavi et al.（2010）和 Tang et al.（2010）。

[5] 新創公司使用量化績效指標取代設計本能的報導，見 Clifford（2009）。

[6] 裴瑞迪對鮋魚策略的原始描述，見 Alterman（2008）。如何應用鮋魚策略建立以某個品牌為主題的社群，以及控制和洞察力之間的相關權衡，見 Dholakia and Vianello（2009）。

[7] 群眾外包的一般討論，見 Howe（2008, 2006）。網路新聞最新趨勢的例子，見 Rice（2010）。

[8] 關於 Bravo 更多細節，參考 Clifford（2010）。關於吉士堡網，詳見 Wortman（2010）。關於裴瑞迪的採訪以及他創建的 BuzzFeed 和傳染性媒體，見 http://bit.ly/9EAbjR。

[9] 託客的人口學變項與動機，見 Paolacci et al.（2010）。土耳其機器人可靠性的研究，見 Kittur et al.（2008）和 Snow et al.（2008）。如何提高託客的可靠性，見 Sheng, Provost, and Ipeirotis（2008）。

[10] 流感研究細節見 Polgreen et al.（2008）和 Ginsberg et al.（2008）。美國疾病管制暨預防中心已改善流感病例報告拖延的問題，多少讓基於搜索的監測少了時間優勢，見 Mearian（2009）。

[11] 研究者也用類似方式，透過歌詞、部落格文章和推特更新來算出幸福指數。詳見 Dodds and Danforth（2009）、Bollen et al.（2009）。

[12] 臉書和推特也有基於狀態更新，提供搜索次數最多的項目清單。但一些評論指出，這些彙整提供的訊息多半讓人興趣缺缺（見 http://www.collisiondetection.net/mt/archives/2010/01/the_problem_wit.php）。因此，如果將範圍限制在特定個體感興趣的群體，例如用戶的朋友，這項訊息可能會更有趣或更有用。所幸這樣的修正相對容易實現，所以即使「大眾最感興趣的主題」其內容無趣或平淡無奇，也不表示反映群體興趣這個能力本身沒有意義。

[13] 更多利用搜索趨勢「預測現在」的例子可見 Choi and Varian（2008）。

[14] 利用網路搜索進行預測的方式，見 Goel et al.（2010）。

[15] 史蒂夫・哈斯克（Steve Hasker）跟我曾以這種市場行銷規畫方式為主題，發表一篇文章在《哈佛商業評論》，見 Watts and Hasker（2006）。

[16] 銷售和廣告之間的關係，實際上是經濟學家稱之為「內生性問題」（endogeneity problem）的經典案例（Berndt 1991）。

[17] 其實有段時間這類對照實驗曾在廣告商中蔚為風潮，有些行銷人員（尤其是直接郵寄行銷的業者），目前仍在進行這類實驗。特別的是，雷奧納・羅帝許（Leonard Lodish）在一九九〇年代早期用分股電纜電視，研究一系列廣告效應（詳見 Abraham and Lodish 1990; Lodish et al. 1995a; Lodish et al. 1995b; Hu et al. 2007）。直接郵寄行銷廣告的實驗，可見 Bertrand et al.（2010）。不過奇怪的是，電視廣告、口碑廣告甚至品牌廣告方面，這種納入對照組的作法卻沒有很興盛，如今更是由於統計模型或稱為「行銷組合模型」（Marketing mix modeling，可參考維基百科）興起，導致控制實驗更為沒落。

[18] 參考comScore總裁兼執行長馬吉德・亞伯拉罕在哈佛商學院發表的一篇文章（Abraham 2008）。有趣的是，他曾跟羅帝許一起進行分股電纜電視實驗。

[19] 整個實驗過程都以第三方服務來配對雅虎用戶和零售商客戶的身分，因此研究者不會接觸到用戶和客戶資料，以保護隱私，詳見Lewis and Reiley（2009）。

[20] 有效的廣告對我們來說甚至比較好。如果你只有在對產品感興趣的情形下才會看到廣告，就不會因為看到太多無用的廣告而覺得很煩。

[21] 參見Brynjolfsson and Schrage（2009）。百貨公司長期一直在測試商品陳列的最佳方式，對於同一種產品，嘗試在不同商店用不同的擺放位置或價格，以了解哪一種設置會賣得最好。但現在，幾乎所有實體商品都有個獨一無二的條碼，許多商品甚至嵌入無線射頻辨識系統（RFID）晶片，藉此可追蹤到庫存量，並衡量商店、地區在一天或一年之中的變化，或許這就是為何賓州大學華頓商學院教授馬歇爾・費雪（Marshall Fisher）會說現在是零售的「火箭科學」時代（Fisher 2009）。Ariely（2008）也曾提出類似觀點。

[22] 麻省理工學院「對抗貧窮實驗室」，參見https://www.povertyactionlab.org。政治學家進行實地實驗的例子，見Arceneaux and Nickerson（2009）和 Gerber et al.（2009）。勞動經濟學家進行的實地實驗，參見Lazear（2000）和Bandiera, Barankay, and Rasul（2009）。國家公園的例子見O'Toole（2007，第三四三頁）。伊莉莉・歐斯壯（Elinor・Ostrom）對公共資源管理也抱持類似態度，她認為「所有政策提案都必須被視為實驗」（Ostrom 1999，第四九七頁）。其他實地實驗範例請見Ayers（2007，第三章）。

[23] 道德考量也限制了實驗方法可運用的範圍。例如，雖然教育部可以隨機分派學生到不同學校，而且這可能是了解何種教育策略有效的最佳方式，但這樣做會給分派到較差學校的學生造成困擾，因此不道德。如果你合理懷疑某些東西可能有害，即使你不確定，也不能強迫人們接受它。同樣，你也不能讓人們拒絕某些可能對他們有益的東西。所有實驗都應該考量這些道德問題，但這必然限制援助或發展機構的介入程度，無法隨機分派人們或地區，即使他們實際上可以這樣做。

[24] 詳見Scott（1998）第三一八、三一三和三一六頁。

[25] 「總量管制與排放交易」的好處，詳見Leonhardt（2010）。最初的論點請見Hayeck（1945）。

[26] 關於「邁向巔峰」的新聞評論，見Brill（2010）。針對以標準化考試作為學生表現與教學品質指標的批評，見Booher-Jennings（2005）和Ravitch（2010）。

[27] 「亮點」的定義請見Heath and Heath（2010）。正向偏差方法（positive deviance approach）的細節，見Marsh et al.（2004）。更多正向偏差例子，見http://www.positivedeviance.org/。洗手的故事來自阿圖．葛文德（Atul Gawande）的著作，他描述了在匹茲堡進行的一項初步實驗。葛文德提醒，目前尚不確定一開始的結果會持續多久，但一項對照實驗表明他們可能會繼續這麼做。詳見Gawande（2008，第一三至一八頁）和Marra et al.（2010）。

[28] 關於自主啟動法的描述，見Sabel（2007）。關於豐田汽車「即時」生產原則差點造成的災難，以及其驚人的復甦，詳見Watts（2003，第九章），該事件原始描述可見Nishiguchi and Beaudet（2000）。關於美國公司如何採用豐田產管理方式的原則，見Helper, MacDuffie, and Sabel

（2000）。

[29] 在地產業的成功因素，見 Sabel（2007），一系列案例研究見 Giuliani, Rabellotti, and van Dijk（2005）。政府嘗試刺激創新發展的教訓，見 Lerner（2009）。

[30] 當我們試著推廣在地方法時，必須留意適用的環境。在某家醫院有效的特定洗手法，不見得在另一家醫院也有效，因為醫院之間的資源、限制、問題、患者，以及文化與態度不盡相同。我們並不清楚何時可以推廣某種解決方案，事實上，正是這種不可預測性，使得中央主管單位和行政部門無法一開始就解決問題，然而這才是政策規畫的重點。

[31] 見 Easterly（2006，第六頁）。

9 公平與正義

[1] 維克多・埃雷拉後來起訴了紐約市政府，最後在二〇〇六年以一百五十萬美元達成和解。另外三名涉事警官被開除，第七十二分局包含大隊長在內的十七名員警受到處分，警察局長凱里克（Kerik）針對午夜輪班情形展開調查，結果顯示存在監督不力和怠忽職守的情形。當時的紐約市長朱利安尼（Giuliani）以及下任市長麥克・彭博（Michael Bloomberg）、紐約州長派塔基（Pataki）都對此事發表看法。關於未出生的嬰兒里卡多的法律地位問題，還引起法醫和地方檢察官的爭論，法醫認為嬰兒並沒有獨立於母親而生活，所以不該視為一起獨立的死亡事件，但地方檢察官的看法與之相反。針對這起悲劇，《紐約時報》發表了近四十篇報導，從

最初事故直到最後訴訟和解過程，都有詳細描述。

[2] 理性的組織原則和真實社會組織的實際功能之間的關係，相關討論見Meyer and Rowan（1977）、DiMaggio and Powell（1983）、Dobbin（1994）。關於組織社會學「新制度主義」（new institutionalist）觀點的全面討論，見Powell and DiMaggio（1991）。

[3] 溫德爾・霍姆斯的論述，相關討論見Menand（2001，第四二九至四三三頁）。

[4] 心理學家愛德華・桑代克（Edward Thorndike）是第一位在心理評估中記錄光環效應的人（引用自Thorndike 1920）。光環效應的心理學文獻回顧，見Cooper（1981）。約翰・亞當斯調侃華盛頓的話，見Higginbotham（2001，第二一六頁）。

[5] 更多商業界光環效應的例子，見Rosenzweig（2007）。Steve & Barry's成功的精彩故事以及後來破產的故事，分別參考Wilson（2008）、Sorkin（2008）。

[6] 更多歸因錯誤的例子，見Rosenzweig（2007，第五四至五六頁）。羅森維格討論的實驗細節，詳見Staw（1975）。

[7] 為了說明這一點，讓我們假設一個簡單的思考實驗。我們要比較一個「好」的計畫過程G和一個「壞」的計畫過程B。假設G的成功率有六〇%，B的成功率只有四〇%。如果你覺得這樣差異不大，可以想像兩個輪盤賭局，第一局出現紅色的機率是六〇%、黑色是四〇%，第二局紅色的機率是四〇%、黑色是六〇%，如果你分別押紅色跟黑色，馬上就能輕鬆賺進一大筆錢。同樣，金融市場上如果獲益機率是六〇%、損失機率是四〇%，透過許多小賭注也能輕鬆賺錢。但我們現在不是在玩可以重複多次的輪盤賭博，而是相當於公司策略或教育政策

的過程，我們觀察到以下機率：

機率〔G成功，B失敗〕= 0.6*（1-0.4）= 0.36

機率〔B成功，G失敗〕= 0.4*（1-0.6）= 0.16

機率〔G和B同時成功〕= 0.6*0.4 = 0.24

機率〔G和B同時失敗〕=（1-0.6）*（1-0.4）= 0.24

換句話說，大多數情況下，G的表現比B好或至少差不多，這跟我們的預期一樣。但同樣，結果是G成功而B失敗的機率大約只有三分之一。事實上，幾乎有一半的情況是兩個過程表現一樣好（或一樣差），甚至有六分之一的情況是B會成功G會失敗。所以，如果同時進行好計畫和壞計畫，則有三分之二的可能性，光看結果無法準確反映這兩者的差異。

[8] 原始引用可見Brill（2009）。

[9] 區分實力與運氣很重要，因為即使每年的成功與否都是由丟銅板決定，人們還是會認為只要有足夠多的基金經理人，總是會有人多年連勝。但莫布新也提醒，丟銅板其實是一個具有誤導性的比喻。因為管理基金的績效是在收費後評估的，而且管理基金的整體投資組合不一定跟標普五百一致，因此沒有理由認為任何一年都有五〇%的基金會「擊敗大盤」。事實上，在米勒連勝的十五年內，實際比率是從一九九七年的七．九%到二〇〇五年的六七．一%不等。如果考量這些實際的成功率，能觀察到米勒連勝現象的機率大約是兩百三十萬分之一。詳見Mauboussin（2006，第五十頁）和Mauboussin（2010）。

[10] 狄馬喬打擊的統計數據見https://www.baseball-almanac.com/players/player.php?p=dimagjo01。

[11] 研究者透過模擬發現，連續五十六場安打的機率介於二〇%到五〇%之間。有趣的是，他們還發現狄馬喬並非最可能達到這一成就的球員，所以他的連勝應該是技術和運氣的結合。詳見 Arbesman and Strogatz（2008）。另一位研究者也得出類似結論，他認為如果平均打擊率不變，那麼連勝應該會更常見，這表示連勝的打者在下一個球季更有可能得分。儘管這兩個研究模型對連勝可能性的看法不太一樣，但同樣認為正確評估表現的標準應該是擊球率，而不是連勝，詳見 McCotter（2008）。

[12] 當然，體育界對於如何正確評估一個人的體育技能，也很難達成共識。以一百公尺短跑選手來看，高下立判。但對於棒球球員就沒那麼容易判斷了，球迷們在打擊率、三振率、打點、長打率這些統計數據中，沒完沒了爭論著哪些比較重要。例如有人認為三振率比打擊率更能可靠評估表現，見 Mauboussin（2010）。然而，無論正確的評估標準是什麼，重點是，體育活動是在相對可比較的情境下，進行相對大量的「試驗」。

[13] 根據球員對球隊和比賽結果的影響來衡量球員表現，其他例子可見 Lewis（2009）。

[14] 當然，我們也可以不要以年為單位，而是每天或每週觀察他們的表現，藉以增加數據量。但這麼密集的衡量會比每年衡量增加更多干擾因素的影響，所以可能幫助不大。

[15] 請參考莫頓的原始論文。隨機過程如何解釋商業盈利能力的持續差異，相關討論見 Denrell（2004）。

[16] 參見 Rigney（2010）。關於累積優勢與不平等的專業評論，見 DiPrete and Eirich（2006）。大學生畢業後收入的研究，詳見 Kahn（2010）。

[17] 米勒說法的原始引用見McDonald（2005）。

[18] 詳見Mauboussin（2010）。

[19] 諷刺的是，要排除外在成就對能力評價的影響，就是直接衡量個人才能，但這麼一來光環效應就會越強烈。如果你衡量才能的標準，是根據這個人在某件事上的表現，那總是會有人質疑這件事實際上做得如何，或一開始是否值得去做這件事。然而一旦我們評估個人成就的方式跳脫外在實質成就（例如贏得重要獎項、獲得很大的認可或賺很多錢），評估個人表現的具體指標就會被光環取代。一個成功的人，就像一本暢銷書或一個流行的觀點一樣，人們會認為他已經展現了適當的優點，因此成功就成了這些優點的替身。更重要的是，這些人事物的優點或價值不容質疑。如果人們因為《蒙娜麗莎的微笑》具有X、Y、Z這些優點而相信它是件偉大的藝術品，一個有知識的人就可以立刻反駁這個標準，並提出其他應該視為偉大藝術品的例子。但如果人們僅僅因為《蒙娜麗莎的微笑》出名而認為它是件偉大的藝術品，討厭的反對者還是可以提出任何反對意見，但人們總是可以合理堅持這個反對者沒抓到重點。無論反對者提出多少證據，認為《蒙娜麗莎的微笑》並非獨一無二，人們還是會懷疑這個人一定忽略了什麼東西，因為一件藝術品如果不是非常特別，就不會這麼出名。

[20] 有時就連領導者本身也承認這點，但有趣的是，他們通常是事情發展不順利時才會這樣承認。例如二〇一〇年初，四大投資銀行的領導者在美國國會作證時，並沒有承擔起公司業績的責任，而是聲稱自己也是「金融海嘯」的受害者。這場金融海嘯嚴重破壞整體經濟，然而在危機爆發前幾年，當時這幾個人的公司賺進大筆金錢，這些領導者並沒有因為這行的每個人都

在賺錢，而覺得自己不需要領獎金，如果他們不用為金融風暴負責，那照理也不該因爲賺錢而居功。詳見Khurana（2002）。關於領導力何時重要的實徵結果，見Wasserman, Anand, and Nohira（2010）。

[21] 庫拉納曾說：「強大的社會、文化和心理力量促使人們相信因果關係，例如企業領導力和企業績效之間的關係。在美國，個人主義的文化傾向，使人們在很大程度上低估社會、經濟和政治力量對人類事務的影響。因此，在解釋戰爭和經濟周期等複雜事件時，很容易將這些背後的力量簡化為擬人化的描述……。媒體則煽動了這種誇大個人能夠影響極為複雜事件的現象，它讓大眾的注意力集中在領導者的個人特徵，而不是對事件的嚴肅分析。詳見Khurana（2002，第二三頁）。

[22] 庫拉納和其他批評者承認，他們的研究不代表任何人都可以勝任執行長的職位，或執行長的表現無關緊要。例如，執行長可能因為做了一個糟糕或錯誤的決定，導致損失慘重。因為很難避免做出錯誤決定，所以即使是不錯的表現也需要一定的經驗、智慧和領導能力。當然不是每個人都有資格勝任這份工作，也不見得有紀律與精力承擔這份工作。許多執行長令人欽佩，因為他們都是長時間在壓力下工作，並且肩負重任。所以公司董事會選擇性地挑選候選人，並針對他們的能力與工作時間給予相當的酬勞，這完全合理。因此這類研究的重點是，不應該認為個人表現會決定公司未來績效，而據此挑選執行長或給予過高的酬勞。

[23] 諾齊克和羅爾斯論述的摘要，見Sandel（2009）。這兩人的原始論點，分別參見Nozick（1974）和Rawls（1971）。

[24] 關於代間社會流動（intergenerational social mobility）的實徵證據，參見DiPrete（2002）。

[25] 可見Herszenhorn（2009）和Kocieniewski（2010）。

[26] 可見Watts（2009）。

[27] 關於這種連鎖故障，例如一九九六年美國西部電力系統故障的詳細討論，見Watts（2003，第一章）。

[28] 複雜系統中的正常事故，參考Perrow（1984）。關於複雜系統「強韌而脆弱」本質的專業討論，參見Carlson and Doyle（2002）。

[29] 關於高盛集團如何從多種政府援助中獲益的例子，詳見Tabibi（2009）。

[30] Sandel（2009）。

[31] Granovetter（1985）。

[32] 見Berger and Luckman（1996）。第1章注釋25提到的審議式民主的文獻，也與桑德爾的論點有關。

10 以人為本

[1] 完整的波普詩作〈論人〉可在古騰堡計畫（Project Gutenberg）網站上找到，見http://www.gutenberg.org/ebooks/2428。

[2] 帕森斯關於理性的概念是受到馬克思．韋伯的啟發。但有趣的是，韋伯並不是功能主義者，

甚至也不是實證主義者，而是屬於解釋社會學派，不過他的論點中提到理性行為是分析者可以理解（詮釋）的行為。韋伯的論點很快就受到實證主義理論的強烈支持，尤以理性選擇理論最為明顯。這顯示實證主義是如何迫切在包含社會科學在內的所有科學中運行。帕森斯有時也被視為反實證主義者，但他的觀點同樣也被納入社會行動的實證主義理論中。

[3] 對帕森斯理論的評論，見Mayhew（1980，第三五三頁）、Harsanyi（1969，第五一四頁）、Coleman and Fararo（1992，前言第一七頁）。

[4] 莫頓之前或之後的許多社會學家，不斷批評這種模仿自然科學的表面形式（而非方法）來複製自然科學成就的草率做法。例如，一九四〇年代早期，跟帕森斯同時代的亨廷頓．凱恩斯（Huntington Cairns）就寫道「我們對社會科學不具有這樣的概觀，這或許可以使我們相信我們正處於一種分析階段。在這個階段中，我們可以果斷選擇任何基本概念，並以此為基礎，建立一套完整的知識架構」（Cairns 1945，第一三頁）。出於類似原因，其他學者們持續批評理性選擇理論（見Quadagno and Knapp 1992; Somers 1998）。

[5] 引用自Merton（1968a）。

[6] 中層理論的描述以及相對剝奪理論、角色組合理論，見Merton（1968a）。

[7] Harsanyi（1969，第五一四頁）和 Diermeier（1996）都提到牛頓。政治學家格林與夏皮羅認為理性選擇理論「不斷擴大其範疇，納進所有人類學、社會學或社會心理學提出的似是而非的主張」（Green and Shapiro 2005）。

[8] 要注意的是，理性選擇理論的「成敗」備受爭議。支持者認為不該把理性選擇看成單一「理

論」，而應該視為一系列理論的整合，因為它們強調目的性行為是導致社會結果的原因，而不是偶發行為、盲目從眾或習慣（Farmer 1992; Kiser and Hechter 1998; Cox 1999）。也許這是對理性選擇理論的正確描述，不過有趣的是，有些理性選擇派的學者甚至把習慣也納入理性動機的討論（Becker and Murphy 2000），而這想必非海薩尼這樣的早期支持者所樂見。事實上，海薩尼批評帕森斯的理論根本不是「理論」，它缺乏從一系列公理中邏輯推導結論的能力，或如他所言：「集體主義意義上的社會功能概念，產生無法解決的定義問題以及實徵辨識問題」（Harsanyi 1969，第五三三頁）。因此，無論理性選擇後來是否變成某種更實際取向的東西，都不該偏離它最初的使命**是**成為一種理論，這樣看來，它並不比之前的理論更成功。

[9] 事實上，貝克很久以前就指出，自然科學家和社會科學家一樣，容易高估自己的能力，以為有辦法建構預測人類行為的模型。

[10] Stouffer（1947）。

[11] 我必須強調，不是所有社會學家都認同「測量」是問題所在。至少有一個學派認為，社會學理論應該幫助我們理解這個世界，並提供一種辯論的觀點，而不應該以預測或解決問題為目的，所以一開始就不該以實用性來評判它。如果這種社會學是以「解釋」為目的的看法正確，那麼始於孔德的整個實證主義根本就誤解了社會學的本質，因為實證主義一開始就假設它應該是一門科學（Boudon 1988b）。因此，社會學家不如忘記那些人們熟悉的物理定律，把重點放在發展「方法」與「架構」，即思考世界的方式，讓他們看到自己可能忽略的東西，並質疑其他人認為理所當然的東西。事實上，霍華德·貝克在其著作《這才是做研究的王道》中提倡的正

是這種社會學方法。我在一九九八年看過約翰．葛瑞賓對這本書的書評，顯然這位物理學家被書上的內容激怒了。

[12] 可見 Paolacci et al.（2010）。

[13] 隱私是一個重要議題，並衍伸許多尚待解決的問題。首先，當人們被問到時，都會說自己非常注重維護個人隱私（Turow et al. 2009），但實際行為通常不是這樣。許多人不但在公開場合發布大量個人訊息，而且還拒絕為提高隱私的服務付費。這種支持與表現偏好上的不一致，可能只反映人們不理解自己行為的後果。但也可能表示，在某些情況，關於「隱私」的抽象問題不如具體考量那麼重要。其次，更麻煩的是，不論人們對於揭露某些個人訊息的「真正」感受是什麼，肯定會低估第三方根據這些訊息推論出人們不願透露的其他訊息的能力。

[14] 關於開創性實驗的細節，參見 Sherif（1937）和 Asch（1953）。比較小規模和大規模研究的討論，見 Zelditch（1969）。其他追蹤網際網路訊息散播的例子，見 Adar and Adamic（2005）、Sun et al.（2009）、Bakshy and Adamic（2009）。

[15] 研究者已證實這個概念，賴利和路易斯針對百貨公司、手機供應商和金融服務公司等進行一系列類似實驗，目的是衡量不同領域（手機和信用卡廣告效用一樣嗎？）、不同族群（老年人比年輕人易受影響嗎？），甚至不同廣告配置與設計（藍色背景與白色背景哪個好？）之間的差異。

[16] 同質性的原始定義見 Lazarsfeld and Merton（1954）。相關文獻調查見 McPherson et al.（2001）。結構性機遇的重要性，相關討論見 Feld（1981）和 McPherson and Smith-Lovin（1987）。

[17] 因為社會結構不僅形塑我們的選擇，反過來也會被這些選擇影響。例如，我們在不久的將來可能遇到的人，確實某種程度上是由既有的社交圈與社交活動決定。但長遠來看，我們也會因為期望遇見某些人，而選擇做某些事情來增加遇到他們的機會。例如在商界，「社交網絡」的全部意義就是將自己置於一個可能遇到有趣的人的環境中。同樣，家長將小孩送到「好」學校的決定，與其說希望孩子獲得良好教育，不如說是希望他們擁有優秀的同儕。當然，不是每個人都能隨隨便便就進入哈佛大學，或被邀請參加夢寐以求的社交聚會。所以長遠來看，你目前在社會結構中所處的位置，不僅限制你現在可以認識的人，也限制了你的選擇，而這個選擇會決定你未來在社會結構中的位置。在個人偏好和社會結構的相對重要性上爭論，總會陷入「先有雞還是先有蛋」的僵局，所以答案往往是透過意識形態而非數據來決定。相信個人選擇的力量的人，總是認為社會結構是個人選擇的結果。而相信社會結構的力量的人，總是認為個人選擇只是虛幻的假象。

[19][18] 另一個同質性研究使用臉書上收集到的資料，也發現類似的結果（Wimmer and Lewis 2010）。有些研究發現社會分化情形越來越嚴重（Abramowitz and Saunders 2008; Bishop 2008），另一些研究則發現美國人對議題的看法其實蠻接近的，而且對某些議題（如墮胎）的看法出乎意料地與其他議題（如持槍權或非法移民）無關（Baldassari and Gelman 2008; Gelman et al. 2008; DiMaggio et al. 1996; Fiorina et al. 2005）。

[20] 關於真實一致與感知一致的討論，見Baldassari and Bearman（2007）。儘管存在一些實際上的困難，但已經有些學者著手進行這類開創性的研究，參見Laumann（1969）、Huckfeldt et

al.（2004）、Huckfeldt and Sprague（1987）。

[21] 顯然臉書無法完美呈現每個人的友誼網絡，因為並非每個人都有用臉書，所以一些親密朋友可能不在臉書上，現實生活中許多「臉友」也幾乎不認識。計算共同好友數有助於區分真實友誼和網路友誼，但這種方法也不盡理想，有時就算臉書上的點頭之交也會有許多共同朋友。一個更好的方法是觀察朋友之間的交流或其他行為（點擊某則新聞、評論或按讚）的頻率。不過第三方開發者還無法獲得這些數據。

[22] 「友誼意識」研究，詳見Goel, Mason, and Watts（2010）。

[23] 投射在心理學中已是一個被廣泛研究的現象，但一直難以在社交網絡中衡量，原因大致上跟阻礙網路研究的理由相同。關於投射的文獻回顧，參見Krueger and Clement（1994）、Krueger（2007）、Robbins and Krueger（2005）。

[24] 關於病毒式行銷的影響力研究，參見Aral, Muchnik, and Sundararajan（2009）。

[25] 更多使用電子郵件數據的研究，見Tyler et al.（2005）、Cortes et al.（2003）、Kossinets and Watts（2006）、Malmgren et al.（2009）、De Choudhury et al.（2010）、Clauset and Eagle（2007）。使用手機數據的相關研究，見Eagle et al.（2007）、Onnela et al.（2007）。使用即時通訊數據的研究，見Leskovec and Horvitz（2008）。

[26] 關於癌症治療進展的資訊，參考《紐約時報》優秀的專題報導「四十年之戰」（The Forty Years War）。亦可上網搜尋「forty years war cancer」或點擊下列網址：http://bit.ly/c4bsc9。關於基因組革命的類似討論，參閱Wade（2010）和Pollack（2010）。

[27] 我在其他地方也有類似討論，見 Watts（2007）。其他作者也曾提出類似觀點（Shneiderman 2008; Lazer et al. 2009）。

Fallacy in Probability Judgment." *Psychological Review* 90 (4):293–315.
—— . 1974. "Judgment Under Uncertainty: Heuristics and Biases." *Science* 185 (4157):1124–31.
Tyler, Joshua R., Dennis M. Wilkinson, and Bernardo A. Huberman. 2005. "Email as Spectroscopy: Automated Discovery of Community Structure Within Organizations." The Information Society 21(2): 143–153.
Tziralis, George, and Ilias Tatsiopoulos. 2006. "Prediction Markets: An Extended Literature Review." *Journal of Prediction Markets* 1 (1).
Wack, Pierre. 1985a. "Scenarios: Shooting the Rapids." *Harvard Business Review* 63 (6):139–50.
Wack, Pierre. 1985b. "Scenarios: Uncharted Waters Ahead." *Harvard Business Review,* 63(5).
Wade, Nicholas. 2010. "A Decade Later, Genetic Map Yields Few New Cures." *New York Times,* June 12.
Wadler, Joyce. 2010. "The No Lock People." *New York Times,* Jan. 13.
Wasserman, Noam, Bharat Anand, and Nitin Nohria. 2010. "When Does Leadership Matter?" In *Handbook of Leadership Theory and Practice,* ed. N. Nohria and R. Khurana. Cambridge, MA: Harvard Business Press.
Watts, Duncan J. 1999. *Small Worlds: The Dynamics of Networks Between Order and Randomness.* Princeton, NJ: Princeton University Press.
—— . 2003. *Six Degrees: The Science of a Connected Age.* New York: W. W. Norton.
Watts, Duncan J. 2004. "The 'New' Science of Networks." *Annual Review of Sociology,* 30:243–270.
—— . 2007. "A 21st Century Science." *Nature* 445:489.
——. 2009. "Too Big to Fail? How About Too Big to Exist?" *Harvard Business Review*, 87(6):16.
Watts, Duncan J., P. S. Dodds, and M. E. J. Newman. 2002. "Identity and Search in Social Networks." *Science* 296 (5571):1302–1305.
Watts, Duncan J., and Peter Sheridan Dodds. 2007. "Influentials, Networks, and Public Opinion Formation." *Journal of Consumer Research* 34:441–58.
Watts, Duncan J., and Steve Hasker. 2006. "Marketing in an Unpredictable World." *Harvard Business Review* 84(9).:25–30.
Watts, Duncan J., and S. H. Strogatz. 1998. "Collective Dynamics of 'Small- World' Networks." *Nature* 393 (6684):440–42. Weaver, Warren. 1958. "A Quarter Century in the Natural Sciences." *Public Health Reports* 76:57–65.
Weimann, Gabriel. 1994. *The Influentials: People Who Influence People.* Albany, NY: State University of New York Press. Whitford, Josh. 2002. "Pragmatism and the Untenable Dualism of Means and Ends: Why Rational Choice Theory Does Not Deserve Paradigmatic Privilege." *Theory and Society* 31 (3):325–63. Wilson, Eric. 2008. "Is This the World's Cheapest Dress?" *New York Times,* May 1.
Wimmer, Andreas, and Kevin Lewis. 2010. "Beyond and Below Racial Homophily: ERG Models of a Friendship Network Documented on Face book." *American Journal of Sociology* 116 (2):583–642.
Wolfers, Justin, and Eric Zitzewitz. 2004. "Prediction Markets." *Journal of Economic Perspectives* 18 (2):107–26.
Wortman, Jenna. 2010. "Once Just a Site with Funny Cat Pictures, and Now a Web Empire." *New York Times,* June 13. Wright, George, and Paul Goodwin. 2009. "Decision Making and Planning Under Low Levels of Predictability: Enhancing the Scenario Method." *International Journal of Forecasting* 25 (4):813–25.
Zelditch, Morris. 1969. "Can You Really Study an Army in the Laboratory?" In A. Etzioni and E. N. Lehman (eds) *A Sociological Reader on Complex Organizations.* New York: Holt, Rinehent, and Winston. pp. 528–39.
Zheng, Tian, Matthew J. Salganik, and Andrew Gelman. 2006. "How Many People Do You Know in Prison? : Using Overdispersion in Count Data to Estimate Social Structure in Networks." *Journal- American Statistical Association* 101 (474):409.
Zuckerman, Ezra W., and John T. Jost. 2001. "What Makes You Think You're So Popular? Self- Evaluation Maintenance and the Subjective Side of the 'Friendship Paradox.'" *Social Psychology Quarterly* 64(3):207–23.

Shneiderman, Ben. 2008. "Science 2.0." *Science* 319 (5868):1349–50.
Small, Michael, Pengliang L. Shi, and Chi Kong Tse. 2004. "Plausible Models for Propagation of the SARS Virus." *IEICE Transactions on Fundamentals of Electronics Communications and Computer Sciences* E87A (9):2379–86.
Snow, Rion, Brendan O'Connor, Daniel Jurafsky, and Andrew Y. Ng. 2008. "Cheap and Fast— But Is It Good? Evaluating Non- Expert Annotations for Natural Language Tasks." In *Empirical Methods in Natural Language Processing*. Honolulu, Hawaii: Association for Computational Linguistics.
Somers, Margaret R. 1998. " 'We're No Angels': Realism, Rational Choice, and Relationality in Social Science." *American Journal of Sociology* 104 (3):722–84.
Sorkin, Andrew Ross (ed). 2008. "Steve & Barry's Files for Bankruptcy." *New York Times,* July 9.
Sorkin, Andrew Ross. 2009a. *Too Big to Fail: The Inside Story of How Wall Street and Washington Fought to Save the Financial System from Crisis— and Themselves*. New York: Viking Adult.
Sorkin, Andrew Ross (ed). 2009b. "A Friend's Tweet Could Be an Ad." *New York Times,* November 23.
Staw, Barry M. 1975. "Attribution of the " 'Causes' of Performance: A General Alternative Interpretation of Cross- Sectional Research on Organizations." *Organizational Behavior & Human Performance* 13 (3):414–32.
Stephen, Andrew. 2009. "Why Do People Transmit Word- of- Mouth? The Effects of Recipient and Relationship Characteristics on Transmission Behaviors." Marketing Department, Columbia University.
Stouffer, Samuel A. 1947. "Sociology and Common Sense: Discussion." *American Sociological Review* 12 (1):11–12.
Sun, Eric, Itamar Rosenn, Cameron A. Marlow, and Thomas M. Lento. 2009. "Gesundheit! Modeling Contagion Through Facebook News Feed." Third International Conference on Weblogs and Social Media, at San Jose, CA. AAAI Press.
Sunstein, Cass R. 2005. "Group Judgments: Statistical Means, Deliberation, and Information Markets." *New York Law Review* 80 (3):962–1049.
Surowiecki, James. 2004. *The Wisdom of Crowds: Why the Many Are Smarter Than the Few and How Collective Wisdom Shapes Business, Economies, Societies, and Nations*. New York: Doubleday.
Svenson, Ola. 1981. "Are We All Less Risky and More Skillful Than Our Fellow Drivers?" *Acta Psychologica* 47 (2):143–48.
Tabibi, Matt. 2009. "The Real Price of Goldman's Giganto-Profits." July 16 http://trueslant.com/
Taleb, Nassim Nicholas. 2001. *Fooled by Randomness*. New York: W. W. Norton.
——— . 2007. *The Black Swan: The Impact of the Highly Improbable*. New York: Random House.
Tang, Diane, Ashish Agarwal, Dierdre O'Brien, and Mike Meyer. 2010. Overlapping Experiment Infrastructure: More, Better, Faster Experimentation. 16th ACMSIGKDD International Conference on Knowledge Discovery abd Data Mining, Washington, DC. ACM Press.
Taylor, Carl C. 1947. "Sociology and Common Sense." *American Sociological Review* 12 (1):1–9.
Tetlock, Philip E. 2005. *Expert Political Judgment: How Good Is It? How Can We Know?* Princeton, NJ: Princeton University Press.
Thaler, Richard H., and Cass R. Sunstein. 2008. *Nudge: Improving Decisions about Health, Wealth, and Happiness*. New Haven, CT: Yale University Press.
Thompson, Clive. 2010. "What Is I.B.M.'s Watson?" *New York Times Magazine* (June 20):30–45.
Thorndike, Edward L. 1920. "A Constant Error on Psychological Rating." *Journal of Applied Psychology* 4:25–9.
Tomlinson, Brian, and Clive Cockram. 2003. "SARS: Experience at Prince of Wales Hospital, Hong Kong." *The Lancet* 361 (9368):1486–87.
Tuchman, Barbara W. 1985. *The March of Folly: From Troy to Vietnam*. New York: Ballantine Books.
Tucker, Nicholas. 1999. "The Rise and Rise of Harry Potter." *Children's Literature in Education* 30 (4):221–34.
Turow, Joseph, Jennifer King, Chris J. Hoofnagle, et al. 2009. "Americans Reject Tailored Advertising and Three Activities That Enable It." Available at SSRN: http://ssrn.com/abstract-1478214
Tversky, Amos, and Daniel Kahneman. 1983. "Extensional Versus Intuitive Reasoning: The Conjunction

and Meta- analysis." *Personality and Social Psychology Review* 9:32–47.
Rogers, Everett M. 1995. *Diffusion of Innovations*, 4th ed. New York: Free Press.
Roese, Neal J., and James M. Olson. 1996. "Counterfactuals, Causal Attributions, and the Hindsight Bias: A Conceptual Integration." *Journal of Experimental Social Psychology* 32 (3):197–227.
Rosen, Emmanuel. 2000. *The Anatomy of Buzz: How to Create Word- of- Mouth Marketing*. New York: Doubleday. Rosenbloom, Stephanie. 2009. "Retailers See Slowing Sales in Key Season." *New York Times*, Aug. 15.
Rosenzweig, Phil. 2007. *The Halo Effect*. New York: Free Press.
Rothschild, David, and Justin Wolfers. 2008. "Market Manipulation Muddies Election Outlook." *Wall Street Journal*, October 2.
Sabel, Charles F. 2007. "Bootstrapping Development." In *On Capitalism*, ed. V. Nee and R. Swedberg. Palo Alto, CA: Stanford University Press.
Sachs, Jeffrey. 2006. *The End of Poverty: Economic Possibilities for Our Time*. New York: Penguin.
Saldovnik, Alan, Jennifer O'Day, and George Bohrnstedt. 2007. *No Child Left Behind and the Reduction of the Achievement Gap: Sociological Perspectives on Federal Educational Policy*. New York: Routledge.
Salganik, Matthew J., Peter Sheridan Dodds, and Duncan J. Watts. 2006. "Experimental Study of Inequality and Unpredictability in an Artificial Cultural Market." *Science* 311 (5762):854–56.
Salganik, Matthew J., and Duncan J. Watts. 2009a. "Social Influence: The Puzzling Nature of Success in Cultural Markets. "In *The Oxford Handbook of Analytical Sociology*, ed. P. Hedstrom and P. Bearman. Oxford, UK: Oxford University Press, pp. 315–41.
Salganik, Matthew, and Duncan J. Watts. 2009b. "Web- Based Experiments for the Study of Collective Social Dynamics in Cultural Markets." *Topics in Cognitive Science* 1:439–68.
Sandel, Michael J. 2009. *Justice: What's the Right Thing to Do?* New York: Farrar Straus & Giroux.
Santayana, George. 1905. *Reason in Common Sense*, Vol. 1. New York: George Scribner's Sons.
Sassoon, Donald. 2001. *Becoming Mona Lisa: The Making of a Global Icon*. New York: Harcourt, Inc.
Schacter, Daniel L. 2001. *The Seven Sins of Memory: How the Mind Forgets and Remembers*. Boston, MA: Houghton Mifflin.
Schnaars, Steven P. 1989. *Megamistakes: Forecasting and the Myth of Rapid Technological Change*. New York: Free Press.
Schoemaker, Paul J. H. 1991. "When and How to Use Scenario Planning: A Heuristic Approach with Illustration." *Journal of Forecasting* 10 (6):549–64.
Schumpeter, Joseph. 1909. "On the Concept of Social Value." *Quarterly Journal of Economics* 23 (2):213–32.
Schwarz, Norbert. 2004. "Metacognitive Experiences in Consumer Judgment and Decision Making." *Journal of Consumer Psychology* 14 (4):332–48.
Scott, James C. 1998. *Seeing Like a State: How Certain Schemes to Improve the Human Condition Have Failed*. New Haven, CT: Yale University Press.
Seabrook, John. 2000. *Nobrow: The Culture of Marketing, the Marketing of Culture*. New York: Vintage Books.
Segal, David. 2010. "It's Complicated: Making Sense of Complexity." *New York Times*, April 30.
Sethi, Rajiv, and Muhamet Yildiz. 2009. "Public Disagreement." In *MIT Department of Economics Working Paper Series*, Cambridge, MA.
Sewell, William H. 1996. "Historical Events as Transformations of Structures: Inventing Revolution at the Bastille." *Theory and Society* 25 (6):841–81.
Shalizi, Cosma, and Andrew C. Thomas. 2010. "Homophily and Contagion Are Generically Confounded in Observational Social Network Studies." arxiv: 1004–1104.
Sheng, Victor S., Foster Provost, and Panos G. Ipeirotis. 2008. Get Another Label? Improving Data Quality and Data Mining Using Multiple, Noisy Labelers. 14th ACMSIGKDD International Conference on Knowledge Discovery and Data Mining. Las Vegas, NV. ACM Press.
Sherden, William A. 1998. *The Fortune Sellers: The Big Business of Buying and Selling Predictions*. New York: John Wiley.
Sherif, Muzafer. 1937. "An Experimental Approach to the Study of Attitudes." *Sociometry* 1:90–98.

North, Adrian C., David J. Hargreaves, and Jennifer McKendrick. 1997. "In- Store Music Affects Product Choice." *Nature* 390:132.
Norton, Michael I., Jeana H. Frost, and Dan Ariely. 2007. "Less Is More: The Lure of Ambiguity, or Why Familiarity Breeds Contempt." *Journal of Personality and Social Psychology* 92 (1):97–105.
Nozick, Robert. 1974. *Anarchy, State, and Utopia*. New York: Basic Books.
Onnela, J. P., J. Saramäki, J. Hyvönen, et al. 2007. "Structure and Tie Strengths in Mobile Communication Networks." *Proceedings of the National Academy of Sciences* 104 (18):7332.
Orrell, David. 2007. *The Future of Everything: The Science of Prediction*. New York: Basic Books.
O'Toole, Randal. 2007. *Best- Laid Plans: How Government Planning Harms Your Quality of Life, Your Pocketbook, and Your Future*. Washington, D.C.: Cato Institute.
Ostrom, Elinor. 1999. "Coping with Tragedies of the Commons." *Annual Review of Political Science* 2 (1):493–535.
Paolacci, Gabriele, Jess Chandler, and Panos G. Ipeirotis. 2010. "Running Experiments on Amazon Mechanical Turk." *Judgment and Decision Making* 5 (5):411–19.
Parish, James Robert. 2006. *Fiasco: A History of Hollywood's Iconic Flops*. Hoboken, NJ: John Wiley.
Payne, John W., James R. Bettman, and Eric J. Johnson. 1992. "Behavioral Decision Research: A Constructive Processing Perspective." *Annual Review of Psychology* 43 (1):87–131.
Perrottet, Charles M., 1996. "Scenarios for the Future." *Management Review* 85 (1):43–46.
Perrow, Charles. 1984. *Normal Accidents*. Princeton, NJ: Princeton University Press.
Plosser, Charles I. 1989. "Understanding Real Business Cycles." *The Journal of Economic Perspectives* 3 (3):51–77.
Polgreen, Philip M. Yiling Chen, David M. Pennock, and Forrest D. Nelson. 2008. "Using Internet Searches for Influenza Surveillance." *Clinical Infectious Diseases* 47 (11):1443–48.
Pollack, Andrew. 2010. "Awaiting the Genome Payoff." *New York Times,* June 14.
Pontin, Jason. 2007. "Artificial Intelligence, with Help from the Humans." *New York Times,* March 25.
Powell, Walter W., and Paul J. DiMaggio (eds). 1991. *The New Institutionalism in Organizational Analysis*. Chicago: University of Chicago Press.
Prendergast, Carice. 1999. "The Provision of Incentives in Firms." *Journal of Economic Literature* 37 (1):7–63.
Quadagno, Jill, and Stan J. Knapp. 1992. "Have Historical Sociologists Forsaken Theory? Thoughts on the History/Theory Relationship." *Sociological Methods & Research* 20 (4):481–507.
Ramirez, Anthony, and Jennifer Medina. 2004. "Seeking a Favor, and Finding It, Among the Strangers on a Train." *New York Times,* Sept. 14.
Rampell, Catherine. 2010. "Stiffening Political Backbones for Fiscal Discipline." *New York Times,* Feb. 12.
Rand, Paul M. 2004. "Identifying and Reaching Influencers." Available online at http://www.marketingpower.com/content20476.php.
Ravitch, Diane. 2010. "The Death and Life of the Great American School System." New York: Basic Books.
Rawls, John. 1971. *A Theory of Justice*. Cambridge, MA: Belknap Press.
Raynor, Michael. 2007. *The Strategy Paradox: Why Committing to Success Leads to Failure*. New York: Doubleday.
Reid, T. R. 2009. "The Healing of America: A Global Quest for Better, Cheaper, and Fairer Health Care." New York: Penguin.
Reinhart, Carmen M., and Kenneth Rogoff. 2009. *This Time Is Different: Eight Centuries of Financial Folly*. Princeton, NJ: Princeton University Press.
Rescher, Nicholas. 2005. *Common- Sense: A New Look at Old Tradition*. Milwaukee, WI: Marquette University Press.
Rice, Andrew. 2010. "Putting a Price on Words." *New York Times Magazine,* May 10.
Riding, Alan. 2005. "In Louvre, New Room with View of 'Mona Lisa.' " *New York Times,* April 6.
Rigney, Daniel. 2010. *The Matthew Effect: How Advantage Begets Further Advantage*. New York: Columbia University Press.
Robbins, Jordan M., and Joachim I. Krueger. 2005. "Social Projection to Ingroups and Outgroups: A Review

New York: Columbia University Press.
——. 2009. *Think Twice: Harnessing the Power of Counterintuition.* Cambridge, MA: Harvard Business School Press.
Mayhew, Bruce H. 1980. "Structuralism Versus Individualism: Part 1, Shadowboxing in the Dark." *Social Forces* 59 (2):335–75.
McCormick, Tyler, Matthew J. Salganik, and Tian Zheng. 2008. "How Many People Do You Know? Efficiently Estimating Personal Network Size." *Journal of the American Statistical Association* 105:59–70.
McCotter, Trent. 2008. "Hitting Streaks Don't Obey Your Rules." *New York Times,* March 30.
McDonald, Ian. 2005. "Bill Miller Dishes on His Streak and His Strategy." *Wall Street Journal,* Jan. 6.
McDonald, Lawrence G., and Patrick Robinson. 2009. *A Colossal Failure of Common Sense: The Inside Story of the Collapse of Lehman Brothers.* New York: Crown Business.
McFadden, Daniel. 1999. "Rationality for Economists?" *Journal of Risk and Uncertainty* 19 (1–3):73–105.
McPherson, Miller J., and Lynn Smith-Lovin. 1987. "Homophily in Voluntary Organizations: Status Distance and the Composition of Face- to- Face Groups." *American Sociological Review* 52:370–79.
McPherson, Miller, Lynn Smith-Lovin, and James M. Cook. 2001. "Birds of a Feather: Homophily in Social Networks." *Annual Review of Sociology* 27:415–44.
Mearian, Lucas 2009. "CDC Adopts New, Near Real- Time Flu Tracking System." *Computer World,* Nov. 5.
Menand, Luis. 2001. *The Metaphysical Club: A Story of Ideas in America.* New York: Farrar, Straus and Giroux.
Merton, Robert K. 1968. "The Matthew Effect in Science." *Science* 159 (3810):56–63.
Merton, Robert K. 1968a. "On Sociological Theories of the Middle Range." In *Social Theory and Social Structure.* New York: Free Press, pp. 39–72.
Merton, Robert K. 1968b. "Patterns of Influence: Local and Cosmopolitan Influentials." In *Social Theory and Social Structure,* ed. R. K. Merton. New York: Free Press, pp. 441–47.
Mervis, Jeffrey. 2006. "Senate Panel Chair Asks Why NSF Funds Social Sciences." *Science* 312(575): 829.
Meyer, John W., and Brian Rowan. 1977. "Institutionalized Organizations: Formal Structure as Myth and Ceremony." *American Journal of Sociology* 83 (2):340.
Meyer, Marshall W. 2002. *Rethinking Performance Measurement: Beyond the Balanced Scorecard.* Cambridge, UK: Cambridge University Press.
Milgram, Stanley. 1969. *Obedience to Authority.* New York: Harper and Row.
Milgram, Stanley, and John Sabini. 1983. "On Maintaining Social Norms: A Field Experiment in the Subway." In *Advances in Environmental Psychology,* ed. Andrew Baum, Jerome E. Singer, and S. Valins. Hillsdale, NJ: Lawrence Erlbaum Associates.
Milgram, Stanley. 1992. *The Individual in a Social World.* Second ed. New York: McGraw Hill.
Millett, Stephen M. 2003. "The Future of Scenarios: Challenges and Opportunities." *Strategy & Leadership* 31 (2):16–24.
Minsky, Marvin. 2006. *The Emotion Machine.* New York: Simon & Schuster.
Mintzberg, Henry. 2000. *The Rise and Fall of Strategic Planning.* Upper Saddle River, NJ: Pearson Education.
Mitchell, Melanie. 2009. *Complexity: A Guided Tour.* New York: Oxford University Press.
Moyo, Dambias. 2009. *Dead Aid: Why Aid Is Not Working and How There Is Another Way for Africa.* New York: Farrar, Straus and Giroux.
Murphy, Kevin J. 1999. "*Executive Compensation.*" *Handbook of Labour Economics* 3(2) 2485–2563.
Newman, M.E.J. 2003. "The Structure and Function of Complex Networks." *SIAM Review,* 45(2): 167–256.
Nielsen. 2009. "Global Faces and Networked Places: A Neilsen Report on Social Networking's New Global Footprint." Feb. 27.
Nickerson, Raymond S. 1998. "Confirmation Bias: A Ubiquitous Phenomenon in Many Guises." *Review of General Psychology* 2:175–220.
Nishiguchi, Toshihiro, and Alexandre Beaudet. 2000. "Fractal Design: Self- Organizing Links in Supply Chain." In *Knowledge Creation: A New Source of Value,* ed. G. Von Krogh, I. Nonaka and T. Nishiguchi. London: MacMillan.

Lewis, Michael. 2009. "The No-Stats All-Star." *New York Times Magazine*, February 13.
Lewis, Randall, and David Reiley. 2009. "Retail Advertising Works! Measuring the Effects of Advertising on Sales via a Controlled Experiment on Yahoo." Working paper, Yahoo.
Lodish, Leonard M., Magid Abraham, Stuart Kalmenson, et al. 1995a. "How TV Advertising Works: A Meta- analysis of 389 Real World Split Cable TV Advertising Experiments." *Journal of Marketing Research* 32: 125–39.
Lodish, Leonard M., Magid Abraham, Jeanne Livelsberger, et al. 1995b. "A Summary of Fifty- fi ve In-Market Experimental Estimates of the
Long- term Effect of TV Advertising." *Marketing Science* 14 (3):133–40.
Lohmann, Susanne. 1994. "The Dynamics of Informational Cascades: The Monday Demonstrations in Leipzig, East Germany, 1989–91." *World Politics* 47 (1):42–101.
Lombrozo, Tania. 2006. "The Structure and Function of Explanations." *Trends in Cognitive Sciences* 10 (10):464–70.
——. 2007. "Simplicity and Probability in Causal Explanation." *Cognitive Psychology* 55 (3):232–57.
Lowenstein, Roger, 2000. *When Genius Failed: The Rise and Fall of Long- Term Capital Management.* New York: Random House.
Lukes, Steven. 1968. "Methodological Individualism Reconsidered." *British Journal of Sociology* 19 (2):119–29.
Luo, Michael. 2004. " 'Excuse Me. May I Have Your Seat?'" *New York Times,* Sept. 14.
Lyons, Russell. 2010. "The Spread of Evidence- Poor Medicine via Flawed Social- Network Analysis." Working paper, Indiana University.
Mackay, Charles. 1932. *Extraordinary Popular Delusions and the Madness of Crowds.* Boston: L.C. Page & Company.
Makridakis, Spyros, and Michele Hibon. 2000. "The M3- Competition: Results, Conclusions and Implications." *International Journal of Forecasting* 16:451–76.
Makridakis, Spyros, Michele Hibon, and Claus Moser. 1979. "Accuracy of Forecasting: An Empirical Investigation." *Journal of the Royal Statistical Society,* Series A 142 (2):97–145.
Makridakis, Spyros, Robin M. Hogarth, and Anil Gaba. 2009a. *Dance with Chance: Making Luck Work for You.* Chino Valley, AZ: One World Press.
——. 2009b. "Forecasting and Uncertainty in the Economic and Business World." *International Journal of Forecasting* 25(4), 794–812.
Malmgren, R. Dean, Jacob M. Hofman, Luis A. N. Amaral, and Duncan J. Watts. 2009. "Characterizing Individual Communication Patterns." 15th ACM SIGKDD Conference on Knowledge Discovery and Data
Mining, at Paris, pp. 607–16. ACM Press.
Mandel, Naomi, and Eric J. Johnson. 2002. "When Web Pages Influence Choice: Effects of Visual Primes on Experts and Novices." *Journal of Consumer Research* 29 (2):235–45.
Marcus, Gary. 2008. *Kluge: The Haphazard Construction of the Human Mind.* New York: Houghton Mifflin.
Marra, Alexandre, R. Luciana Reis Guastelli, Carla Manuela Pereira de Araújo. 2010. "Positive Deviance: A New Strategy for Improving Hand Hygiene Compliance." *Infection Control and Hospital Epidemiology* 31 (1):12–20.
Marsh, David R., Dirk G. Schroeder, Kirk A. Dearden, et al. 2004. "The Power of Positive Deviance." *British Medical Journal* 329 (7475):1177.
Mason, Winter A., and Duncan J. Watts. 2009. "Financial Incentives and the Performance of Crowds." *Proceedings of the ACM SIGKDD Workshop on Human Computation,* 77–85.
Masuda, Naoki, Norio Konno, and Kazuyuki Aihara. 2004. "Transmission of Severe Acute Respiratory Syndrome in Dynamical Small- World Networks." *Physical Review E* 69 (3): 03197.
Mathisen, James A. 1989. "A Further Look at 'Common Sense' in Introductory Sociology." *Teaching Sociology* 17 (3):307–15.
Mauboussin, Michael J. 2006. *More Than You Know: Finding Financial Wisdom in Unconventional Places.*

Happy?" *Personality and Social Psychology Bulletin* 25 (5):586.
Klein, Lisl. 2006. "Applied Social Science: Is It Just Common Sense?" *Human Relations* 59 (8):1155–72.
Kleinberg, Jon M. 2000a. "Navigation in a Small World— It Is Easier to Find Short Chains Between Points in Some Networks Than Others." *Nature* 406 (6798):845.
Kleinberg, Jon M. 2000b. "The Small- World Phenomenon: An Algorithmic Perspective." Paper read at Proceedings of the 32nd Annual ACM Symposium on Theory of Computing, at New York.
Kleinberg, Jon, and David Easley. 2010. *Networks, Crowds, and Markets: Reasoning About a Highly Connected World.* Cambridge, UK: Cambridge University Press.
Kleinfeld, Judith S. 2002. "The Small World Problem." *Society* 39 (2):61–66.
Knee, Jonathan A., Bruce C. Greenwald, and Ava Seave. 2009. *The Curse of the Mogul: What's Wrong with the World's Leading Media Companies.* New York: Portfolio.
Kocieniewski, David. 2010. "As Oil Industry Fights a Tax, It Reaps Subsidies." *New York Times,* July 3.
Kohavi, Ron, Roger Longbotham, and Toby Walker. 2010. "Online Experiments: Practical Lessons." *Computer,* 82–85.
Kohn, Alfie. 1993. "Why Incentive Plans Cannot Work." *Harvard Business Review* 71(5):54–63.
Kossinets, Gueorgi, and Duncan J. Watts. 2006. "Empirical Analysis of an Evolving Social Network." *Science* 311 (5757):88–90.
Kramer, Adam D. I. 2010. "An Unobtrusive Model of 'Gross National Happiness'" *Proceedings of CHI.* ACM Press. 287–290.
Krueger, Joachim, and Russell W. Clement. 1994. "The Truly False Consensus Effect: An Ineradicable and Egocentric Bias in Social Perception." *Journal of Personality and Social Psychology* 67:596–610.
Krueger, Joachim I. 2007. "From Social Projection to Social Behaviour." *European Review of Social Psychology* 18 (1):1–35.
Kumar, Nirmalya, and Sophie Linguri. 2006. "Fashion Sense." *Business Strategy Review.* 17(2): 80–84.
Kuran, Timur. 1991. "Now Out of Never: The Element of Surprise in the East European Revolution of 1989." *World Politics* 44 (1):7–48.
Landsburg, Steven E. 1993. *The Armchair Economist: Economics and Everyday Life.* New York: Free Press.
—— . 2007. *More Sex Is Safer Sex.* New York: Simon and Schuster.
Laumann, Edward O. 1969. "Friends of Urban Men: An Assessment of Accuracy in Reporting Their Socioeconomic Attributes, Mutual Choice, and Attitude Agreement." *Sociometry* 32 (1):54–69.
Lawless, John. 2005. "The Interview: Nigel Newton: Is There Life After Harry Potter? You Bet Your Hogwarts There Is." *Independent,* July 3.
Layman, Geoffrey C., Thomas M. Carsey, and Juliana M. Horowitz. 2006. "Party Polarization in American Politics: Characteristics, Causes, and Consequences." *Annual Review of Political Science* 9: 83–110.
Lazarsfeld, Paul F. 1949. "The American Soldier— An Expository Review." *Public Opinion Quarterly* 13 (3):377–404.
Lazarsfeld, Paul, and Robert Merton. 1954. "Friendship as Social Process: A Substantive and Methodological Analysis." In *Freedom and Control in Modern Society,* ed. M. Berger, T. Abel and C. Page. New York: Van Nostrand.
Lazear, Edward P. 2000. "Performance Pay and Productivity." *American Economic Review* 90 (5):1346–61.
Lazer, David, Alex Pentland, Lada Adamic, et al. 2009. "Social Science: Computational Social Science." *Science* 323 (5915):721.
Leonhardt, David. 2009. "Medical Malpractice System Breeds More Waste." *New York Times,* Sept. 22.
—— . 2010. "Saving Energy, and Its Cost." *New York Times,* June 15.
Lerner, Josh. 2009. *Boulevard of Broken Dreams: Why Public Efforts to Boost Entrepreneurship and Venture Capital Have Failed— and What to Do About It:* Princeton, NJ: Princeton University Press.
Leskovec, Jure, and Eric Horvitz. 2008. "Planetary- Scale Views on a Large Instant- Messaging Network." 17th International World Wide Web Conference, April 21–25, 2008, at Beijing, China.
Levitt, Steven D., and Stephen J. Dubner. 2005. *Freakonomics: A Rogue Economist Explores the Hidden Side of Everything.* New York: William Morrow & Co.

Knowledge While Controlling Opportunism." *Industrial and Corporate Change* 9:443–83.
Henrich, Joseph, Robert Boyd, Samuel Bowles, et al. 2001. "In Search of Homo Economicus: Behavioral Experiments in 15 Small- Scale Societies." *American Economic Review* 91 (2):73–78.
Herszenhorn, David M. 2009. "Plan to Change Student Lending Sets Up a Fight. "*New York Times,* April 12.
Herzberg, Frederick. 1987. "One More Time: How Do You Motivate Employees?" *Harvard Business Review* 65(5):109–120.
Higginbotham, Don. 2001. *George Washington Reconsidered.* University of Virginia Press.
Hodgson, Geoffrey M. 2007. "Institutions and Individuals: Interaction and Evolution." *Organization Studies* 28 (1):95–116.
Holmstrom, Bengt, and Paul Milgrom. 1991. "Multitask Principal- Agent Analyses: Incentive Contracts, Asset Ownership, and Job Design." *Journal of Law, Economics & Organization* 7:24–52.
Hoorens, Vera. 1993. "Self- Enhancement and Superiority Biases in Social Comparison." *European Review of Social Psychology* 4 (1):113–39.
Howard, Philip K. 1997. *The Death of Common Sense.* New York: Warner Books.
Howe, Jeff. 2006. "The Rise of Crowdsourcing." *Wired Magazine* 14 (6):1–4.
——. 2008. *Crowdsourcing: Why the Power of the Crowd Is Driving the Future of Business.* New York: Crown Business.
Hu, Ye, Leonard M. Lodish, and Abba M. Krieger. 2007. "An Analysis of Real World TV Advertising Tests: A 15- year Update." *Journal of Advertising Research* 47 (3):341.
Huckfeldt, Robert, Paul E. Johnson, and John Sprague. 2004. *Political Disagreement: The Survival of Disagreement with Communication Networks.* Cambridge, UK: Cambridge University Press.
Huckfeldt, Robert, and John Sprague. 1987. "Networks in Context: The Social Flow of Political Information." *American Political Science Review* 81 (4):1197–1216.
Ijiri, Yuji, and Herbert A. Simon. 1975. "Some Distributions Associated with Bose- Einstein Statistics." *Proceedings of the National Academy of Sciences of the United States of America* 72 (5):1654–57.
Jackson, Matthew O. 2008. *Social and Economic Networks.* Princeton, NJ: Princeton University Press.
Jacobs, Jane. 1961. *The Life and Death of Great American Cities.* New York: Random House.
James, William. 1909. *Pragmatism.* New York: Longmans, Green and Co.
Janiak, Andrew, ed. 2004. *Newton: Philosophical Writings.* Cambridge, UK: Cambridge University Press.
Johnson, Eric J., and Daniel Goldstein. 2003. "Do Defaults Save Lives?" *Science,* 302:1538–39.
Kadlec, Dan. 2010. "Attack of the Math Brats." *Time* June 28:36–39.
Kahn, Lisa B. 2010. "The Long- Term Labor Market Consequences of Graduating from College in a Bad Economy." *Labour Economics* 17 (2):303–16.
Katz, Elihu, and Paul Felix Lazarsfeld. 1955. *Personal Influence: the Part Played by People in the Flow of Mass Communications.* Glencoe, IL: Free Press.
Keay, Douglas. 1987. "Aids, Education and the Year 2000!" *Woman's Own.* October 31.
Keller, Ed, and Jon Berry. 2003. *The Influentials: One American in Ten Tells the Other Nine How to Vote, Where to Eat, and What to Buy.* New York: Free Press.
Khurana, Rakesh. 2002. *Searching for a Corporate Savior: The Irrational Quest of Charismatic CEOs.* Princeton, NJ: Princeton University Press.
Kindleberger, Charles. 1978. *Manias, Panics, and Crashes: A History of Financial Crises.* New York: Basic Books.
Kirman, Alan D. 1992. "Whom or What Does the Representative Individual Represent?" *Journal of Economic Perspectives* 6 (2):117–36.
Kiser, Edgar, and Michael Hechter. 1998. "The Debate on Historical Sociology: Rational Choice Theory and Its Critics." *American Journal of Sociology* 104 (3):785–816.
Kittur, Aniket, Ed H. Chi, and Bongwon Suh. 2008. "Crowdsourcing User Studies with Mechanical Turk." *Proceedings of the Twenty-sixth Annual SIGCHI Conference on Human Factors in Computing Systems.* Florence, Italy, pp. 453–56.
Klar, Yechiel, and Eilath E. Giladi. 1999. "Are Most People Happier Than Their Peers, or Are They Just

of External Linkages. Farnham, UK: Ashgate Publishing Co.
Gladwell, Malcolm 1999. "Six Degrees of Lois Weisberg." *New Yorker* 11: 52–63.
Gladwell, Malcolm. 2000. *The Tipping Point: How Little Things Can Make a Big Difference*. New York: Little, Brown.
Gelman, Andrew, Jeffery Lax, and Justin Phillips. 2010. "Over Time, a Gay Marriage Groundswell." *New York Times,* August 21.
Gleick, James. 1987. "Chaos: Making a New Science." *New York: Viking Penguin.*
Glenn, David. 2009. "Senator Proposes an End to Federal Support for Political Science." *Chronicle of Higher Education,* Oct. 7.
Goel, Sharad, Sebastien Lahaie, Jake Hofman, et al. 2010. "Predicting Consumer Behavior with Web Search". *Proceedings of the National Academy of Sciences* (DOI: 10.1073/pnas.1005962107).
Goel, Sharad, Winter Mason, and Duncan J. Watts. 2010. "Perceived and Real Attitude Similarity in Social Networks." *Journal of Personality and Social Psychology,* 99(4): 611-621.
Goel, Sharad, Roby Muhamad, and Duncan J. Watts. 2009. "Social Search in 'Small- World' Experiments." In *Proceedings of the 18th International Conference on World Wide Web*. Madrid, Spain: Association of Computing Machinery.
Goel, Sharad, Daniel Reeves, David M. Pennock, and Duncan J. Watts. 2010c. "Prediction Without Markets." In *11th ACM Conference on Electronic Commerce*. Harvard University, Cambridge, MA: Association of Computing Machinery, pp. 357–366.
Goldstein, Daniel G., Eric J. Johnson, Andreas Herrmann, and Mark Heitmann. 2008. "Nudge Your Customers Toward Better Choices." *Harvard Business Review* 86 (12):99–105.
Goldthorpe, John H. 1998. "Rational Action Theory for Sociology." *British Journal of Sociology* 49 (2):167–92.
Goodman, Peter S. 2009. "Reluctance to Spend May Be Legacy of Recession." *New York Times,* August 28.
Granovetter, Mark. 1978. "Threshold Models of Collective Behavior." *American Journal of Sociology,* 83(6):1420–1443.
——. 1985. "Economic Action and Social Structure: The Problem of Embeddedness." *American Journal of Sociology,* 91 (3):481–510.
Green, Donald P., and Ian Shapiro. 1994. *Pathologies of Rational Choice Theory*. New Haven, CT: Yale University Press.
—— . 2005. "Revisiting the Pathologies of Rational Choice." In *The Flight from Reality in the Human Sciences,* ed. I. Shapiro. Princeton, NJ: Princeton University Press.
Gribbin, John. 1998. "Review: How Not to Do It." *New Scientist,* January 10.
Griffi n, Dale, Wendy Liu, and Uzma Khan. 2005. "A New Look at Constructed Choice Processes." *Marketing Letters* 16 (3):321.
Gurerk, Ozgur, Bernd Irlenbusch, and Bettina Rockenbach. 2006. "The Competitive Advantage of Sanctioning Institutions." *Science* 312 (5770):108–11.
Hall, Brian, and Jeffrey B. Liebman. 1998. "Are CEOs Really Paid Like Bureaucrats?" *The Quarterly Journal of Economics* 113(3) 653–691.
Harding, David J., Cybelle Fox, and Jal D. Mehta. 2002. "Studying Rare Events Through Qualitative Case Studies: Lessons from a Study of Rampage School Shootings." *Sociological Methods & Research* 31 (2):174.
Harford, Timothy. 2006. *The Undercover Economist.* New York: Oxford University Press.
Harmon- Jones, Eddie, and Judson Mills, eds. 1999. *Cognitive Dissonance: Progress on a Pivotal Theory in Social Psychology*. Washington, DC: American Psychological Association.
Harsanyi, John C. 1969. "Rational-Choice Models of Political Behavior vs. Functionalist and Conformist Theories." *World Politics* 21 (4):513–38.
Hayek, Friedrich A. 1945. "The Use of Knowledge in Society." *American Economic Review* 35(4):519–530.
Heath, Chip, and Dan Heath. 2010. *Switch: How to Change Things When Change Is Hard*. New York: Broadway Business.
Helft, Miguel. 2008. "Changing That Home Page? Take Baby Steps." *New York Times,* October 17.
Helper, Susan, John Paul MacDuffie, and Charles F. Sabel. 2000. "Pragmatic Collaborations: Advancing

——— . 2009. *Reason and Rationality*. Princeton, NJ: Princeton University Press.
Erikson, Robert S., and Christopher Wlezien. 2008. "Are Political Markets Really Superior to Polls as Election Predictors?" *Public Opinion Quarterly* 72 (2):190–215.
Farmer, Mary K. 1992. "On the Need to Make a Better Job of Justifying Rational Choice Theory." *Rationality and Society* 4 (4):411–20.
Fehr, Ernst, and Urs Fischbacher. 2003. "The Nature of Human Altruism." *Nature* 425:785–91.
Fehr, Ernst, and Simon Gachter. 2000. "Cooperation and Punishment in Public Goods Experiments." *American Economic Review* 90 (4): 980–94.
——— . 2002. "Altruistic Punishment in Humans." *Nature* 415:137–40.
Feld, Scott L. 1981. "The Focused Organization of Social Ties." *American Journal of Sociology* 86 (5):1015–35.
Ferdows, Kasra, Michael A. Lewis, and Jose A. D. Machuca. 2004. "Rapid-Fire Fulfillment." *Harvard Business Review* 82 (11).
Festinger, Leon. 1957. *A Theory of Cognitive Dissonance*. Palo Alto, CA: Stanford University Press.
Fiorina, Morris P., Samuel J. Abrams, and Jeremy C. Pope. 2005. *Culture Wars? The Myth of a Polarized America*. New York: Pearson Longman.
Fischhoff, Baruch. 1982. "For Those Condemned to Study the Past: Heuristics and Biases in Hindsight." In *Judgment Under Uncertainty: Heuristics and Biases*, ed. D. Kahneman, P. Slovic, and A. Tversky. New York: Cambridge University Press.
Fisher, Marshall. 2009. "Rocket Science Retailing: The 2006 Philip Mc- Cord Morse Lecture." *Operations Research* 57 (3):527–40.
Fodor, Jerry. 2006. "How the Mind Works: What We Still Don't Know." *Daedalus* 135 (3):86–94.
Frank, Robert H. 2007. *The Economic Naturalist: In Search of Explanations for Everyday Enigmas*. New York: Perseus Books Group.
Freeman, Linton C. 2004. *The Development of Social Network Analysis*. Vancouver, British Columbia: Empirical Press.
Friedman, Jeffrey, ed. 1996. *The Rational Choice Controversy: Economic Models of Politics Reconsidered*. New Haven, CT: Yale University Press.
Frist, Bill, Mark McCellan, James P. Pinkerton, et al. 2010. "How the G.O.P. Can Fix Health Care." *New York Times*, Feb. 21.
Gabel, Jon R. 2009. "Congress's Health Care Numbers Don't Add Up "*New York Times*, Aug. 25.
Gaddis, John Lewis. 2002. *The Landscape of History: How Historians Map the Past*. Oxford, UK: Oxford University Press.
Gawande, Atul. 2008. *Better: A Surgeon's Notes on Performance*. London: Profile Books.
Geertz, Clifford. 1975. "Common Sense as a Cultural System." *The Antioch Revew* 33 (1):5–26.
Gelb, Leslie. 2009. *Power Rules: How Common Sense Can Rescue American Foreign Policy*. New York: Harper Collins.
Gelman, Andrew, David Park, Boris Shor, et al. 2008. *Red State, Blue State, Rich State, Poor State: Why Americans Vote the Way They Do*. Princeton, NJ: Princeton University Press.
Gerber, Alan S., Dean Karlan, and Daniel Bergan. 2009. "Does the Media Matter? A Field Experiment Measuring the Effect of Newspapers on Voting Behavior and Political Opinions." *American Economic Journal: Applied Economics* 1 (2):35–52.
Gigerenzer, Gerd. 2007. *Gut Feelings: The Intelligence of the Unconscious*. New York: Viking.
Gigerenzer, Gerd, Peter M. Todd, and ABC Research Group. 1999. *Simple Heuristics That Make Us Smart*, ed. S. Rich. New York: Oxford University Press.
Gilbert, Daniel. 2006. *Stumbling on Happiness*. New York: Alfred A. Knopf.
Gilovich, Thomas, Dale Griffi n, and Daniel Kahneman, eds. 2002. *Heuristics and Biases: The Psychology of Intuitive Judgment*. Cambridge, UK: Cambridge University Press.
Ginsberg, Jeremy, Matthew H. Mohebbi, Rajan S. Patel, et al. 2008. "Detecting Influenza Epidemics Using Search Engine Query Data." *Nature* 457 (7232):1012–14.
Giuliani, Elisa, Roberta Rabellotti, and Meine P. van Dijk. 2005. *Clusters Facing Competition: The Importance*

Dawes, Robyn M. 2002. *Everyday Irrationality: How Pseudo- Scientists, Lunatics, and the Rest of Us Systematically Fail to Think Rationally*. Boulder, CO: Westview Press.

Dawes, Robyn. 1979. "The Robust Beauty of Improper Linear Models in

Decision Making." *American Psychologist* 34 (7):571–82.

De Choudhury, Munmun, Jake M. Hofman, Winter A. Mason, and Duncan J. Watts. 2010. "Inferring Relevant Social Networks from Interpersonal Communication." Paper read at 19th International World Wide Web Conference at Raleigh, NC.

de Mesquita, Bruce B. 2009. *The Predictioneer's Game: Using the Logic of Brazen Self- Interest to See and Shape the Future*. New York: Random House.

Dennett, Daniel C. 1984. "Cognitive Wheels: The Frame Problem of AI." In *Minds, Machines and Evolution*, ed. C. Hookaway. Cambridge, UK: Cambridge University Press.

De Vany, Arthur. 2004. *Hollywood Economics: How Extreme Uncertainty Shapes the Film Industry*. London: Routledge.

De Vany, Arthur, and W. David Walls. 1996. "Bose- Einstein Dynamics and Adaptive Contracting in the Motion Picture Industry." *The Economic Journal* 106 (439):1493–1514.

Denrell, Jerker. 2004. "Random Walks and Sustained Competitive Advantage." *Management Science* 50 (7):922–34.

Dholakia, Utpal M., and Silvia Vianello. 2009. "The Fans Know Best." *MIT Sloan Management Review*, August 17.

Diermeier, Daniel. 1996. "Rational Choice and the Role of Theory in Political Science." In *The Rational Choice Controversy: Economic Models of Politics Reconsidered*, ed. J. Friedman. New Haven, CT: Yale University Press.

DiMaggio, Paul, John Evans, and Bethany Bryson. 1996. "Have American's Social Attitudes Become More Polarized?" *American Journal of Sociology* 102 (3):690–755.

DiMaggio, Paul, and W. W. Powell. 1983. "The Iron Cage Revisited: Institutional Isomorphism and Collective Rationality in Organizational Fields." *American Sociological Review*:147–60.

DiPrete, Thomas A. 2002. "Life Course Risks, Mobility Regimes, and Mobility Consequences: A Comparison of Sweden, Germany, and the United States." *American Journal of Sociology* 108 (2):267–309.

DiPrete, Thomas A., and Gregory M. Eirich. 2006. "Cumulative Advantage as a Mechanism for Inequality: A Review of Theoretical and Empirical

Developments." *Annual Review of Sociology* 32 (1):271–97.

Dobbin, Frank. 1994. "Cultural Models of Organization: The Social Construction of Rational Organizing Principles." In *The Sociology of Culture: Emerging Theoretical Perspectives*, ed. D. Crane. Oxford: Basil Blackwell.

Dodds, Peter S., and Christopher M. Danforth. 2009. "Measuring the Happiness of Large- Scale Written Expression: Songs, Blogs, and Presidents." *Journal of Happiness Studies* 11(4): 44–56.

Dodds, Peter S., Roby Muhamad, and Duncan J. Watts. 2003. "An Experimental Study of Search in Global Social Networks." *Science* 301 (5634):827–29.

Duesenberry, James. 1960. "Comment on 'An Economic Analysis of Fertility.'" In *Demographic and Economic Change in Developed Countries: A Conference of the Universities*, ed. National Bureau of Economic Research. Princeton, NJ: Princeton University Press.

Dunning, David, Judith A. Meyerowitz, and Amy D. Holzberg. 1989. "Ambiguity and Self- Evaluation: The Role of Idiosyncratic Trait Defi nitions in Self- Serving Assessments of Ability." *Journal of Personality and Social Psychology* 57 (6):1082–90.

Eagle, Nathan, Alex Pentland, and David Lazer. 2009. "Inferring Social Network Structure Using Mobile Phone Data." *Proceedings of the National Academy of Sciences* 106(36): 15274–15278.

Easterly, William. 2006. *The White Man's Burden: Why the West's Efforts to Aid the Rest Have Done So Much Ill and So Little Good*. New York: Penguin.

Elster, Jon. 1993. "Some Unresolved Problems in the Theory of Rational Behavior." *Acta Sociologica* 36:179–90.

Carter, Bill. 2006. *Desperate Networks.* New York: Doubleday.
Cassidy, John. 2009. *How Markets Fail: The Logic of Economic Calamities.* New York: Farrar, Straus and Giroux.
Caves, Richard E. 2000. *Creative Industries: Contracts Between Art and Commerce.* Cambridge, MA: Harvard University Press.
Chapman, Gretchen B., and Eric J. Johnson. 1994. "The Limits of Anchoring." *Journal of Behavioral Decision Making* 7 (4):223–42.
Choi, Hyunyoung, and Hal Varian. 2008. *Predicting the Present with Google Trends.* Available from http:// www. google. com/googleblogs/ pdfs/google_predicting_the_present. pdf.
Christakis, Nicholas A., and James H. Fowler. 2009. *Connected: The Surprising Power of Social Networks and How They Shape Our Lives.* New York: Little, Brown.
Cialdini, Robert B. 2001. *Influence: Science and Practice,* 4th ed. Needham Heights, MA: Allyn and Bacon.
Cialdini, Robert B., and Noah Goldstein, J. 2004. "Social Influence: Compliance and Conformity." *Annual Review of Psychology* 55:591–621.
Clark, Kenneth. 1973. "Mona Lisa." *The Burlington Magazine* 115 (840):144–51.
Clauset, Aaron, and Nathan Eagle. 2007. Persistence and Periodicity in a Dynamic Proximity Network in *DIMACS Workshop on Compututional Methods for Dynamic Interaction Networks.*
Clifford, Stephanie. 2009. "Put Ad on Web. Count Clicks. Revise." *New York Times,* May 30.
——. 2010. "We'll Make You a Star (if the Web Agrees)." *New York Times,* June 4.
Cohen- Cole, Ethan, and Jason M. Fletcher. 2008a. "Are All Health Outcomes 'Contagious'? Detecting Implausible Social Network Effects in Acne, Height, and Headaches." Available at SSRN: ssrn.count/ abstract=133901.
——. 2008b. "Is Obesity Contagious? Social Networks vs. Environmental Factors in the Obesity Epidemic." *Journal of Health Economics* 27 (5):1382–7.
Cohn, Jonathan. 2007. *Sick: The Untold Story of America's Health Care*
Crisis— and the People Who Pay the Price. New York: HarperCollins.
Coleman, James S. 1986. *Individual Interests and Collective Action.* Cambridge, UK: Cambridge University Press.
Coleman, James S., and Thomas J. Fararo. 1992. *Rational Choice Theory: Advocacy and Critique.* Thousand Oaks, CA: Sage.
Coleman, James Samuel. 1993. "The Impact of Gary Becker's Work on Sociology." *Acta Sociologica* 36:169–78.
Collins, Harry. 2007. "Bicycling on the Moon: Collective Tacit Knowledge and Somatic- Limit Tacit Knowledge." *Organization Studies* 28 (2):257.
Cook, Karen S., Richard M. Emerson, Mary R. Gillmore, and Toshio Yamagishi. 1983. "The Distribution of Power in Exchange Networks: Theory and Experimental Results." *American Journal of Sociology* 89:275–305.
Cook, Karen S., Linda D. Molm, and Toshio Yamagishi. 1993. "Exchange Relations and Exchange Networks: Recent Developments in Social Exchange Theory." In *Theoretical Research Programs: Studies in Theory Growth,* ed. J. Berger and M. Zelditch. Palo Alto, CA: Stanford University Press.
Cooper, William H. 1981. "Ubiquitous Halo." *Psychological Bulletin* 90 (2):218–44.
Corbusier, Le. 1923. "Towards a New Architecture." Trans. F. Etchells. New York: Dover. First published as Versune Architecture.
Cortes, Corinna, Daryl Pregibon, and Chris Volinsky. 2003. "Computational Methods for Dynamic Graphs." *Journal of Computational and Graphical Statistics* 12 (4):950–70.
Cox, Gary W. 1999. "The Empirical Content of Rational Choice Theory: A Reply to Green and Shapiro." *Journal of Theoretical Politics* 11 (2):147–69.
Cutting, James E. 2003. "Gustave Caillebotte, French Impressionism, and Mere Exposure." *Psychonomic Bulletin & Review* 10 (2):319.
Danto, Arthur C. 1965. *Analytical Philosophy of History.* Cambridge, UK: Cambridge University Press.

Bernard, H. Russell, Peter D. Killworth, David Kronenfeld, and Lee Sailer. 1984. "The Problem of Informant Accuracy: The Validity of Retrospective Data." *Annual Review of Anthropology* 13:495–517.
Bernard, Tara S. 2010. "A Toolkit for Women Seeking a Raise." *New York Times,* May 14.
Berndt, Ernst R. 1991. *The Practice of Econometrics: Classic and Contemporary.* Reading, MA: Addison Wesley.
Bertrand, Marianne, Dean S. Karlan, Sendhil Mullainathan, et al. 2010. "What's Advertising Content Worth? Evidence from a Consumer Credit Marketing Field Experiment." *Quarterly Journal of Economics.* 119(2): 353–402.
Bettman, James R., Mary Frances Luce, and John W. Payne. 1998. "Constructive Consumer Choice Processes." *Journal of Consumer Research* 25 (3):187–217.
Bielby, William T., and Denise D. Bielby. 1994. " 'All Hits Are Flukes': Institutionalized Decision Making and the Rhetoric of Network Prime- Time Program Development." *American Journal of Sociology* 99 (5):1287–313.
Bishop, Bill. 2008. *The Big Sort: Why the Clustering of Like- Minded America Is Tearing Us Apart.* New York: Houghton Mifflin.
Bishop, Christopher M. 2006. *Pattern Recognition and Machine Learning.* New York: Springer.
Black, Donald. 1979. "Common Sense in the Sociology of Law." *American Sociological Review* 44 (1):18–27.
Blass, Thomas. 2009. *The Man Who Shocked the World: The Life and Legacy of Stanley Milgram.* New York: Public Affairs Books.
Bollen, Johan, Alberto Pepe, and Huina Mao. 2009. "Modeling Public Mood and Emotion: Twitter Sentiment and Socio- economic Phenomena." Arxiv preprint arXiv:0911.1583.
Bond, Sumuel D., Kurt A. Carlson, Margaret G. Meloy, et al. 2007. "Information Distortion in the Evaluation of a Single Option." *Organizational Behavior and Human Decision Processes* 102 (2):240–54.
Booher- Jennings, Jennifer. 2005. "Below the Bubble: 'Educational Triage' and the Texas Accountability System." *American Educational Research Journal* 42 (2):231–68.
—— . 2006. "Rationing Education." *Washington Post,* Oct. 5.
Boudon, Raymond. 1988a. "Common Sense and the Human Sciences." *International Sociology* 3 (1):1–22.
—— . 1988b. "Will Sociology Ever Be a 'Normal Science?'" *Theory and Society* 17 (5):747–71.
—— . 1998. "Limitations of Rational Choice Theory." *American Journal of Sociology* 104 (3):817–28.
Bowles, Samuel, Ernst Fehr, and Herbert Gintis. 2003. "Strong Reciprocity May Evolve With or Without Group Selection." *Theoretical Primatology Project Newsletter,* Dec. 11.
Brauers, Jutta, and Martin Weber. 1988. "A New Method of Scenario Analysis for Strategic Planning." *Journal of Forecasting* 7 (1):31–47.
Brill, Steven. 2009. "What's a Bailed- Out Banker Really Worth?" *New York Times Magazine,* Dec. 29.
—— . 2010. "The Teachers' Unions' Last Stand." *New York Times Magazine* (May 23): 32–47.
Brooker, Katrina. 2010. "Citi's Creator, Alone with His Regrets "*New York Times,* Jan. 2.
Brown, Bernice B. 1968. "Delphi Process: A Methodology Used for the Elicitation of Opinions of Experts." Santa Monica, CA: RAND Corporation.
Brynjolfsson, Erik, and Michael Schrage. 2009. "The New, Faster Face of Innovation." *MIT Sloan Management Review,* August.
Buchanan, James. 1989. "Rational Choice Models in the Social Sciences." In *Explorations into Constitutional Economics,* ed. R. D. Tollison and V. J. Vanberg. College Station, TX: Texas A&M University Press.
Bumiller, Elisabeth. 2010. "Top Defense Officials Seek to End 'Don't Ask, Don't Tell.'" *New York Times,* Feb. 2.
Burson- Marsteller. 2001. "The E- fluentials." New York: Burson- Marsteller.
Cairns, Huntington. 1945. "Sociology and the Social Science." In *Twentieth- Century Sociology,* ed. G. Gurvitch and W. E. Moore. New York: Philosophical Library.
Camerer, Colin F., George Loewenstein, and Matthew Rabin. 2003. *Advances in Behavioral Economics.* Princeton, NJ: Princeton University Press.
Carlson, Jean M., and John Doyle. 2002. "Complexity and Robustness." *Proceedings of the National Academy of Sciences* 99:2538.

Ayres, Ian. 2008. *Super Crunchers: Why Thinking- by- Numbers Is the New Way to Be Smart.* New York: Bantam.
Baker, George P. 1992. "Incentive Contracts and Performance Measurement." *Journal of Political Economy* 100 (3):598–614.
Baker, Stephen. 2009. *The Numerati.* Boston, MA: Mariner Books.
Bakshy, Eytan, Brian Karrer, and Lada A. Adamic. 2009. "Social Influence and the Diffusion of User-Created Content." Paper read at 10th ACM Conference on Electronic Commerce, July 6–10, Stanford, California.
Baldassari, Delia, and Peter S. Bearman. 2007. "Dynamics of Political Polarization." *American Sociological Review* 72 (5):784–811.
Baldassari, Delia, and Andrew Gelman. 2008. "Partisans Without Constraint: Political Polarization and Trends in American Public Opinion." *American Journal of Sociology* 114 (2):408–46.
Bandiera, Oriana, Iwan Barankay, and Imran Rasul. 2009. "Team Incentives: Evidence from a Field Experiment." Unpublished manuscript.
Barbera, Robert 2009. *The Cost of Capitalism: Understanding Market Mayhem and Stabilizing Our Economic Future.* New York: McGraw- Hill.
Bargh, John A., and Tanya L. Chartrand. 1999. "The Unbearable Automaticity of Being." *American Psychologist* 54 (7):462–79.
Bargh, John A., Mark Chen, and Lara Burrows. 1996. "Automaticity of Social Behavior: Direct Effects of Trait Construct and Stereotype Activation on Action." *Journal of Personality and Social Psychology* 71:230–44.
Barnes, Brooks. 2009. "Audiences Laughed to Forget Troubles." *New York Times,* Dec. 29.
Bass, Frank M. 1969. "A New Product Growth for Model Consumer Durables." M*anagement Science* 15 (5):215–27.
Bassetti, Stefano, Werner E. Bischoff, and Robert J. Sherertz. 2005. "Are SARS Superspreaders Cloud Adults." *Emerging Infectious Diseases (serial on the Internet).*
Beck, P. W. 1983. *Forecasts: Opiates for Decision Makers.* UK: Shell.
Becker, Gary S. 1976. *The Economic Approach to Human Behavior.* Chicago: University of Chicago Press.
Becker, Gary S., and Kevin M. Murphy. 2000. *Social Economics: Market Behavior in a Social Environment.* Cambridge, MA: The Belknap Press of Harvard University Press.
Becker, Howard. 1945. "Interpretive Sociology and Constructive Typology." In *Twentieth- Century Sociology,* ed. G. Gurvitch and W. E. Moore. New York: Philosophical Library.
Becker, Howard S. 1998. *Tricks of the Trade: How to Think About Your Research While You're Doing it.* Chicago: University of Chicago Press.
Bengston, William F., and John W. Hazzard. 1990. "The Assimilation of Sociology in Common Sense: Some Implications for Teaching." *Teaching Sociology* 18 (1):39–45.
Berger, Jonah, and Grinne Fitzsimons. 2008. "Dogs on the Street, Pumas on Your Feet: How Cues in the Environment Influence Product Evaluation and Choice." *Journal of Marketing Research (JMR)* 45 (1):1–14.
Berger, Jonah, and Chip Heath. 2007. "Where Consumers Diverge from Others: Identity Signaling and Product Domains." *Journal of Consumer Research* 34 (2):121–34.
Berger, Peter L., and Thomas Luckman. 1966. *The Social Construction of Reality.* New York: Anchor Books.
Berlin, Isaiah. 1960. "History and Theory: The Concept of Scientific History." *History and Theory* 1 (1):1–31.
Berlin, Isaiah. 1997. *The Proper Study of Mankind: An Anthology of Essays.* London: Chatto and Windus.
Berman, Eli. 2009. *Radical, Religious, and Violent: The New Economics of Terrorism.* Cambridge, MA: MIT Press.
Bernard, H. Russell, Eugene C. Johnsen, Peter D. Killworth, and Scott Robinson. 1989. "Estimating the size of an average personal network and of an event population." In *The Small World,* ed. Manfred Kochen. Norwood, NJ: Ablex Publishing.
——. 1991. "Estimating the Size of an Average Personal Network and of an Event Population: Some Empirical Results." *Social Science Research* 20:109–21.

參考書目

Abe, Sumiyoshi, and Norikuzu Suzuki. 2004. "Scale- free Network of Earthquakes." *Europhysics Letters* 65 (4):581–86.

Abraham, Magid M., and Leonard M. Lodish. 1990. "Getting the Most out of Advertising and Promotion." *Harvard Business Review* 68 (3):50.

Abraham, Magid. 2008. "The Off- line Impact of Online Ads." *Harvard Business Review* (April):28.

Abramowitz, Alan, and Kyle L. Saunders. 2008. "Is Polarization a Myth?" *Journal of Politics* 70 (2):542–55.

Adamic, Lada A., and Eytan Adar. 2005. "How to Search a Social Network." *Social Networks* 27 (3):187–203.

Adar, Eytan, and Lada A. Adamic, 2005. "Tracking Information Epidemics in Blogspace." Paper read at 2005 IEEE/WIC/ACM International Conference on Web Intelligence, Sept. 19–22, at Compiègne University of Technology, France.

Adler, Moshe. 1985. "Stardom and Talent." *American Economic Review* 75 (1):208–12.

Alicke, Mark D., and Olesya Govorun. 2005. "The Better- Than- Average Effect." In *The Self in Social Judgment,* ed. M. D. Alicke, D. A. Dunning, and J. I. Krueger. 85–106.

Alterman, Eric. 2008. "Out of Print: The Death and Life of the American Newspaper." *The New Yorker,* March 31.

Anderson, Philip W. 1972. "More Is Different." *Science* 177 (4047):393–96.

Andreozzi, Luciano. 2004. "A Note on Paradoxes in Economics." *Kyklos* 57 (1):3–20.

Aral, Sinan, Lev Muchnik, and Arun Sundararajan. 2009. "Distinguishing Influence- Based Contagion from Homophily- Driven Diffusion in Dynamic Networks." *Proceedings of the National Academy of Sciences* 106 (51):21544–21549.

Arango, Tim. 2010. "How the AOL- Time Warner Merger Went So Wrong." *New York Times,* Jan. 10.

Arbesman, Sam, and Steven H. Strogatz. 2008. "A Monte Carlo Approach to Joe DiMaggio and Streaks in Baseball." In http://arxiv. org/abs/0807.5082 [2008].

Arceneaux, Kevin, and David Nickerson. 2009. "Who Is Mobilized to Vote? A Re- Analysis of 11 Field Experiments." *American Journal of Political Science* 53 (1):1–16.

Ariely, Dan. 2008. *Predictably Irrational.* New York: HarperCollins.

Ariely, Dan, George Loewenstein, and Drazen Prelec. 2003. "Coherent Arbitrariness: Stable Demand Curves Without Stable Preferences." *Quarterly Journal of Economics* 118 (1):73–105.

Ariely, Dan, Uri Gneezy, George Lowenstein, and Nina Mazar. 2009. "Large Stakes and Big Mistakes." *Review of Economic Studies,* 76(2): 451–469.

Armstrong, J. Scott. 1985. Long- Range Forecasting: From Crystal Ball to Computer. *New York:* John Wiley.

Arrow, Kenneth J., Robert Forsythe, Michael Gorham, et al. 2008. "The Promise of Prediction Markets." *Science* 320 (5878):877–78.

Arthur, W. Brian. 1989. "Competing Technologies, Increasing Returns, and Lock-in by Historical Events." *Economic Journal* 99 (394): 116–31.

Asch, Solomon E. 1953. "Effects of Group Pressure Upon the Modification and Distortion of Judgments." In *Group Dynamics: Research and Theory,* ed. D. Cartwright and A. Zander. Evanston, IL: Row, Peterson and Co.

一起來 0ZTK4024

超越直覺

在時間與理性的拔河中，找回清晰思路

作　　者　鄧肯・華茲 Duncan J. Watts
譯　　者　郭曉燕
編　　輯　林子揚（初版）
　　　　　林杰蓉（二版）

總 編 輯　陳旭華 steve@bookrep.com.tw
出版單位　一起來出版遠足文化事業股份有限公司
發　　行　遠足文化事業股份有限公司（讀書共和國出版集團）
　　　　　231 新北市新店區民權路 108-2 號 9 樓
電　　話　(02)2218-1417
法律顧問　華洋法律事務所　蘇文生律師

封面設計　LIN
內頁排版　宸遠彩藝
印　　製　通南彩色印刷有限公司
初版一刷　2021 年 3 月
二版一刷　2024 年 2 月
定　　價　480 元
I S B N　9786267212530（平裝）
　　　　　9786267212509（EPUB）
　　　　　9786267212516（PDF）

國家圖書館出版品預行編目（CIP）資料

超越直覺：在時間與理性的拔河中，找回清晰思路 / 鄧肯 . 華茲（Duncan J. Watts）著；郭曉燕譯 . -- 二版 . -- 新北市：一起來出版，遠足文化事業股份有限公司，2024.02
面；　公分 . --（一起來思；24）
譯自：Everything is obvious: once you know the answer
ISBN 978-626-7212-53-0（平裝）

1.CST: 思考

176.4　　112021406